Читай Россию
阅读俄国

首都师范大学俄罗斯语言文学专业博导文库

俄语语言学多维度研究

杜桂枝 著

人民东方出版传媒
People's Oriental Publishing & Media
東方出版社
The Oriental Press

图书在版编目（CIP）数据

俄语语言学多维度研究 / 杜桂枝 著 . —北京：东方出版社，2022.7
（阅读俄国）
ISBN 978-7-5207-2765-5

Ⅰ. ①俄…　Ⅱ. ①杜…　Ⅲ. ①俄语—语言学—研究　Ⅳ. ① H35

中国版本图书馆 CIP 数据核字（2022）第 068449 号

俄语语言学多维度研究
（EYU YUYANXUE DUOWEIDU YANJIU）

作　　者：杜桂枝
责任编辑：杨　灿
出　　版：东方出版社
发　　行：人民东方出版传媒有限公司
地　　址：北京市西城区北三环中路 6 号
邮　　编：100120
印　　刷：北京明恒达印务有限公司
版　　次：2022 年 7 月第 1 版
印　　次：2022 年 7 月第 1 次印刷
开　　本：640 毫米 ×960 毫米　1/16
印　　张：19
字　　数：216 千字
书　　号：ISBN 978-7-5207-2765-5
定　　价：79.00 元
发行电话：（010）85924663　85924644　85924641

“首都师范大学俄语语言文学专业博导文库”总序

首都师范大学俄语专业始建于20世纪60年代，1960年开始招收第一批本科生，1980年开始招收硕士研究生，1985年获得硕士学位授予权，2005年获得博士学位授予权。2009年成功申报博士后科研流动站。经过60余年的发展，几代人的不懈努力，俄语专业如今拥有从本科到博士后的完整人才培养体系，从语言、文学到翻译学、文化学、区域学等较为完备的人才培养方向，为国家培养了大批高水平的俄语专业人才。

在俄语专业发展的历程中，起决定作用的是优秀的师资队伍。首师大俄语专业从初创至今一直不乏国内和国际知名的教授，比如国内最早进行俄语修辞学研究的李尚谦教授，《俄汉大辞典》编者刘泽荣之侄刘光杰教授，写下中国第一本《俄语语法详解》的高乃贤教授，俄语语音语调和动词研究专家徐振新教授，与徐振新教授合编《俄语入门》的周鼎教授，还有毛培琦、黄鹏飞、吴汉樱（王福祥夫人）等著名教授。进入新世纪，又涌现出刘利民教授、刘文飞教授、隋然教授、杜桂枝教授等学界名家，保证了俄语专业和学科的学术地位以及人才培养的质量水准。

然而遗憾的是，随着老一辈学者的退休或离世，他们的学术和教学思想也随之消逝，甚至很多学者的名字都不为人知了。他们的论著尽管去图书馆可以查到，但都是零散而不成体系的，在俄语系的系史里缺乏完整的、明显的记录，这对于专业发展的承前继后不能不说是一个重大损失。为了亡羊补牢，刘文飞教授倡议创立“俄语语言文学专业博导文库”，把现有博导的学术思想和成就汇集起来，一方面作为继往开来的一份丰厚学术资源留存，另一方面也是展现俄语专业学术实力的一张名片。他的这一倡议立即得到了大家的积极响应，这样我们俄语专业四位博导，两位是语言学方向，另两位是文学方向，都拿出了代表自己学术思想精华的作品，构成这套象征着语言文学和谐发展的四卷本“俄语语言文学专业博导文库”。

刘文飞教授的《俄国文学新论》是他近年来发表的论文和一些书稿序言的合集，总共 14 篇文章，内容涉及俄国文化图腾、俄国民族意识、中俄文学外交、文学翻译的意义，以及一些名家的作品和思想研究。他的文章颇有散文意味，语言平实自然，富有诗意。

隋然教授的《语言学问题散论》汇集了他数十年间浸淫俄语语言学、理论语言学及语言哲学研究的部分成果，其中一些问题具有很强的学科前沿性质，语言共性观明显，对外语教学与研究具有普遍理论指导意义，对语言学研究同样具有理论启发意义。

杜桂枝教授的《俄语语言学多维度研究》从语言、句法、语义、认知、心理等维度分析当代俄语学研究的主要特点及趋势、语言的生成机制、社会认知及作用等，涵盖面广，为后进研究者提供了俄语语言学研究的多种路径。

拙作《俄国文学：经典与先锋》汇集了我近25年来在俄罗斯文学研究方面的主要论文，从经典和先锋两个维度展现了我研究的主要领域——现代主义文学、后现代文学、经典作家作品和诗学研究，可以说较为全面地分析了俄罗斯文学在艺术性和思想性方面的独特魅力。

当然，这四本书只是“首都师范大学俄语语言文学专业博导文库”的开山之作，以后当是“江山代有才人出，各领风骚续华篇”。最后感谢东方出版社的大力支持和编校人员的辛勤劳作，让这套书在历经波折之后最终得以面世。

首都师范大学外国语学院院长　王宗琥

2021 年 6 月 20 日于外语楼 707 室

CONTENTS

目　录

语言学维度

句法维度

语义维度

认知维度

心理维度

语言学维度

当代俄语学研究的主要特点及趋势

当代俄罗斯语言学研究，特别是理论语言学研究的最终目的并不仅仅在于总结和概括语言学发展的宏观特点、发现和介绍语言学流派及思潮，更在于通过对语言发展宏观现象的研究，揭示出语言学研究中形成某些特点和产生诸多流派的理论基础和依据，揭示语言学发展的深层规律和特性。

一、近20年俄语学研究的主要特点

自20世纪后期开始，俄语学研究发生了重大的变化，其概貌及发展的主要特点，可以概括为以下几个方面：

1. 研究的范围和领域不断扩大

20世纪末期，特别是进入21世纪以来，俄语学研究的范围不断扩大。这种扩大表现在两个方面：一方面，在宏观上与外部其他学科的交叉不断拓展，形成大量的语言交叉学科，如：心理语言学、社会语言学、认知语言学、语言文化学、语言哲学、语言逻辑学等（扩展和交叉的内部动因和机理见本文有关语言扩张性的部分）。另一方面，在俄语学研究内部，除了传统的语言学理论研究的客体和对象外，俄语学研究的领域不断拓宽，这首先表现在其研究领域和研究素材的范围不断扩大，许多过去不能或没有纳入俄语学研究范围的内容，如今成了研究的对象。

（1）政治文本

在苏联时期被视为语言学研究禁区的政治性语言，如今引起了学者们极大的研究兴趣。观察、收集、分析和研究政治语言，研究政治语言的词源构成、变化、分类及使用特点等，已成为众多研究人员的热门课题。随着社会民主化进程的发展和改革的深入，政治话题和政治家们的话语语言也成了这一时期各种语言学刊物中众多评论性文章的研究对象，各种相关研究论著和各种政治性词汇词典得以出版发行。与之相对应的是，语言学理论研究中出现了“政治文本”（политический дискурс）这样的术语和概念，并逐渐成为许多学者关注和专门研究的课题。

（2）经济词汇

随着政治、经济制度的变革，大量的经济词汇、新的经济术语勇敢地跨越了传统的极狭窄的专业化用途的界限，通过书面形式进入了各种关于经营与管理、租借与市场、咨询与人才管理、财会与审计等重要的出版刊物中，并广泛使用于广播电视的语言中，进而在人们的日常口语中也频繁出现。也就是说，越来越多的经济词汇已日益融入普通百姓的日常生活，进入人们的口语语言。面对十分活跃的经济词汇—术语体系，面对这类词汇语义及功能上发生的变化，俄语学研究为自己提出了新的任务：对这些词汇，既要做出涉及“经济变化的本质”这类非语言特点的解释，同时必须给予纯语言学方面的描述。因此，在大量出版这一领域的各种术语、词汇词典的同时，研究者把注意力集中在这类词汇的来源、语义变化、语用特点和言语使用的分析上，从经济术语的成分、来源、社会因素的影响及称名的主要方法，以及经济词汇的构词结构体系的主要特点和使用范围等方面进行全方位的分析研究。

（3）网络语言

随着计算机技术的发展和网络的普及，网络语汇不仅走进俄罗斯人的日常生活，而且被收录在标准词典中，成为构词学研究的一个新课题和新对象，譬如常见的网络用语和缩略语：Internet-издание，Internet-магазин，Internet-реклама，Internet-портал，e-mail-адрес，ICQ-сеть，www-страница，web-адрес，web-графика，web-документ，web-редакттор 等。著名学者克雷欣（Л. П. Крысин）将这种复合词称作кентавры（古希腊神话中的半人半马）[①]，这类复合词的典型特征是前半部分是外来词或外来词的首个字母，而后半部分为俄语词。在英语中，前一部分是随计算机技术的发展而出现的新词或新概念，而在俄语中，重要的是这些带有新概念的专业术语被直接引入，按照俄语构词的规则与后一半的俄语词汇构成了复合词。这样一来，这种复合词不仅具有词汇语义和语法意义，而且保证了词汇的所有词法功能。下文的传媒语言中也采用了类似的构词方法。

（4）传媒语言

当今大众传媒的特点是新、快、多：信息新、传播快、信息量多。网络传播更是把这一特征推向了极致。为了顺应新时期大众媒体的需求，俄语中出现了大量的不同类型的缩写词和复合词，而且这些外来的复合词正经历着快速而剧烈的构词过程：

①拉丁语字母（表示相应词的首个字母）+ 俄语词：TV-программа，PR-служба，IQ-тесты，PIN-код，SIM-карта，SMS-сообщение 等。这类词的构词特点同样是用引入的外来词与俄语词汇的组合；

②外来词缩写的本土化：CD → си-ди，ICQ → ай-сик-ю →

① Крысин Л.П. *Рассказы о русских словарях*［М］. Русское слово，2011，с. 50.

ай-си-къю，SIM → сим，e-mail → имейл，PIN → пин 等，例如，在俄语中出现了 в сим，в пиар，в имейл，в пин 等搭配；

③演变成新的纯俄语词，广泛用于现代俄语口语交际中，如 симка（SIM-карта－сим-карта），эсэмэска（SMS-сообщение），сидишка，сидик，сидюшка（CD），флэшка（flash）等。这些新词的俄语化进程不仅成为构词学的研究对象，也引起词汇学和语义学等学科的广泛关注和兴趣。

（5）移民语言

从 20 世纪后期开始，俄语学研究中另一个备受关注的语言领域是移民（文学）语言。这里所指的移民文学语言，不仅仅包括各个历史时期移居国外的俄裔侨民作家的文学作品，而且包括那些在苏联时期写出的，而当时未能在国内发表，后来在国外或苏联解体后才得以发表的作品。语言学界所关注的不仅仅是这些移民作家的文学作品本身的艺术价值，而且注意研究这类作品中语言的特点和变化。近几年来，专家学者又把注意力转向国外侨民的日常口语的特点及其变化的研究，收集了大量录音资料和文字素材，从语音、语调、构词、词汇语义、成语以及句法结构等层面，进行了全面的多维度比较研究。此外，专家学者还从社会学和心理学的角度，对发生在 20 世纪的四次较大的移民浪潮进行了对比分析，研究了各种因素，诸如个人素质、文化程度、出国目的、国内外从事的职业等，对语言的影响。不久前新出现的莫斯科功能社会语言学流派把侨民语言作为近期的主要研究任务之一。

综上所述，这些语言新变化成为构词学、词汇学和词汇语义学研究的新课题，构成了语言学研究的新领域，特别是有些新词甚至进入俄语新编词典，成为词典学研究的对象。

2. 语言学理论研究不断深入

这一特点表现在语言体系的各个层级和语言学研究的各个方面，其结果是研究方向、研究对象和研究方法日益多元化，从而使每一个层级的理论不断细化，出现了在同一学科中有多种理论和观点同时存在的现象。例如，在句法学研究中，多理论、多思潮的特点表现为句法研究的不断深入和句法理论的不断细化。[①] 著名俄语句法学家别洛沙普科娃（В.А. Белошапкова）曾指出："在维诺格拉多夫（В.В.Виноградов）之后，句法学所经历的最主要的变化，是一场能量巨大的分化过程。传统的句法学已裂变成许多种句法学：结构句法、语义句法、功能句法、口语句法、诗学句法……。句法学的这两个领域彼此已相距得如此遥远，以至于研究简单句的专家不愿意参加复合句问题的讨论。而句法学家们在理论概念上的分化更为严重……"[②]

在语义学研究中，这一特点表现为其研究单位向两极扩展，如果说，过去词汇语义研究的基本单位是词，而有关词的本质的各种问题是研究对象的话，那么，如今更能引起广大学者极大兴趣的研究单位是单个的词义：单个词义在词汇意义中的地位、词位在句子生成中的行为和作用，以及单个词义与该词其他词义间的相互联系。在阿普列相（Ю.Д. Апресян）（1995）的整体性详解词典和同义词释义词典中，将重点放在单个词义的解释和描写上，研究的视角不仅涉及词汇语义，而且关注词汇语义在句子意义建构中的作用，以及句子产生的语用问题；而什维多娃（Н.Ю. Шведова）（1998－2007）的语义词典的研究对象则是 30 万个单个的词义。

---

① Белошапкова В.А. О понятии синтаксической производности. // *Русский язык за рубежом*，1983，№ 6. сс. 49-53.

② Белошапкова В.А. Шмелева Т.В. В.В.Виноградов и современный синтаксис. // *Вестник МГУ*，1995，№ 2，с. 48.

在词汇语义研究的重点从单个的词向更小的语义单位——单个词汇语义变体转变的同时，在句法语义研究中，研究的兴趣和重点正从单个的句子的结构语义研究向更大的语言单位——语段、篇章的句法语义结构研究转变，学者们把注意力转向语义内容连贯的句法整体，研究单个词义在句子意义构建中的作用和对句法语义整体结构的影响。例如，帕杜切娃（Е.В. Падучева）在 1996 年的新作《语义研究》中对叙述体的篇章结构语义作了深入的分析和论述。随后在 2004 年，她又提出了语言的动态语义研究模式，她的动态语义学研究范式被称作“动态语义学派”。

事实上，俄语语义学研究不仅向更小的和更大的语言单位发展，实际上它的研究已经深入到语言学理论研究的所有领域，成为连接语言体系中各个层级的跨层次语言学科。语义学研究的这一特点，实质上是对传统的语言学结构中平行层级概念的一种突破，使各层级、各学科的研究出现大范围的交叉和相互渗透，从而构成立体的、多维度的语言学结构。这一理论概念的发展必将引起俄语学研究范围的广度和深度的扩大。

3. 多流派、多思潮并存且相互支持

近年来，俄语学研究的另一个显著特点就是产生了许多能代表现代语言学前沿理论水平的流派，如“莫斯科语义学派”“逻辑分析理论流派”“列宁格勒功能语法学学派”“认知语言学派”“莫斯科功能社会语言学派”等。这些流派具有相对完整的理论体系、相对独立的研究对象和比较成熟的研究方法，无论是在理论研究，还是在实践应用研究方面都取得了令人瞩目的成就，已成为目前俄语学界公认的几大流派。

与此同时，在俄语学界还有许多著名的语言学家及其理论思潮，就其对俄语学理论研究的作用和影响而言，仍可称为语言学理论流派或思潮，如：什维多娃（2003）的结构模式理论和语言学体系性思想；别洛沙普科娃（1983）的句法学理论；卡拉乌洛夫（Ю.Н. Караулов）（1987，1993）的语言个体思想及其联想理论等。这些学术流派都在某一研究方面具有独特的理论和方法论原则，对整个语言学理论的发展起着举足轻重的作用。

需要指出的是，现代俄语学研究的一个显著特点是学术空气浓厚，学术思想活跃，语言学理论、观点、思想方法等等层出不穷。特别是20世纪末期八九十年代以来，涌现了一大批出众的俄语学研究学者，他们在语言学的各个不同领域中都取得了重大成就和进展。虽然目前他们的研究尚未形成完整的体系流派，但却成为21世纪现代语言学研究中不可忽视、不可缺少的理论思想。这些理论研究涵盖目前俄语学研究的方方面面，构成语言学研究的重要部分，如：帕杜切娃（1996，2004）的叙述体篇章结构的语义研究与词汇语义的动态模式研究；捷利娅（В.Н. Телия）（1996）的俄语成语研究；布雷金娜（Т.В. Булыгина）和什梅廖夫（А.Д. Шмелев）（1997）从现代语义学和认知语言学的角度，对世界的语言概念化问题进行的系统研究和描写；加克（В.Г. Гак）（1998）的语言变化理论研究；克龙高兹（М.А. Кронгауз）（2001）的现代语义语法理论研究；博古斯拉夫斯基（И.М. Богуславский）（1996）的词汇语义与句法语义的关系研究，等等。

上述这些不同的语言学研究学派、流派及研究方向代表人物，组成了现代俄语学研究的一支宏大队伍；这些理论思潮、研究方向及研究理论相互包容、相互交叉、相互渗透，构成并共同支撑着俄语学这幢大厦的整体理论架构。

4. 与西方语言学理论的对话与对接

20 世纪 80 年代中期在苏联开始的改革开放，融解了阻碍与西方、与世界交流的最后一块坚冰。随着各个领域的开放，专制和封闭制度的解体，打破了思想上的桎梏，伴随着全球化进程的发展，科学、技术、社会文化等全方位的交往，使得语言学界与西方同行之间的交流与合作也日益增多，各种学术思想和观点的大量涌入，为语言学研究拓宽了视野，促进了语言学理论研究的发展。

在这一时期，与世界的接轨首先表现在引入西方语言学思想，特别是美国的语言学思想的大量引介。在这一期间，俄语学界翻译出版了西方语言学不同时期著名学派的大量理论著作：从日内瓦学派到法国语义学派，从布拉格学派到美国的描写主义语言学派，从转换生成主义语言学到功能主义语言学等。俄语语言学界有了更好地了解、掌握西方语言学发展方向和趋势的机会和可能，使自己的研究与西方同类研究接轨，将俄语学纳入到世界的整个语言学理论体系中。此间，一大批学者，如斯捷潘诺夫（Ю.С. Степанов）、弗鲁姆金娜（Р.М. Фрумкина）、库勃里亚科娃（Е.С. Кубрякова）、捷米扬科夫（В.З. Демьянков）等，都对西方语言学理论及其演变和发展等问题，做了大量的研究工作，相继在各类刊物上发表了许多研究文章，并出版了专著。在众多的西方语言学理论中，在俄语学中影响最大、研究最广泛的是乔姆斯基生成主义理论和认知语言学。库勃里亚科娃在《20 世纪后半叶语言学思想的演变》一文中指出，在评价语言学现状时，必须注意一个十分重要的问题：如何看待转换生成语法，及该学派对理论语言学思想的发展所做出的贡献。[①] 捷米扬科

① Кубрякова Е.С. Эволюция лингвистических идей во второй половине XX века（опыт парадигмального анализа）. // *Язык и наука конца 20 века*. М.，Институт языкознания РАН，1995，cc. 144-238.

夫在《20 世纪末主要语言学理论》一文中，提出九大语言学理论，并把生成主义理论列为第一大理论，对其基本理论思想和方法论原则、乔姆斯基革命、生成主义的发展历史等问题进行了详细的研究和论述①。

站在 20 世纪末期语言学理论研究的制高点上，俄语学界的同行们对大量引入的西方语言学理论进行了历史的、宏观的、全面的分析和考察，以便更深入、更透彻地理解语言学理论的精髓，掌握不同学派理论的实质。

如果说，20 世纪末期俄语学与西方语言学的交流是一种引进的话，进入 21 世纪的俄罗斯语言学与西方语言学的交流更具主动性，呈现出一种走出去的态势。在这一时期，已经形成的各种学术流派和思想的代表人物，频繁走出国门，讲学、客座、各种规模的学术会议，把俄罗斯语言学者的理念和思想传播出去。莫斯科语义学派的理论和思想广泛影响着这一领域的研究，被誉为世界三大语义学派之一；每年一度的自然语言的逻辑分析研讨会吸引越来越多的世界语言学者参与；不仅如此，过去曾被忽略或出于某种原因而没有得到广泛传播的心理语言学理论和思想，在语言文化大融合和全球化的大背景下，在认知语言学的框架下被重新挖掘出来，成为学界研究的重点和热点。

如果说，在 20 世纪，在苏联时期，著名语言学理论和思想也曾在世界人文科学中产生过影响或引起震动，且可以说大多被传播和被认同是被动的，譬如巴赫金（М.М. Бахтин）和洛特曼（Ю. М. Лотман），譬如雅科布松（Р.О. Якобсон）和梅里丘克（И.А. Мельчук）；而在 21 世纪，当代俄罗斯语言学家与世界的融合更具主动性，他们带着自己的学术思想和理论研究成果

① Демьянков В.З. Доминирующие лингвистические теории в конце XX века. // *Язык и наука конца 20 века*. М.，Институт языкознания РАН，1995，сс. 239-320.

走向世界，出席各种学术会议，参与各种论坛，开设各种讲座。在与世界的交流中不仅传播了俄罗斯语言学的理论思想，也学习到世界各国语言学理论的最新成果，掌握语言学研究的最新动态和变化。所有这些极大地推动了俄语语言学研究的发展。

还有一个值得注意的现象，那就是随着语言学研究的深入发展和新兴前沿学科的涌现，历史上曾经在某一领域取得显著成就的学者，又重新被人们记起，他们的理论又被新兴学科研究的兴起再次激活。譬如，博杜恩·德·库尔特内（И.А. Бодуэн де Куртенэ）的语言心理因素问题，波捷布尼亚（А.А. Потебня）的语言与社会问题等都成为当代语言学研究的热点问题。再如，在心理语言学研究方面做出显著成就的著名心理语言学家维果茨基（Л.С. Выготский）（2004），他曾提出语言与思维的关系，言语活动理论，提出言语生成与心理过程的关系等一系列重要理论，种种原因，他的理论在当时俄语语言学界并没有产生应有的反响和作用。而在认知语言学深入发展的今天，当人们更多地关注语言中“人的因素”，关注语言与思维的相互作用，研究语言在人们认识世界和认识自我时的作用时，学者们发现，维果茨基在多年前的论著中就已经涉及和论述过这些问题，正因如此，20 世纪的末期，首先在西方心理学界和语言学界出现了研究维果茨基的热潮。这一热潮又反作用于俄罗斯语言学，特别是推动了俄罗斯心理语言学和认知语言学研究的发展。

回顾整个 20 世纪，俄罗斯语言学任何时期都没有像现在这样广泛地融入世界语言学，而且这种融合还在继续发展着。

二、俄语学研究发展的四大趋势

在当代俄语语言学理论中，在对当代语言学从外部做出各种各样的定义和概括的同时，语言学理论体系仍坚守着必须遵循某些普遍性规律和研究宗旨的本能。而这些普遍的原则性方针，便是支撑当代语言学发展的深层理论基础。与此同时，必须指出的是，尽管事实上已显示出现代语言学联合统一的进程，以及不同流派的立场观点趋同的倾向，但每一个流派都仍然继续着自己独特的发展道路，坚持着自己的研究宗旨、研究对象和研究方法，实质上各自仍然遵循独立的科学研究范式。从这个意义上讲，现代语言学的状况又可称为多范式的研究结构状态。

如果说，俄语学研究本身的上述特点和西方语言学的融入及影响构成了现代俄语学研究的整体概貌和主要特点的话，那么，透过这一概貌和这些特点，可管窥出当代语言学发展的某些最显著的特点，或者说是总体趋势和基本走向。

1. 语言学的“扩张性”（экспасионизм）

语言学的扩张性概念是 1987 年在柏林召开的第十四次语言学大会上首次提出来的。这种扩张性表现在两个方向上：对外部的扩张和对内部的扩张。

在外部，语言学的这种扩张特点表现在对其他科学领域的“汲取”和“交融”，如哲学、逻辑学、心理学、认识论、社会学、文化学等。这一过程的结果是出现许多跨学科的研究领域，形成诸多的“双重性科学”：心理语言学、社会语言学、认知语言学、文化语言学、语言哲学、语言逻辑学等；与此同时，语言学界普遍承认这样一个事实：语言学不仅“融入”到人文社会科学的各个领域，而且“闯进”了自然科学的许多领域，不仅与传统的基础科学（数学、物理学，甚至医学、生物学、病理学）紧密结合，而且与许多新兴科学（计算机、人工智能、信息科学、控制论等）有不可分割的联系，进而形成了一系列边缘科学：生理语言学、病理语言学、神经语言学、计算机语言学、工程语言学等。在这种情况下，语言学的外部边界界限变得模糊不清，在语言学研究中常常需要引用其他学科的概念和术语。专家学者们不得不承认："在现代语言学研究中，仅仅研究单纯的语言现象，是不可能取得重大成就的。"①

在语言学内部，这种扩张性特点表现在语言各个层级间的互相"扩张"，各层级都极力扩大自己的研究范围，或把其他层级、其他学科的成果引入自己的研究中。这样一来，在语言内部的各学科和各层级之间便出现了大范围的交叉，形成了许多跨层级的研究领域或学科：词汇语义、语法语义、构词语义、词法语义、句法语义、篇章语义；结构句法、语义句法、功能句法；结构功能、语义功能等等。在论及这一现象时，基勃里克（А.Е.Кибрик）指出："近几十年来语言学的特点是，在保持其'纯洁性'的同时，不断扩大自己的研究领域，从语音学到音位学，从词法学到句法学，进而扩大到语义学；从句子到篇章，从形式结构到功能结构，从语言到言语，从理论语言学到应用语言学。有些在某一阶段被认为是非语言的东西，在其后的阶段又纳入了语言的范围。而且，还不能认为语言的这种扩张过程已经结束。"②

语言学的这种内外扩张的结果，表现为形成"大科学"的强大趋势，即把许多独立的科学联合在一起。这种大科学的趋势是一个综合性过程，表现在外部是认知科学的创立和认知语言学的产生，语言学作为一个分支加入了这一巨大的联合过程；表现在

① Караулов Ю.Н.，Петров В.В. От грамматики текста к кагнитивной теории дискурса. // *Язык. Познание. Коммуникация*. М.，Прогресс，1989，с. 11.

② Кибрик А.Е. Лингвистические предпосылки моделирования языковой деятельности. // *Модели- рование языковой деятельности в интеллектуальных системах*. М.，Наука，1987，с. 35.

内部是统一“语言语义学”这一学科概念的出现，即语义学是涵盖所有语言层级和领域的“层级间的语言学科”，它可以把语言学的所有分支学科联合在一起。

对于现代语言学发展的这一特点，著名语言学家库勃里亚科娃是这样论述的：“可以认为，由于基本理论问题的确立，到（20世纪）80年代末期，语言学研究中的整合倾向已占优势，我们正面临着一个新的科学范式的形成，它将把到目前为止独立发展并各有侧重的观点和方法联合在一起。”[①] 这种“联合倾向”表现在俄语学研究的各个领域，反映在各个流派的主要理论观点和研究方法中，如：阿普列相（1995）的语言的整合性描写原则；邦达尔科（А.В. Бондарко）（2002）的功能语法理论；布雷金娜、什梅廖夫、帕杜切娃的语义与语用的整合；库勃里亚科娃的语言的认知功能与交际功能的统一等理论。在整个世界语言学范围内，乔姆斯基生成主义认识论与认知科学理论的趋同；语言的认识功能的研究和认知科学中的语言功能研究的联合与交叉，等等。所有这些都充分证明了当代语言学发展的这一主导性倾向：语言中存在的某种共有的、普遍性的认知和思维模式，是语言学研究领域出现的某种统一或联合的内在动因。

2. 语言学的“人文中心论”原则（антропоцентризм）

“人文中心论”作为一个特殊的概念实质上是一种方法论原则，即把“人的因素”放在科学研究的所有理论前提的顶端，由“人”决定研究的独特视角和理论前提的取舍比例。换句话说，“人”成为对某种现象进行语言学分析时的基准点，“人”参与到语言学分析之中，决定该分析的前景及最终目的。

---

① Кубрякова Е.С. *Эволюция лингвистических идей во второй половине XX века* (*опыт парадигмального анализа*), с. 227.

在现代语言学中，人文中心论的概念与许多语言现象相关，这些现象或表现在讲话人的语言知识中，或表现为讲话人参与话语行为以及话语行为坐标体系的确立。因此，它常常与“人与语言”这样一个命题相联系，在这一命题下尝试着对各种语言现象进行研究。事实上，这是一个十分宽泛的命题，在不同的历史时期，在不同的语言学流派中，对人文中心论的理解不同，对“人与语言”的研究侧重也不同，采用的研究方法也不同。正如斯捷潘诺夫在20世纪70年代中期曾指出的那样，“语言的人文中心论原则在现代语言学中得到了各种不同的解释”①。在现代俄语学研究中，人文中心论的概念首先与语义学研究和语用学研究紧密联系在一起。研究人的因素在词汇意义中的存在方式，词在参与句子构建时，人的因素对整个句子意义的影响，讲话人和听众的语言知识和语言能力对言语的生成与理解的影响，在言语行为中具体语境对话语意义的影响等。帕杜切娃在对篇章语义的研究中，提出了“语用学就是研究所有与人相关的因素”的观点，并进行了系统的分析和论述。②

近年来，随着语言认知方向的研究在俄语学中的兴起，人文中心论原则首先与人脑的深层思维结构和机理联系在一起，俄罗斯科学院语言学研究所理论语言学实验室不仅确立了研究语言中人的因素的基本路线，而且确定了两大课题：（1）已形成的自然语言对人的思维和行为有什么影响？是什么使得人脑中形成一定的世界图景？（2）人对其所使用的语言的发展起什么作用，这种作用可达到什么程度？语言体系中的哪一部分可以用于人的语言实现活动，而且完全依赖于语言中“人的因素”？

---

① Степанов Ю.С. *Методы и принципы современной лингвистики*. М.，Эдиториал УРСС，1975. с. 50.

② Падучева Е.В. *Семантические исследования*. М.，Школа «Языки русской культуры»，1996. с. 258-276.

人文中心论原则在现代语言学中的体现，还表现在文化学、社会学、民族学等因素在语言学中占有日益显著的地位。在语言学研究的现阶段，无论是在俄语学界，还是在世界语言学范围内出现的对“人类精神文化”这一术语和概念的关注，以及语言文化学范畴的研究，都基于对人文中心论概念的更宽泛、更深刻的理解。事实上，这些学科的概念本身就是人文中心论的一个组成部分，语言中人的因素则是人类文化的延续和再现。

波斯托瓦洛娃（В.И. Постовалова）曾十分公正地指出：“在语言学范围内，在统一的人文中心论的方法论基础上，可以把下列语言学流派成功地联合在一起：（1）语言认识论——研究的对象是语言的认识功能，即对人所认识的世界的概念化形式；（2）语言心理学 / 心理语言学——研究的对象是语言与个体的关系；（3）语言行为学——研究语言在人的实际行为中的作用；（4）语言文化学——研究语言与文化的关系；（5）语言民族学——研究一个民族的语言、精神文化、民族意识和民族创造力的相互关系；（6）古代语言学——研究语言的历史与民族历史、与它的物质文明与精神文明、与它的地域位置及它的古老的意识之间的关系。”①

科学院士阿普列相领导编写的《最新俄语同义词释义词典》（1995）充分体现了“人文中心论”的现代语言学思想。该词典共收录了132组同义词，所有这些词都或多或少在某种程度上与“人的因素”联系在一起，也就是说，在词典选词时遵循了“人文中心论”的原则。这类词汇包括那些描述人的身体与心灵，人的生理和心理反应，人的体力活动、言语活动、思维活动、各种心理状态和特征，人的活动产物、住房、社会氛围、

① Постовалова В.И. Картина мира в жизнедеятельности человека. // *Роль человеческого фактора в языке. Язык и картина мира*. М.，Наука，1988，с. 9.

人际关系、专业活动、伦理道德、审美爱好等方面的词汇。

由此可见，人文中心论原则是连接语言学与其他知识领域的基础和桥梁，它把语言学和许多其他相关的边缘学科联合成更完整、更紧密的统一体。

3. 语言学的新功能主义（неофункционализм）

现代语言学中的功能主义首先起源于布拉格语言学派，随后发展成为 20 世纪下半期世界语言学研究的主流范式。毫无疑问，语言学中功能主义这一发展路线表现出极大的历史继承性。语言学历史上曾有过许多不同的功能主义流派，如欧洲传统结构主义语言学中的功能主义（布拉格学派的功能语法等），同时，也与俄语的一系列语法范畴相关，如俄语学研究中的词汇功能语法，功能语法，以及其他一些功能语法的变体等。

功能主义的奠基人之一雅科布松认为，语言的结构性能需要根据这些性能在不同交际过程中完成的任务来说明[①]。对功能主义的这种宽泛的理解，使得现代语言学有可能把功能主义看作一种态度，一种方法，其中心任务是研究被研究对象的功能，研究它的任务及效能，以及它在完成各种任务时表现出来的本质特征和适应性。功能语言学公认的一种假定是：无论是在认识和描述客观情况时，还是在借助于语言进行交际和其他相互作用的社会活动中，语言是实现某一目标，或把某种想法付诸实施时的工具、手段或机制。这种功能主义的方法最终导致承认意义概念对整个语言学的主导作用。

在稍后时段出现在欧洲和美国的功能主义观点，赋予功能主义的含义要宽泛得多，他们的理解已远远超出了布拉格语言学派

① Якобсон Р.О. *Избранные труды по лингвистике*. Благовещенск，БГК，1998，cc. 306-318.

的概念范围，形成了新功能主义观点。如，欧洲的日内瓦学派、伦敦学派等。新功能主义观点认为，功能主义范式与形式主义范式的对峙是毫无意义的，事实上，这两种方法恰好可以有机地结合起来，如捷克布拉格大学的计算语言学专家斯加尔（Petr Sgall）等人把布拉格学派的传统与数学语言学的形式解释结合在一起，提出了“功能生成语法”理论。

如果说，欧洲结构主义功能学派的任务是给已经划分好的最小语言单位填写上某种功能，并用功能主义的各种判据来证实这种分类，那么，对于后来的新功能学派来说，其任务恰恰相反：首先划分功能类别，并相应地给它们配置上能表现出该功能的语言单位和结构。

如果说，功能主义的判据的确定，得以把语言体系中的一个语言单位与另一个区分开，并共同为这一体系的结构研究服务，那么，功能原型结构类别的划分，则为在篇章中全面研究语言的使用开辟了道路，并有助于从功能特性上对语言结构进行各语言层级的解释。

如果说，布拉格语言学派传统的语言分析的功能主义原则意味着，必须根据语言现象在整个语言体系中所完成的功能，去研究每一个语言现象，从体系的角度来评价语言；那么，新功能主义则认为，语言的功能是相当复杂的，因此，必须研究不同类型的语言功能，特别是交际行为功能，并根据话语交际单位的意向性目的不同而提出不同的功能理论。

新功能主义概念对语言学研究的这些宽松而灵活的观点，使功能主义在诸多语言学研究方法中脱颖而出，成为现代语言学研究范式的中心原则之一。功能主义的中心原则的确立与近几十年来语义学和语用学研究的迅速发展有直接关系。此外，功能语言学与认识论，特别是认知语言学理论紧密相连，这种联系可以通过知识概念的体现表现出来。正是这种语言学研究的中心原则把语言各个层级的研究在功能主义的共性基础上联合起来。

在当代俄罗斯语言学研究中，列宁格勒功能主义学派和邦达尔科的功能语法是典型代表，其功能语义场理论研究是功能语法研究的继续，是语言学中功能主义理论与语义学研究理论的成功结合，是俄语语言学中新功能主义理论和观点的具体体现。功能语法理论的研究范围与许多研究领域相交叉，如语法范畴分类、句法结构、比较语法、篇章的语法语义分析、心理语言学、应用语言学、语用语言学等。邦达尔科在研究中以语法范畴的语义特征和功能特征为依据，划分出六大功能语义场，并对其进行了详细的分类研究。[①] 这一研究无论是对语义场理论研究，还是对功能语言学理论研究都是一个重大贡献。因此严格地说，功能语法不是一个独立的或孤立的学科，它作为语言学各学科现代体系中的一个交叉环节，代表了功能主义语言学的总体方向，是语言功能模式的一部分，换句话说，是语言学中广义功能主义语言学方向中的一个组成部分。功能语法研究及其相关的功能语义场理论充分体现了功能主义的这种跨学科的交叉性特征。

4. 语言学的“解释性”原则（экспланаторность）

“解释性”概念是在 20 世纪 60 年代提出的。它首先与当时的那场“乔姆斯基革命”和生成主义中的“演绎法”紧密相关。把“解释性”这一概念引用于语言研究，促使语言学体系建立了“语言结构”和语言“不能直接观察到的深层结构”的假设。这些假设和推理的提出，从根本上改变了语言学研究的宗旨、任务、方向和最终目的：语言是一种经验性科学，它不能不依赖于原始资

① Бондарко А. В. *Теория функциональной грамматики: Введение*, *аспектуальность*, *временная локализованность*, *таксис*. М., Книжный дом *ЛИБРОКОМ*, 2011.

料的基础而独立存在，但语言学的任务和目的不在于对原始资料的归纳和描写，而在于对语言现象，对言语的生成和理解的深层机理做出解释。认知科学的形成和认知语言学的诞生，又给语言学的解释性增添了活力和新的内容。西方的一些语言学家认为，认知语言学的主要贡献并不在于宣布要对语言做出解释，而是在于，它不仅要求对语言现象和语言的内部机理做出解释，而且还要求解释语言作为信息、作为世界的概念化图景是如何反映在人脑中，以及人是如何利用这些信息进行话语思维活动的；不仅要求关注语言外部环境的语料结构，而且要求研究人脑内部的知识结构。现代语言学研究的这一新原则和新纲领改变了语言学研究的方向和任务，相应地也改变了研究对象和研究方法。

在现阶段的语言学研究中，解释性原则究竟表现在语言学研究的哪些领域和范围，换句话说，这种方法将研究哪些语言现象，最终要解释什么问题：是人的思维活动、精神活动、认识活动，还是人的交际行为、社会行为、团体行为，或两者兼而有之？

弗多尔（J. Fodor）认为，语言的解释性可以从五个方面来考虑：

（1）人脑的结构——人脑本身存在的某些天生的语法结构及表现形式；

（2）语言的可掌握性——语言本身是儿童能够掌握或能够理解的一种结构；

（3）话语生成的原则——任何一个句子都必须保障在其范围内表达和传递一定的思想和意义；

（4）话语的理解原则——语言应保证句子的解码功能；

（5）交际原则——没有这一原则，语言无法完成组织典型话语行为的任务。

在实际句法的组织中，这些因素可能会同时起作用，也可能会发生某些组合[①]。

美国语言学家、著名的分类学家吉翁（T. Givon）认为，现代语言学中的解释性应分为三种类型：

（1）解释语言的通用性和建立语言的总原则；

（2）解释语言体系的内部等级结构的原则；

（3）解释不同历史阶段的语言特点，或称作解释某种语言的历时变化特点[②]。

总之，语言学的解释性原则作为现代语言学研究的一个主要趋势，本身就意味着试图给语言的内部组织结构、话语的生成和理解、语言的每一个模式，篇章结构语体的具体表现、人的语言知识的形成和发展等一系列现象找出某种合理的解释。正是基于这一解释性原则，近几十年来，语言现象的语义注释方法，世界语言图景的范畴化和概念化研究等得到了迅速发展。俄罗斯语言学者们试图从语言的更深层语义和结构来解释诸多的语言现象。阿普列相领导编写了第一部同义词释义词典，进行了俄语解释性词典学理论研究的尝试，并在《语言整合性描写与体系性词典学》一书[③]中对编写该词典的理论构想、方法论原则和结构特点做了详尽的阐释。

综上所述，可以概括地说，语言的解释性是语言本体结构的深层本质和基础功能，人文中心论是当代语言学研究范式的理论宗旨和指导思想，功能主义是语言学理论研究发展的内动力，扩张性是现代人文社会科学发展的必然表现形式。

---

① Fodor J.D. Constraints on gaps: is the parser a significant influence? // *Explanations for language universals*，Berlin: de Gruyter，1984，pp.9-34.

② Givon T. *Syntax: A functional–typological introduction. Amsterdam*，Philadelphia: J. Benjamins Publ，Vol.1.，1984，pp.40-41.

③ Апресян Ю.Д. *Интегральное описание языка и системная лексикография*. М.，Языки русской культуры，1995. сс. 114-133.

当代语言学的上述四大趋势，决定了当代语言学的重心向着与人的因素相关的领域和学科转变，向着语言学的语义和功能研究方向转变，因而，与语言语义学、语用学、心理语言学、认知语言学相关的学科和领域的研究仍不失为研究热点和重点。

（原载《中国俄语教学》2013 年第 3 期，略有改动）

认知语言学在俄语学研究中的状况

一、一般情况介绍

认知语言学作为现代语言学中的一个新兴学科，虽然在20世纪70年代便在西方语言学界出现，但并没有在俄语学界引起同步的关注和研究热潮。直到1985年，格拉西莫夫（В.И. Герасимов）才成功地把认知语法介绍给当时的苏联语言学界。1987年翻译出版了兰盖克（R. Langacker）的《认知语法基础》的第一卷（第二卷出版于1991年）。这一时期传入俄语界的还有一些欧美学者的主要论著：莱考夫（G. Lakoff），1987；约翰逊（M. Johnson），1987；菲尔墨（C. Fillmore），1988；泰尔米（L. Talmy），1983，1984，1985，1988；杰肯道夫（R.Jackendoff），1987年系列丛书的开始部分等。1988年，《国外语言学中的新观点》第23期专刊介绍和讨论了认知语言学问题——《语言的认知问题》（*когнитивные аспекты языка*）。从1990年开始正式出版学术杂志《认知语言学》，至此，可以认为认知语言学这一学科在俄语学中的研究进入了一个新阶段。

尽管认知语言学在俄语学中出现的时间不长，其研究起步比较晚，但从一开始便显示出迅猛发展的势头。特别是近十几年来，随着各个领域的开放，语言学界与西方同行之间交往增多，各种学术思想和观点大量涌入，更促进了认知语言学的传播和普及，认知语言学这一现代语言学分支在俄语学研究中日益显示出强大的生命力和广阔的前景。它对语言的崭新的解释力和全新的研究方法，使学者们有可能从新的角度去审视那些看似已研究得很透彻、很成熟的语言现象，更重要的是，它开拓了过去语言学研究不曾涉足的许多领域，为语言学在各种语言单位及其意义、功能、体系的本质等方面的深入研究开辟了新前景。所有这些都使俄语学界的同行们耳目一新，给俄语学研究带来了一股新风。进入 20 世纪 90 年代，有关认知语言学研究的大量文章、专著不断发表，形成了一个认知语言学研究的热潮。近几年来，又涌现出一大批认知语言学研究的专家学者，如库勃利亚科娃（Е.С. Кубрякова）、斯捷潘诺夫（Ю.С. Степанов）、帕杜切娃（Е.В. Падучева）、捷利娅（В.Н. Телия）、潘克拉兹（Ю.Г. Панкрац）、哈里顿契克（З.А. Харитончик）、阿法纳西耶娃（О.В. Афанасьева）等，并逐渐形成一个研究核心，形成俄语认知语言学研究的现代流派。1997 年 4 月，在科学院著名俄语理论家、认知语言学研究专家库勃利亚科娃教授的倡议和参与下，由科学院语言所和莫斯科大学语文系联合组织召开了题为“世界的概念化：时间与空间”的认知语言学研讨会。从该研讨会的规模、所探讨的理论问题的深度、涉及的语言现象的广度足以看出，俄语认知语言学流派已经开始形成并日益走向成熟。

二、库勃利亚科娃与现代俄语认知语言学流派

在现代俄语学界，库勃利亚科娃的名字是与俄语学中认知语言学流派的建立和发展紧紧联系在一起的。

库勃利亚科娃是一位兴趣十分广泛、研究领域很宽阔的语言

学理论研究专家。她对语言学的理论研究有着特殊的敏感度和预见性，正如同行们评价的那样，她很善于预测和把握语言学研究的发展方向。早在西方语言学界提出认知语言学理论之前，她就开始关注语言学中的这类问题，并潜心进行了多年研究。所以当认知语言学刚一出现时，她便很快接受了这一新的语言学思潮，并成为在俄语学界传播和发展这一语言学思潮的先驱。她对认知科学在俄语学界的传播和发展所做出的贡献是首屈一指的：

（1）她翻译了大量有关认知科学方面的论著和文章，使俄语同行们更多地了解到国外这一新兴语言学科、主要理论思潮和研究方法；

（2）她提议并主编了第一部俄文的认知语言学术语词典，完成了该学科的一项“先导性工程”；

（3）近几年来发表了大量的相关文章和专著，创立了俄语认知语言学流派。

1997年10月，为庆贺库勃利亚科娃生日，在唐波夫大学召开了题为“语言的概念化：词类、构词、称名理论”的圆桌研讨会。参加研讨会的有来自俄罗斯和独联体国家的专家学者，还有来自美国、加拿大和日本的俄语学专家。与会代表们就库勃利亚科娃在认知语言学研究中提出的观点和命题，进行了热烈的讨论。讨论涉及语言学的许多领域，提出了很多具有现实意义的理论问题，反映并代表了现代语言学研究的前沿理论水平。在这次会议上，首次亮出了俄语认知语言学流派的旗帜，并确立了库勃利亚科娃在这一流派中的创始人和领导者地位。

在俄语认知语言学研究中，库勃利亚科娃的研究区域很宽，几乎涉及语言的每一个层级：词汇、语义、构词、词法、词类、句法等。从她的研究和创作履历可以看出，在70年代后期她就已开始了构词、词类的语义等问题的研究。最近的十多年来，其理论日渐成熟，著述颇多。这一时期的主要研究目标是，建立一种语义研究的认知方法，其中以词类、构词和语言的称名理论为主要对象，提出了许多十分新颖且颇有影响的理论和观点，可概括为以下几个方面。

1. 词类的认知语义研究

俄语词类是库勃利亚科娃最早用认知理论开垦的研究领域之一。1997 年出版了她的专著《用认知论的观点研究词类》[①]。该书代表了她近几年来在这一领域的主要研究成果。与传统语法中把词类理解为词的词汇一语法结构的解释方法不同，库勃利亚科娃认为，任何一种词类在语言体系中的地位，首先是由它的存在和使用的认知论基础所决定的，也就是说，词类的存在和使用，取决于对人类活动类型的概念化，即在人类对世界和语言的理解活动中有些概念能够产生知识量化，这种量化由属于某一类别的词汇表现出来。基于这样的理解，她提出了一系列传统语法中不曾有过或者与传统语法的理论相悖的新观点：

（1）词类是一种“认知一话语”的结合（когнитивно-дискурсивное образование）。这一概念是根据认知科学和话语结构理论的最新研究成果，于 1990 年提出的。从语言共时研究的角度来看，每一个词既是认知结构中的组成单位，同时又是话语结构中的组成单位。因此，词类参加话语的构建和组织是它的一个重要的功能。用“认知一话语”的观点来解释词类，一方面，应把词类看作某种特定认知结构的具体体现和称名；另一方面，应把词类放在句子和话语的结构中，根据它们所完成的功能来确定。从语言的历时发展的角度来看，语言有两个基本功能：当需要

① Кубрякова Е.С. *Части речи с когнитивной точки зрения*. М., Институт языкознания РАН, 1997.

交流信息时，传递对交际行为有意义的语言符号——完成交际功能（общение）；把信息以经验的形式固定下来并储存在人的记忆中——完成概括功能（обобщение）。

（2）词类是内部词典的向量。内部词典包含"关于语言"（即作为符号学体系）的知识和"语言"知识（即用语言语义表现出来的关于世界的知识）。这种从内部掌握世界的实质是人对获得的知识进行概念化的总和。词类是反映最深层实质的初级概念化：在确定和使用词类时，必须思考并区分出某一现实或客观存在具有什么样的客观特性和本体特性，以便在用语言表达时，决定选用什么样的词类：名词、动词、形容词还是数词等等。

（3）人在对世界图景的概念化过程中存在感受不等同现象、与概念不相符现象和语言符号的不对称现象。现代语义学的认知定位理论的出发点是：语义结构是概念化结构形式。讲话人传递的信息是以他对世界的界定为基础的，而这种界定本身是能够确保他内部想象力的手段与符号表达相互作用的结果。因此，语言总是把我们引向对世界的某种概念化认识。在这种情况下我们承认，语言表达的意义不一定与话语描述情景的客观反映相吻合：对世界进行概念化的人所选择的"配影参数"十分重要。正是基于对语言的这种理解，库勃利亚科娃于 1994 年提出语言意义的三段式理论——话语意思–篇章意义–作品意义（значение текста-смысл текста-смысл произведения），认为意义是理解内涵的假设–推理认知的一个客观性较少，且较难捕捉的，但却是必不可少的环节。语言意义作为有意义的代码信息结构，是根据这一系列因素确定的：对情景的具体感受水平；对背景的推测和期待；对被描写的"场景"的观察角度的选择；对能够反映该场景的表达方式的选择；对这种选择的动因的理解及其他认知活动，所有这些共同构成了语言个体在完成概念化和范畴化过程中的最重要步骤。在此基础上，可以得出一系列认知语言学的论点：

（1）世界语言图景的体系性：既然世界图景是对世界的固定看法的结果，这种固定看法常常具有体系性特点，那么可以合乎逻辑地假设，语言个体对世界语言图景内涵的选择也具有体系性特点。

（2）世界语言图景的个体性：语言个体在世界图景的反映体系中对其内涵的概念化和排列是该个体的评定体系；而各种不同类型的接受方对这些信息内涵的理解，在释译时重点的选择和分布，信息的类型，概念化和范畴化等方面的差异已经勾画出接受方的个性，由此而产生各种各样的解释，产生了对意义理解时的差异。

（3）感受与概念化是两种不同的认知过程：在认知语言学中，最通俗易懂的解释是，信息是交际中用语言形式体现和传递的知识，而认知信息是在认识世界的实际体验中，通过对这些体验的感受和概括而获得的。在这一意义上，感受是第一个认知过程（或一级过程），是基于实际体验的知识，就其实质来讲，它具有个性化特点，因为任何初级知识都是心理个体的认知活动的结果，其大部分都是以现象化资料为基础的；概念化是第二级过程，是在特定的体系中形成的“关于世界和人在世界中的地位”的看法和观点的总和，就其实质而言，具有概括性特点，因为任何一个心理主体在这一阶段的认识活动中，都是依赖于初级知识基础中对所有情况都具有共性的东西。这两个信息处理过程相应于两种类型的语言知识——现象学知识和结构学知识，或称作观察者的知识和讲话人的知识。

（4）语言符号的不对称：任何一个称名单位，无论其复杂程度如何，都具有自己在表达方式和意义内容方面的界限。在语言实践中，称名单位的这两方面并不总是相符的，而且它们之间的界限也在不断变化。这种现象在复杂的词汇和词组中表现最为突出：由于转喻和隐喻转义的参与而与语言外某些特征产生间接关系的语言形式，不仅能够引起其表达方式与意义内容之间的分歧，而且在具有复杂称名的情况下，能够引起语言符号层面的分化。

2. 构词学中的认知成分和认知构词法

库勃利亚科娃近十几年来的另一研究重点是构词学，其中以构词意义为主要研究对象。1981 年，她的专著《语言意义的类型：派生词的语义》[①] 的问世，标志着构词意义本质性研究的新阶段。在这一时期的研究中，她用认知科学的方法，对构词意义的词缀概念、配置概念和组合概念进行了仔细的研究，提出了构词学的一系列认知理论，在此基础上形成了认知构词学。

（1）构词意义是一种复合结构的意义。它指出了派生成分的某些作用与结构之间的关系。即如何把派生词的一个组成成分标记为它的基干，而另一个标记为它的特征，以及如何预先确定该派生词的参照（对偶）部分在该词中所起的作用。

（2）构词类型是世界语言图景的概念化手段。构词类型是派生学中“形式—意义”一个综合性单位，在这种综合性单位中，通过说明词和被说明词之间十分复杂的语义关系网络，独特地表现出世界的语言图景。俄语构词学的这种机制反映了人脑中“形式—意义”联想能力，证实了语言过程的动态性和可变性，证实了语言具有能够快速满足交际需求的能力。

（3）类推法是一个重要的构词手段。类推法在哲学的范围内

① Кубрякова Е.С. *Типы языковых значений: Семантика производного слова*. М., Наука，1981.

解释为：物体、现象和过程在某种特性上相似或相同，对语言学现象来讲，它被定义为：一个语言单位与另一个语言单位在形式上和/或语义上的相类似。新产生的语言单位在形式和内容上与某些原始语言现象有相同之处，它们的概括性模式用作语言的生成和再现的模型。所以，类推法被看作话语行为的最重要的机理，借助于该机理，不仅能够创造新词汇单位，而且可以改变已有的词汇单位。在这种情况下，类推法的功效不仅在于利用现有的规则，而且还在于在已有的基础上创立新的规则。构词学类推法的认知机理表现在语言知识对概念形成的直接影响，以及为这些概念在定名时提供一个支点，即给其配置一个固定的符号"身体"。类推法可以认为是表现语言和思维之间相互关系的方法之一，是世界概念图景和语言图景的一种复杂的体现。

（4）构词是一个动态过程。库勃利亚科娃指出，构词过程的语义和功能是词类认知基础的源泉。事实上，表示物体、性能及行为的词类，通过它们在构词行为中的彼此关系，表现出更具概括性的分类结构功能，这种分类结构对同一种构词范畴的所有类型来说将是统一的。表现为分类结构和行为结构的构词意义，可以解释为讲话人用语言思维对实际存在的非语言现象的信息化储存和条理化。在构词过程中，词汇的形成和消失证明了在语言的构词体系中发生的深层形式—语义变化，以及讲话人在由"理想"世界转向"现实"世界过程中传递信息时使用构词手段的变化。这些变化构成了构词的动态过程。

3. 称名理论

库勃利亚科娃有大量的论著专门论述不同称名单位的认知论研究。她曾指出："有关语言称名理论的基础研究的出现，证明了人的称名活动问题的极其复杂和重要，它是一个综合性语言思维过程，既有逻辑—认识论，也有心理学的依据；既有生物学，也有社会学的依据；既有生理学，也有语言学的依据。”①

（1）称名与概念的统一。称名行为的特性在于，作为人的个性活动的初级行为，它把由于各种原因在一个人的头脑中形成的，实质上是认识的主体结构具体体现出来，这种体现一旦用语言符号固定下来，便成了讲该种语言的群体中其他人的共有财富。

（2）称名与交际的关系。在称名行为中可以观察出称名的语用方向：希望向交谈对方讲述些什么，把自己的意向与对方的知识、评价和情感联系起来。寻找这种能影响谈话对方的手段需要认知方面的努力，而讲话人的动机本身是他参加有交谈指向的交际行为和话语行为的结果。

（3）各语言层级中的称名单位。从认知语言学的观点来看，语言各层级都有称名功能，各种不同称名单位都具有认知的成分。库勃利亚科娃关于动词和话语的称名功能的研究引起了极大的反响。此外，她还首次提出并认真地研究了构词的称名功能，使她成为派生称名学的创始人。这一学科的产生依赖于称名学中的词类理论和派生学中的交际功能观点，因为仅把构词学看作系统的体系，已不足以解释话语的生成和理解。

（4）一级称名与二级称名。人的认识活动和分类活动的结果表现为称名体系，称名就是建立符号“身体”与符号以外的某些东西之间复杂的连环关系。这种关系可以是直接的或间接的；可以是可分的或不可分的；可以是直接的或转义的称名。

当然，库勃利亚科娃对俄语认知语言学的发展，乃至对整个俄语语言的发展的贡献，远不止上述几个方面。重要的是，一

① Кубрякова Е.С. *О номинативном компоненте речевой деятельности*.–ВЯ，1984. № 4. сс. 13-22.

方面，她把认知科学的理论成功地用于俄语语言学研究，提出了一系列俄语认知语言学理论和观点，为该学派的进一步研究和发展提供了理论依据；另一方面，她把认知语言学理论与传统语言学理论紧密结合在一起，用一种全新的方法去研究传统的语言学问题和现象，为现代俄语学研究提供了新的研究途径和方法论原则。

三、俄语认知语言学的发展趋势及前景

如上所述，俄语认知语言学作为一个新的语言学科，目前尚处在形成和发展阶段，它的许多理论观点和概念尚待语言实践的进一步证实，但它在俄语学中的研究领域正不断扩大，展现出非常广阔的前景。越来越多的学者尝试着从认知语言学的不同角度对语言的各个方面进行研究和描述：

认知—语用学的角度（когнитивно-прагматический подход）：扎博特金娜（В.И. Заботкина）的《从认知—语用学角度研究词汇学》（*О когнитивно-прагматическом подходе к лексикологическим исследованиям*），阿法纳西耶娃（О.В. Афанасьева）的《词类研究的新方法》（*Новые подходы к изучению частей речи*）；

交际—认知的角度（коммуникативно-когнитивный подход）：克瓦尔特奇（Н.В. Квартыч）的《从交际—认知的角度研究英语中的复合词》（*Сложные слова в коммуникативно- когнитивном освещении в английском языке*）；

认知—篇章学的角度（когнитивно-дискурсивный подход）：科博泽娃（И.М. Кобозева）、阿尔梅娃（А.Р. Армева）的《篇章构建的模式化过程中认知角度和篇章角度的互补性》（*О вза-*

имодополнительности когнитивного и дискурсного подходов при моделировании текстобразования），里亚博娃（М.Ю. Рябова）的《语言研究的认知一篇章学视角及对时间的评定问题》（*Когнитивно-дискурсный подход к языку и проблемы временной референции*）；

认知一语言文化学的角度（когнитивно-лингвокультурологический аспект）：捷利娅（В.Н. Телия）的《Родина 一词的指称内容是〈PATRIA〉一词在俄语中的社会概念的一部分》（*Наименование родина как часть социального концепта 〈PATRIA〉 в русском языке*），科夫绍娃（М.Л. Ковшова）的《成语的认知特性：研究的新模式》（*Когнитивные характеристики идиомы:новая парадигма исследования*）；

语义中的认知一定位方法（когнитивно-ориентированный подход в семантике）：莫尔恰诺娃（Г.Г. Молчанова）的《各种世界图景中的概念化过程不等同现象》（*Нетождественные аспекты процесса категоризации в разных картинах мира*）。

许多学者还运用认知科学中的分析方法对各种语言现象进行广泛深入研究：

认知语言学理论方面：基勃里克（А.А. Кибрик）的《认知功能及其语言的相关概念》（*Когнитивные функции и их языковые корреляты*），吉兹达托夫（Г.Г. Гиздатов）、舍利亚霍夫斯卡娅（Л.А. Шеляховская）的《称名活动的认知基础》（*Когнитивные основы номинативной деятельности*），潘克拉兹（Ю.Т. Панкрац）的《语言研究的认知方法及语言学理论》（*Когнитивный подход к языку и лингвистическая теория*），索科洛夫（Е.Н. Соколов）的《认知过程的几何模型》（*Геометрическая модель когнитивных процессов*），阿勃杜尔法诺娃（А. Абдулфанова）

的《通过认知语言学范式来研究概念》（*К концепту через парадигму когнитивной лингвистики*），克拉夫钦科（А.В. Кравченко）的《认识与范畴化》（*Восприятие и категоризация*）；

词汇语义方面：波克罗夫斯卡娅（Е.В. Покровская）的《俄语中社会—政治词汇的认知分析》（*Когнитивный анализ социально-политической лексики русского языка*），博尔德廖夫（Н.Н. Болдырев）的《动词的功能范畴和动词词义的动态变化》（*Функциональная категория глагола и динамика глагольного значения*），富拉绍娃（Н.В. Фурашова）的《动词语义认知分析的尝试》（*Опыт когнитивного анализа глагольной семантики*），彼特卢辛娜（Е.В. Петру-хина）的《斯拉夫语动词的称名功能和语义结构的研究问题》（*Проблемы изучения номинативной функции и семантической структуры славянского глагола*），利彼利娜（Л.А. Липилина）的《构词类推法在构成隐喻性称名中的作用》（*Роль словообразовательной аналогии в создании метафорических иноваций*）；

成语方面：切尔丹采娃（Т.З. Черданцева）的《用认知观点研究成语》（*Фразеология в когнитивном аспекте*）；

句法方面：波克罗夫斯卡娅（Е.В. Покровская）的《句法研究的认知方法》（*Когнитивный подход к синтаксису*），门捷里茨卡娅（Е.О. Менджерицкая）的《文学作品句法研究中的认知问题》（*Когнитивные аспекты изучения синтаксиса художественной литературы*）；

构词方面：阿拉耶娃（Л.А. Араева）的《构词类型是世界语言图景范畴化手段》（*Словообразовательный тип как средство категоризации языковой картины мира / В свете современного когнитивного подхода*），拉耶夫斯卡娅（О.В. Раевская）：

《各种类型的构词意义在词典学中的体现》（*Лексикографическая репрезентация разных типов словообразовательных значений*），谢梅里科娃（З.В. Семерикова）的《认知构词学的形成》（*Становление когнитивного словообразования*），哈里顿奇克（З.А. Харитончик）：《词汇意义普通类型学中的构词意义》（*Словообразовательное значение в общей типологии значений слов*）；

词法方面：克洛布科夫（Е.В. Клобуков）的《现代词法学：体系词法学、交际词法学和认知词法学》（*Современная морфология:системная，коммуникативная，когнитивная*），别列斯特涅夫（Г.И. Берестнев）的《关于词类研究中的认知论方法》（*О когнитивном подходе к частям речи*）；

篇章方面：沃罗毕约夫（О.П. Воробьев）的《认知语言学的视域下的篇章称名》（*Текстовая номинация в ракурсе когнитивной лингвистики*），拉桑（Э.Р. Ласан）的《观念化篇章的认知—修辞分析》（*О когнитивно-риторическом анализе идеологизированого дискурса*）；

文学作品方面：马尔金娜（Н.М. Малкина）的《文学作品中人物的世界图景的形成》（*Формирование картины мира литературного персонажа*）等。

所有这些研究范围和方向拥有一个共同的目标：试图从深层揭示语言在人的认识—思维活动中的作用，解释概念化过程对世界语言图景描绘的影响，以及语言知识的形成、储存和使用等一系列问题。因此，在俄语学界有人把认知语言学称为“超深层语义学”，有人则认为它是解释语言学的一个分支。

关于俄语学中认知语言学的研究现状，科学院俄语所现代俄语研究室主任克雷欣（Л.П. Крысин）曾作了十分客观的评价：“在目前俄语学界，认知语言学的研究尚属形成阶段，尽管已发表了大量的研究文章，尽管许多语言学家开始利用该学说的观点来解释语言现象本身和语言学研究中的许多问题，但应该说，这些研究还只是处在理论论证和实验尝试阶段，还未形成一个完整的成熟的方法论学说，以可以用来系统地、体系化地研究和描写语言学问题，譬如像阿普列相莫斯科语义学流派那样。”[1] 从另一方面讲，正因为认知语言学的研究方兴未艾，正因为它面临着许多尚未解决的课题：建立完整的理论体系，确立独立而有特色的方法论原则等等，该学科显示出广阔的研究前景。

（原载《福建外语》1999 年第 2 期，有改动）

① 记录于 1997 年 2 月 26 日本文作者与 Л.П. Крысин 的学术访谈。

俄罗斯语言学中的语用学研究

语言语用学作为一个独立的、完整的语言学研究学科于20世纪70年代初期开始出现在西方语言学中，并成了这一时期国际学术会议的一个热门话题。在许多国际会议的综述报告和介绍性文章中，都把1970年在波士顿召开的“自然语言的语用学”国际学术研讨会视为语用学蓬勃发展的开端。在此后的十几年间，语用学研究的发展十分迅速：1977年在阿姆斯特丹正式出版了《语用学杂志》(*Journal of Pragmatics*)；1985年在意大利召开了语用学国际研讨会；1986年初国际语用学学会正式成立，并把《语用学杂志》定为该学会的会刊。在俄罗斯语言学界，语用学一直是当代语言学研究的一个热点。

一、语用学研究的宗旨、对象及任务

在俄语语言学中，语用学因素的研究要追溯到更早的时期。在传统俄语语言学研究中，对语言中的主观评价和情态性等问题，都从不同的侧面和角度进行过研究和描述，如维诺格拉多夫（В.В. Виноградов）提出的“述谓的情态性”理论。正如阿普列相（Ю.Д. Апресян）指出的那样，“维氏并没有直接提到或使用过‘语用’一词，但在他的论著中，对各种语言单位的实际语用信息的论述，远远多于许多现代论著中对这一问题的专门论述”[①]。按照维诺格拉多夫的语言学观点，任何一个语言单位作为一个完整的整体，它既表现出其内部结构的所有的细微差别，也表现出丰富的外部联系，所有这些可以使该语言单位进入语言系统，进入意群语境，进入交际情景，然后进入语言学、文学、历史、文化，进入语言学研究的范围。维诺格拉多夫曾对此做过十分精辟的论述：“词在表示现象、物体时，同时也传递了该现象或物体在动态变化的整体中，在历史事实中的关系和联系。每一个词都表达对客观事实的一小部分（кусочек действительности）及其与这一事实中的其他成分的关系的解释，以及社会、民族在某一时代对它们的认识及在随后的年代中对初始意义和细微差别的重新思考。例如，动词 насолить 在现代语言中除了具体的直义‘腌制’‘放盐太多’等意义外，还有转义‘搞出不愉快的事’‘损害或伤害别人’等意义。该动词的这种转义很可能是根据某一时期存在的关于巫术的说法产生的。 按照过去迷信的说法，一边念咒语，一边抛撒会引起疾病或中邪的各种东西。如果有人从这些被念了咒语的东西上跨过或碰到了这些东西就会中邪。常使用‘念了咒语的盐’来表示此种含义。”[②]显然，维诺格拉多夫在对词汇的语义进行研究时，已经注意到了某些被固定在词汇语义中的“人的因素”，即在现代语言学中被称为“语用”的信息。

进入 70 年代，与西方语用学理论对话语的宏观研究不同，在俄语学界，许多学者也开始超越索绪尔结构主义语言理论的传统视野，把研究的注意力更多地转向了语言中“人的因素”，即所研究的对象不只是孤立的语言单位及其相互关系，而是把研

① Апресян Ю. Д. *Интегральное описание языка и системная лексикография*. М., Языки русской культуры, 1995, с. 156 .

② Виноградов В. В. *Избранные труды. Лексикология и лексикография*. М., Русский язык, 1977, с. 163 .

究范围扩展到语言中所有与人的因素相关的问题：言语行为的参与者（主体—讲话人和客体—听话人）、话语环境和时间等。其中主体又是言语行为中最重要的范畴，是言语行为中诸多要素中的主导要素，是联结话语中语用因素的中间环节（我—此时—此地）。例如，阿普列相在研究俄语动词体的语法意义时，对比了一些可以表示空间关系的动词体的形式语义①：

Дорога кончалась около леса.（动词未完成体过去时）——这条路的尽头延伸到森林边上；

Дорога кончилась около леса.（动词完成体过去时）——这条路到森林边上就到尽头了；

У верстового столба дорога поворачивает на юг.（动词未完成体现在时）——到路标柱子跟前这条路就该向南转了；

У верстового столба дорога повернула на юг.（动词完成体过去时）——在路标柱子跟前这条路向南拐了。

他发现，在上述例句中，完成体动词的类似用法中隐含有"观察者"的语义成分，叙述者通过"观察者"的视角来感受和描述现实客体和实际环境。阿普列相的这种发现推翻了长久以来的传统观点，即认为动词体的语法范畴没有指示性特征；同时也证明了，在俄语动词体的对偶描写中也应考虑语用因素。

正是基于语用学研究中对"人的因素"的关注，斯捷潘诺夫（Ю.С. Степанов）将其定义为"研究定位功能"的科学。他在苏联《科学院学报（文学与语言分册）》1981年第4期上发表的题为《语用学探索》的文章中，是这样来界定符号学的三个学科的："句法学研究语言的述谓功能，语义学研究语言的指称

① Апресян Ю.Д. *Интегральное описание языка и системная лексикография*. с. 60.

功能，语用学研究语言的定位功能。”[①]

语用学本身所具有的一系列特点，决定了语用学研究的重要地位。与此同时，语用信息独特的性能、表现形式及其功能也决定了其研究任务的艰巨性。它的主要研究对象是语言中的所有与人的因素相关的问题，从广义上讲，是语言单位的意义与话语环境的关系。这里所说的语言单位包括词、词组、句子、语段或篇章；而话语环境则指讲话人或听众、话语的目的、背景知识等，以及讲话人的各种类型的主题设定——原始假设、意向、意见、情感、评价等等。总之，一切与人相关的因素，或者叫作语言中“人的因素”。

在现代俄语学研究中，语用学研究实际上已涉及语言的所有层次。在不同的语言层次上，“人的因素”的表现形式各不相同。因此，语用学在不同层次上的具体研究对象和研究方法也不尽相同。总体上讲，语用学研究应在两个体系中进行：一个是语言体系，另一个是言语体系，也就是语言的交际功能层面。

在语言体系中，语用意义表现在词汇的语义中。因此，其研究应与词汇的语义研究共同进行。这个层次上的语用学研究的目的是：确定语言的基本单位一词汇中的语用现象，划分词汇中的语用意义和语义成分，分析研究词汇的语用意义对词汇在句子构建中的表现行为的影响和作用，从而保证语言交际的正确性和准确性。例如，阿普列相从词汇学和词典学的角度出发，认为语言学感兴趣的是那些已经被词汇化和语法化了的语用信息，即在语言单位中获得了固定地位的那部分语用信息。所以，他把固定在语言单位中的讲话人对客观实际——通报的对象、通报的内容和

① Степанов Ю.С. В поисках прагматики（проблема субъекта）. // *Известия АН СССР*，*серия литературы и языка*.1981，Т. 40，№ 4，сс. 325-332.

对听众的评价态度统称为语用意义、并对语用意义在词汇单位中的表现形式、词汇的语用特征在词典描写中的特性和行为特征等问题进行了整合性描写。[1]

捷利娅（В.Н. Телия）在对俄语成语进行系统研究时，着重研究了成语的语用信息特征和语用功能。她指出，含有成语的句子具有某些话语行为动词特有的意向性功能；使用成语进行的话语行为更能表现出语言的情态性：讲话人对所述内容的感情态度等。[2]

在言语体系中，即语言的动态环境中，语用学研究涉及的范围很广泛。它可以包括：话语行为、话语体裁、话语策略、句子的意向功能、表现力色彩、指示与评定、句子语义的预设及同义语反复等。这些命题都与语用学相关，因为它们从不同的侧面研究语言中人的因素，研究这些因素在语言环境和交际环境中的作用及具体语境对语言单位中的语用意义的影响。近年来，俄语学界对话语行为理论、句子的意向性功能、句子或篇章的语义预设、指示与标记等研究较多。例如，邦达尔科（А.В. Бондарко）在功能语法研究的基础上，从语言的功能理论上对句子的意向性功能进行了系统的研究，认为语用学的研究对象是语言单位或整个句子对话语行为的生成条件及参与者的态度[3]。帕杜切娃（Е.В. Падучева）把语言中与人的因素相关的所有问题都统一纳入“叙事体语义”（семантика наратива）的范围。在这一大的范围内，她对文学作品中的叙事体语义、语用现象、话语行为理论、语言的评定与指示等问题进行了研究和描述。显然，在叙事体语义这一大的命题下，仅仅使用语用学的概念是不足以解释

① Апресян Ю. Д. *Интегральное описание языка и системная лексикография*. сс. 135-176.

② Телия В.Н. *Русская фразеология. Семантическкий, прагматический и лингвокультурологический аспекты*. М., Языки русской культуры, 1996, сс. 140-142.

③ Бондарко А. В. *Теория функциональной грамматики*. Л., Наука, 1987, сс. 10-12.

和描述许多复杂的语言现象的。她把语用学与语义学等其他相关学科有机地联系在一起，从而拓宽了语用学研究的领域。[1] 布雷金娜、什梅廖夫（Т. В. Булыгина，А. Д. Шмелев）等人则更注重讲话人的因素，把语用学与话语行为理论及篇章理论相结合，把讲话人的意向性功能作为语用学的主要研究对象之一。[2] 而阿鲁玖诺娃（Н. Д. Арутюнова）则从语言逻辑分析的角度，指出了句子语义的两大组成部分：表达与实际事物相符的意义的称名部分，和表达与讲话人对客观事实了解的知识相符的主观情态部分，并将其称作句子的“情态参动因素和语义参动因素”（модальные и семантические операторы）[3]。

二、语用信息的特性和表现形式

1. 语用信息的三个主要特性

（1）表达手段的边缘性

所谓语用信息表达手段的边缘性，是指在句子的构建中，语用信息并不能改变句子的真值条件，而只是表示出讲话人对这种真值条件的一种主观评价，也就是说，语用信息不能构成句子的主题意义。从句法结构上看，表示语用信息的成分不进入句子的最小结构模式和扩展结构模式。试比较：

Даже Иван пришел.（甚至伊万都来了）

Иван-то пришел.（伊万竟然来了）

这两个句子虽然表示同一客观事实（伊万来了），但是讲话人

---

① Падучева Е.В. *Семантические исследования*. М.，Языки русской культуры，1996，сс. 221-225.

② Булыгина Т.В.，*Шмелев А. Д. Языковая концептуализация мира*. М.，Языки русской культуры，1997，сс. 243-257

③ Арутюнова Н.Д. Модальные и семантические операторы // *Облик слова*. Институт русского языка РАН，1997，сс. 22-40.

对这一事实的评价色彩和感情色彩却有很大差别。再如：

Иван ждал Машу всего час.（伊万等了玛莎也就一个小时）

Иван ждал Машу целый час.（伊万等了玛莎整整一个小时）

这两个句子具有完全相同的真值条件，区别只在于人为规定的语用成分，即副词 всего 和形容词 целый 的全部意义，表示讲话人对句子所述内容从定量概念上的一种主观评价。显然，这些成分的加入对句子的真值内容并没有产生本质影响，但却给句子总体意义带来了直接对立的两种主观评定色彩。在这种情况下，如果对方怀疑讲话人使用的某一评定是否正确，那么，他的怀疑只涉及句中所使用的评定性词汇是否合适，而不涉及句子所表示的主题的真值性。

（2）在不同语言手段中的分布性

所谓的分布性是指，语用信息的表达常常不只是使用一种语言手段，而是句子中所有语言手段的综合。很难把语用信息定位于一个词汇单位、一个语法单位、一个句法结构或一个重音上。这种信息一经出现在某一语言手段中，句子中的其他手段也随之作相应的变化和调整。试比较：

① Иван пришел.（伊万来了）

② Пришел даже Иван.（就连伊万都来了）

③ Даже Иван пришел！（甚至伊万都来了）

④ Иван даже пришел！（伊万竟然也来了）

在②③④中，当语气词 даже 用于句子时，句子的真值内容并未改变。但是，句子的词序和语调都发生了变化，表现出讲话人不同的主观感情色彩和评价态度。

（3）语用信息和语义信息的交织

语言中与人的因素有关的语用成分，大多数都隐含在词汇单位的意义中，即语言的大部分词汇的意义中都含有表示真值内容的语义特征和表示人为因素的语用特征。在很多情况下，很难把词汇的语用信息从语义中分离出来，因为它只有在具体的上下文语境中才能体现出来。阿普列相在对语用意义和语义意义的性能和特点进行了大量的对比研究之后指出，语用信息的一个重要特征就是与语义信息交织在一起，有时很难区分开。其原因主要有二：

第一，有一些词的外部区别特征是语用特征，所以，在对这些词进行描写时，很容易选择一条错误的路线——语用信息。这种情况的最典型、最有趣的例子是动词 дерзить（顶嘴）和 грубить（对长辈说无礼的话）。动词 дерзить 适用于描写在两个交际者中，社会地位和年龄辈分较低的那个人的话语（多指无礼的）行为。譬如，不能说领导同下属顶嘴，父亲同儿子顶嘴，反之却可以。但是，这个动词不能用于社会地位或年龄辈分平等的场合。同样，动词 грубить 也只适用于表示“从下向上”的无礼行为，不适用于相反的场合，但在社会地位和年龄辈分平等的情况下却可以使用。所有这些似乎可以表明，这些动词在意义上的区别是语用信息的区别，因为其中每一个动词都以一定的方式区分了交际参与者的社会地位和辈分的高低、年龄的大小。然而，事实并非如此。譬如：

Внук дерзит бабушке.（孙子跟奶奶顶嘴）

在这个句子中，讲话人是以第三者的身份讲述所观察到的情景，并没有把听话人的地位与自己的地位进行比较并做出评价，也就是说，该动词所描述的行为对参与者的身份、地位有限定，与讲话人和听者的身份地位没有关系，重要的是，这个动词不能用于第一人称现在时。此时，动词 дерзить 提供的信息具有客观性描述特点，并没有评价的语用特征，这样的信息应属于动词的语义范围。试比较：

X дерзит У-у = “X 用挑衅性的口气与 У 谈话，不考虑 У 的地位和感情；X 具有比 У 低的社会地位或年龄辈分较小”。

第二，词汇的典型语用信息常常直接压缩在词汇意义中。在这种情况下，语用特征在词典学理论上被确定为语义特征。问题在于，词典和任何其他的相应形式的语言描写手段一样，都有一定的描写规则。这些规则强行要求采用严格的形式，以表达一些语言信息，这些信息在很多情况下包括与事实存在不相符合的语用信息。如果在词汇的语义中包含了某些语用意义的成分，则在注释时不可能把这些成分从语义中分离出来，放入一个独立的语用意义区域中，而是仍然保留在词汇的语义范围内。试比较：

A–зачинщик X-а = “A сделал P，P 是发生 X 的直接原因，讲话人否定性评价 A 与事件 X 的关系”。

在这一语义注释中，语用成分（讲话人的评价）也一并被说明出来，也就是说，语用意义包括在语义信息范围之内。

阿普列相的研究为语用学在语言各层次上的研究提供了理论和方法论的依据，更明确地区分了语用意义与语义意义之间的关系，进一步证明了语用学是语义学的一部分[①]。

2. 语用信息的表现形式可以从三个方面来揭示

（1）在词汇中

俄语中，实义词通常是语义信息的载体，而虚词——语气词、感叹词等的意义中只含语用意义，而不含真值性意义，例如，даже，то 等。某些前置词、副词和形容词，如：около，вокруг，всего，почти，приблизительно，целый 等，也具有主观表现力色彩和某些数量概念的评价色彩，也可以表达语用信息，因为这

① Апресян Ю.Д. *Интегральное описание языка и системная лексикография*. с. 143-144 .

些词的全部意义都只能划归到句子意义的“假定”“预设”或各种背景意义的成分范围。从功能–真值性语义的观点看，这些意义正好属于语用学的范围。在单个的词汇中，直义部分具有较多的语义信息；而附加意义部分、转义部分、与成语连用的意义和受结构限制的意义部分，具有较多的语用信息。

（2）在词典中

在俄语语用学研究中，许多专家学者都试图从词典学的角度对固定在词汇语义中的语用信息进行注释和描写，试图在词条的解释中给语用信息划出一个专门的区域。在现代词典学研究中，通常认为可以划分出以下几种语用信息：

① 语用修辞注解，包括评价性注解；

② 词汇单位的语用特征；

③ 词汇单位的特殊的意向性功能；

④ 讲话人和听话人信息；

⑤ 词汇单位的“隐性内容”及词汇单位的文化世界和形象化世界；

⑥ 词汇单位语义中隐含的对行为主体及受体的语用制约性限制。

（3）在话语中

语用意义在话语中的表现形式是一个较为复杂的现象。按照严格的定义，语用意义是对某种语言意义的“补充”：它本身不能构成句子全部意义内容。难怪有人认为，语用意义的最基本的表达方式是语言中的一些“碎片化形式”——重音、语调、语气词、指小词素等。在具体的话语中，语用信息的表现形式有：

① 单数命令式形式；

② 主语与谓语的不一致；

③ 主语与谓语倒置；

④ 把句子切分为两个简单句；

⑤ 句法结构的不完整或省略；

⑥ 特殊的语调。

除此之外，交际语境是语用意义呈现的必要条件，是正确判定讲话人语言行为真实意图的不可忽视的因素。所有这些都不能构成否定行为的因素和许多其他参动因素，也就是说，它们没有确认功能。因为无论是词汇语义中的语用特征，还是只表示语用意义的词汇单位，在句子的构建中都不进入句子的命题意义内容，即符合真值条件的内容，换句话说，都不影响句子的命题。

然而，句子作为基本交际单位，它在实际交际中并不仅仅是为了表达该句子的真值性，在绝大多数情况下，是要通过句子表达讲话人对该句子所述的真值性内容的评价、否定、赞同、怀疑等等具有主观评定色彩和感情色彩的内容。这些内容的表达要依赖词汇和句子中的语用信息。从这个意义上说，语用意义的主要功能是交际功能。语用成分在句子中出现不是为了通报信息，而是为了表达对所通报的信息的态度：或者具有表现力色彩（讲话人的情感），或者带有假设性特征，或者含有背景知识的成分。如果在句子的语义中没有这些语用信息的参与，就很难完成语言的交际任务，很难准确表达讲话人的语言意向性和主观情态。

三、语用学的跨学科特点

在现代语言学中通常认为，语用学和语义学是两门独立的学科，各自有着独立的研究对象和任务，同时，两者之间存在着密不可分的联系。

在语言语用学的早期论著中，承认语用学是一门独立的学科[1]，是接近功能真值语义学的[2]，譬如，接近蒙塔古语法的一门学科[3]。但是，这种来自逻辑学的观点并不完全适用于语言学，因为逻辑学在确定研究任务时要求严格的准确性，而这一点在语言学领域里会引起诸多的疑问和争议。对逻辑学而言，语义是符号与外部现实实体的关系。在语言学中，语义学研究的是语言的指称功能与客观存在之间的关系。但是，自然语言中的词汇和结构的意义并不能简单地理解为语言与外部世界的关系。自然语言的意义具有人文中心论的特点，也就是说，语言本身的意义反映了人的认知本质属性；况且，语言本身又表现为民族中心论，即语言定位于该民族的文化氛围。显然，不能够用纯粹的自然语言描绘出世界的本来面目（мир как он есть）：语言从一开始就被人界定为世界的某种图景，而且，每一种语言都有自己对世界的独特描绘。简言之，讲话者是以语言与外部世界关系中的第三方身份出现在自然语言的意义中的。

布雷金娜在用认知语言学的观点研究语义时，批判了那种把语言只看成是与外部现实、与现实世界的事实有关的观点，她明确指出，语义学的研究对象不是现实世界，而是世界的概念化问题[4]。任何一个语言单位的意义中都有人的因素，因此，在语义学的研究中包括对语言中人的因素的研究。可以有理据地说，在词汇的意义中，可以有许多语义成分（特征），其中一些特征符合真值条件，因此是语义特征；而另一些不符合真值条件，因此是语用特征。在研究过程中无法把同一语言单位意义中的一部分语义特征，即通过真值条件表现出来的纯指称特征放在一个学科——

① Sadock J.M. Aspects of Linguistic Pragmatics. - In: *Proc.Tex as Conf. On Performatives, Presuppositions and Implicatures*. - Ed. A. Rogers et al. Arlington，1977.

② Wierzbicka A. *Cross-cultural Pragmatics: The Semantics of Human Interaction*. Berlin, N.Y. Mouton de Gruyter，1991.

③ Gazdar G. *Pragmatics*. N.Y. etc.: Acad. Press，1979.

④ Булыгина Т. В.，Шмелев А. Д. *Языковая концептуализация мира*. cc. 6-9.

语义学中来研究；而另一部分语义特征——主观的、有表现力的、人为附加的特征放在另一个学科——语用学中来研究。由此便产生了这样一些问题：怎样来界定语义学和语用学？语义学与语用学是一种什么样的关系？这些问题从语言语用学一出现便产生了，而且一直是困扰语言学界的一个有争议的话题。英国语言学家利奇（G.N. Leech）曾在 1983 年对语用学研究的相关论点进行了分类研究①，划分出三种主要观点：

互补性观点：倾向于语用学是独立的学科，与语义学相互补充［莫里斯（C.M. Morris）］；

语用学观点：认为语义沉入在语用意义之中，也就是说，认为语言的意义应符合语言使用规则［维特根斯坦（L. Wittgenstein）］；

语义学观点：认为语用学是语义学的一部分［维日彼茨卡（A. Wierzbicka）］。

在俄语语言学研究中，大部分学者倾向于第三种观点，即认为语用学是语义学的一部分。持这种观点的代表人物有：阿普列相、帕杜切娃、布雷金娜、邦达尔科等。其理论根据是：语言是世界的概念化图景，而世界的概念化离不开人对世界的理解和认识。因此，在语言的最基本的功能——称名功能中，已经包含有人的因素在内。从这个意义上讲，任何一个语言单位的意义，都可以划分为两部分：（1）表示与客观存在完全相符的真值内容；（2）表示对客观存在的主观评价的人为因素。原则上讲，所有的语言意义都是语用化了的：在语言中，与人和外部环境有关系的，不仅仅是某些明显具有表现力色彩的成分，而且绝大多数词汇单位和语法单位都与此相关联。其中与语用学明显相关的是语言的评定功能。与逻辑学不同的是，在逻辑学中有

---

① Leech G. N. *Principles of Pragmatics*. London，Longman，1983.

明确的量词或其他评定性参数。在自然语言中，有些词，如 какой-то，некоторый，некто 等都带有大量的语用信息，表示讲话人对所述事实的可知程度：可知—不可知—知道一些；讲话人的角度：对数、量、度等概念的界定等等。试比较：некоторое недовольство= “небольшое и немаленькое”（有些不满意 = “不多也不少”）；кое-какие данные= “данные в среднем количестве”（有些资料 = “中等数量的资料”）。

应该说，通过真值内容表现出来的意义，在自然语言中都与语用意义有联系。这样，语义和语用之间的界限被冲淡了。

最近几年的研究表明，不仅语义学与语用学之间的界限在消失，而且语义学与句法学等其他语言学科之间的界限也在消失。按照维日彼茨卡的观点①，句法相对于语义的独立性已不复存在，句法正在被语义化。目前正在形成一个统一的大语义学。这种大语义学可以划分成很多部分，这些部分的划分是由语言本身的结构所决定的。例如，在语言学中有语音、词汇、语法（词法和句法），以及各种“意向性”指标——重音、语调、词序等。所有这些部分都有自己的语义。能够把语言的语义描写任务划分开的部分是词汇语义、语法语义和语用语义。根据维日彼茨卡的语义学理论，在语义的所有领域中——从词汇到语用——语义描写时所使用的语义元语言都是一致的，这一特点决定了语言中语义的统一性。

然而，在实践中，词汇意义和语法意义的分界线并不能等同于语义与语用意义之间的分界线。前者是在形式的基础上划分的。词汇意义和语法意义就其实质而言并没有区别：它们都是由同一种语义元语言描述，其区别仅在于，其中的一部分意义

① Wierzbicka A. *The Semantics of Grammar.* Amsterdam: John Benjamins，1988，pp. 248-256.

由词汇表示，而另一部分由词的形式结构意义及词序和语调来表示。按照维日彼茨卡的说法，语用学的界限不是根据形式范畴来勾画的，而是根据意义的特点确定的：语用学范围所包括的语言成分中，隐性内容——人为规定的因素（主观的、具有表现力色彩的等）多于显性内容（符合真值条件，且不要求讲话人阐释）。

在现代俄语语言学研究中，许多赞同维日彼茨卡观点的学者，发展地运用了她的语言学理论和语用学观点，明确地勾画出俄语语用学研究的范围和界限。帕杜切娃指出："我们仅把语义学的某些方面，即那些定位于与话语行为相互关系的语言成分划入了语言语用学的范畴。换句话说，语用学是研究那些在语义中对判定讲话人的意向性有参照作用的关键性因素。"①

布雷金娜和什梅廖夫在为他们的最新研究著作《世界的语言概念化》所写的序言中这样写道："起源于莫里斯的、根据符号与实际的关系和符号与其使用者之间的关系来划分语义学和语用学的区分方法，近几十年来明显地显露出其某些牵强和局限性。"② 在自然语言中，语言外的现实是一个世界，在这个意义上，自然语言所代表的客观现象的本体是由使用语言的人对语言外的实际存在进行概念化所决定的。从另一方面讲，任何话语的曲折发展都只能在世界的语言概念化所给定的某些方式的背景下才有可能得以实现。在语言中，"本体论"与语用学有不可分割的联系并相互作用，而对这种联系的描写在很大程度上正是语言的语义描写。语言符号的意义不仅与语言外的现实相关，而且与评述这一现实的人相关。所以，正确的讲法，"不是区分语义学与语用学，而应是区分语言的认知部分与语用部分"。而且，必须清楚地认识到，它们之间的界限有时并不十分清楚，有时甚至

① Падучева Е.В. *Семантические исследования*. с. 223.
② Булыгина Т.В.，*Шмелев А. Д. Языковая концептуализация мира*. с. 7.

移动不定。因此，“现代语义学研究，一方面与客观现实研究、与普通哲学概念的分析紧密相关，另一方面与非直接使用语言的各种手段的描写紧密相关”[①]。

斯捷潘诺夫从普通语言学、符号学和语言哲学的角度对现代语言学中被普遍认可的语用学理论、定义和概念进行了研究。他认为主要存在着两种语用学观点：一种观点认为，语用学只研究自己特有的、语义学和句法学都不研究的问题，而这些问题正是传统修辞学或更古老的演说术所要解决的问题：从现有的全部材料中选择语言手段，以便更好地表达自己的思想和情感，以便表达得更准确、更漂亮、更符合客观情况，或者更成功地编造谎言、更好地对听众或读者产生影响——使其激动不安，使其发笑，使其迷惑等。但在这种情况下“新的语用学与修辞学和演讲术的区别仅在于手段：语用学应该经验性地描写人在语言的实际使用中是如何解决这些问题的，进而如何从理论上对所观察的现象进行概括的”。另一种语用学观点认为，语用学的基础在于贯穿语言所有方面的更普遍的特性——语言的“主观性”。主观性的问题本身是一个涉及范围很宽的问题，其连接环节和中心环节就是主体范畴。[②] 主体范畴是现代语用学的中心范畴。然而，主体本身不仅在语义学中，而且在句法学中都有研究，也就是说，它并不是语用学特有的研究对象。在对这两种观点进行了认真的研究之后，斯捷潘诺夫强调指出：“这是不是说，语用学没有自己的研究对象？在一定意义上讲，是的。语用学没有自己的对象（объект），但有自己的客体（предмет）。”[③]

语言中“人的因素”是一个十分复杂且无处不在的问题，对

---

① Булыгина Т. В.，*Шмелев А. Д. Языковая концептуализация мира*. с. 7.

② Степанов Ю.С. *Язык и метод к современной философии языка*. М.，Языки русской культуры，1998，сс. 373-374.

③ Степанов Ю. С. *В поисках прагматики*（*проблема субъекта*）. с. 328.

它的研究不仅仅局限于语用学的范围。如上述的许多命题不仅与语用学相关，而且与许多其他学科，如语义学、修辞学、篇章结构学、句子结构语义等相关。

以笔者拙见，语用学是一门既独立又跨界的科学。语言中的“主观性”，即语言中“人的因素”的存在，是语用学得以产生，赖以存在和发展的理论前提，而句法和语义则是它“安身立命”的物质基础。语用学可以独立地拥有自己的研究宗旨、研究视角和研究方法，同时，它又与其他学科相交叉，或者直接进入不同的学科，与它们拥有同一个研究对象，从而成为一门横跨学科、竖跨层次的语言学科。鉴于语用学的这种跨学科的特点，以及其研究在语言层次和言语层次上的不断深入，范围的不断扩大，可以设想，在不久的将来，语言学中将会有一些新的相关学科应运而生，如篇章语用学、交际语用学、认知语用学等等。

（原载《外语学刊》2002 年第 3 期，有增改）

“人文中心论”语言学范式考究

众所周知，科学的发展是通过科学研究范式的交替实现的。在科学发展史的语境下，“范式”被认定为科学构想和理论宗旨的综合，即科学方法论坐标体系。在这一坐标框架下，按照该范式的理论和方法对尚待解决的某种问题或理论做进一步考察和研究。

许多语言学家认为，现代语言学在经历了一个世纪的发展之后，当代语言科学正发生着根本性变化：从把语言看作不依赖于人的独立体系转向了把语言看作“关于人的现象学”[①]。至此，语言学研究重新定位于一个新的科学范式——“人文中心论”语言学范式。

“人文中心论”语言学范式是当代语言学研究的主要范式。在这一范式框架下，语言学研究的目标、方向、宗旨、对象和方法均发生了重大的变化和变革。本文运用美国科学哲学家托马斯·库恩（Thomas Kuhn）关于科学发展的范式理论，通过追踪 20 世纪语言学发展的轨迹，探究“人文中心论”语言学范式形成和发展的相关环境及其交替变革的动态模式。

---

① Кубрякова Е.С. Эволюция лингвистических идей во второй половине XX века. // *Язык и наука конца 20 века*. М.，Институт языкознания РАН，1995，с. 212.

一、关于“人文中心论”

“人文中心论”（anthropocentrizm，антропоцентризм）是希腊语 Anthropos（人）与拉丁语 centrum（中心）组合而成的复合词，作为唯心主义学说一个特殊的概念，最早表示“人是世界的中心”，世界上发生的所有事件之目的都是为了人。随着人类社会的进步与发展，该词获得了新的概念和意义，使用范围也不断扩大。然而，这一概念在语言学中应该如何表达，采用哪一个术语更接近语言学研究的本真，学界对此持有不同的观点。目前我国俄语界对这一概念的术语有“人文中心论”“人类中心论”“人本主义中心”等不同译文。本文倾向于使用“人文中心论”的译法，理由在于：首先，从学科上讲，语言学属于人文社会科学旗下的一门科学，语言中的“人文中心论”研究的是“语言中的人”，研究语言符号与“使用符号的人”的关系，而不同于人类学、民志学等其他学科对人的研究；其二，采用“人文中心论”突出语言在社会文明和发展中的人文关联，语言是人类文化传承的载体；同时区别于哲学和心理学中的人本主义理论与思潮。

“人文中心论”是一个十分宽泛的命题，学者们对此持有各自不同的理解和观点，采用的研究方法也各有不同。正如斯捷潘诺夫（Ю.С. Степанов）在 20 世纪 70 年代中期曾指出的那样，“语言的人文中心论原则在现代语言学中得到了各种不同的解释”[①]。事实上，在不同的历史时期，在不同的语言学流派中，对“人文中心论”的理解不同，对“人与语言”的研究侧重也不同，究其实质都是在关注“语言中的人”。

语言中“人的因素”是语言的本质所决定的：语言是人们认

① Степанов Ю.С. *Методы и принципы современной лингвистики*. М.，УРСС，2001，сс. 50-51.

识世界和认识自己的工具，是人们相互间交流的工具。一方面，人无论是在思维，还是在表达思想时都需要使用语言，其主体都是持有语言的人本身；另一方面，语言是人体机能的组成部分，是人的生理—心理机能之一，正因为具有了语言能力，人才具有了思维和交流的能力。显然，无论从哪个方面讲，语言与人都是一个不可分割的统一体。因此，研究“语言”与“使用语言的人”之间的关系一直是语言学研究的一个重要课题。然而，语言学家对这一课题的认识并非从一开始就是如此清晰和明确的，而是随着语言学研究的发展而发展，且不同时期有不同的研究视角和方法。

1. 语言与使用语言的人

追溯人文科学发展历史可以发现，在语言学研究中，最早关注语言的人文属性及其相互关系的是著名德国哲学家和语言学家洪堡特（Гумбольдт），他曾明确指出：“语言研究不排除其本身的终极目标，除了所有其他领域之外，语言研究要服务于最高的普世目标——共同追求人的精神，并通过人的精神世界认识自己本身和自己与周围可见的或隐性的整个世界的关系。”①

在俄国，著名语言学家波捷布尼亚（А.А. Потебня）的语言科学研究中体现了洪堡特提出的思想，在思考语言发展的过程中，他进一步确认了洪堡特关于语言的人文性特点这一理论：“在现实中，语言只有在社会中才能发展，这不仅仅是因为人是他所隶属的那个整体（也就是一个部落、一个民族乃至整个人类）的一部分，也不仅仅是因为相互理解的必须性是社会事业成功的条件，而是因为，人只有感受到别人理解了你的话，你才能理解自己本身。”②

① Гумбольдт В.Ф. *Язык и философия культуры*. /пер.с нем./ сост.общ. ред. и вступ. ст.: А.В. Гулыги，Г.В. Рамишвили. М.，Прогресс，1985，с. 24.

② Потебня А.А. *Полное собрание трудов: мысль и язык*. М.，Лабиринт，1999，с. 87.

进入20世纪，在现代语言学中，“人文中心论”的概念与许多语言现象相关，这些现象或表现在讲话人的语言知识中，或表现为讲话人参与话语行为，或表现为话语行为坐标体系的确立。这一概念常常与“人与语言”这样一个哲学命题相联系，在这一命题下尝试着对各种语言现象进行研究。早在20世纪的前30年，这一命题就与“语言个性”的概念和术语联系在一起。在俄语语言科学文献中，最早使用“语言个性”这一术语的是著名学者维诺格拉多夫（В.В. Виноградов），他曾指出：“纪念碑不仅仅是一个集体性语言创作的一种形式，而且是某一个人为了从美学上真实表现某一概念和情绪而做出的个性化选择和对当下语言手段进行创造性改造的一种反映。个体在使用语言财富的同时可以改造语言，因此，语言学家要解决的是如何使用那些被个体改造过的语言瑰宝的方法问题。”①

在这一方向的研究进程中，著名的法国语言学家、符号学专家和社会学家本维尼斯特（Е. Бенвенист）对语言中“人”的研究具有非常重要的意义。他是第一个提出“语言综合描写”这一概念的学者，并把“作者”和“受众”这一术语和概念引入到句子必需成分之中，强调在表述中语言与人处在不可分割的联系中。他在1974年发表的专著《普通语言学》中清晰地阐述了语言与人的关系：“给自己创造了语言的人，如果不用语言，也无法描述和表现自己”，“世界上只存在拥有语言的人、能与别人说话的人，因此，语言必须受人的支配”，“人正是在使用语言中和借助于语言才能把自己定义为一个主体”。②

俄罗斯著名学者卡拉乌洛夫（Ю.Н. Караулов）深入细致地研究了俄语语言个性问题，在《俄语与语言个性》一书中对语言

① Виноградов В.В. *О художественной прозе*. М.，Госиздат，1930，с. 91.

② Бенвеннист Э. *Общая лингвистика*. М.，Едиториал УРСС，2002，с. 293.

个性给出了明确定义。他认为："语言个性是能够保证理解和生成各种话语产品的综合能力，这些话语产品的差异在于：（1）结构语言的复杂程度不同；（2）反映现实的深度和准确度不同；（3）确定的目标指向不同。"①

在俄罗斯语言学研究中，越来越多的学者已经意识到"人"在语言中的重要性，这使得在20世纪80—90年代形成的"语言个性"理论成为"人文中心论"原则的方法论坐标。对语言个性的概念有不同的定义和理解：语言个性首先被理解为"把人作为持某种母语的人，并侧重考察其话语活动能力，也就是一个人能够生成和理解话语产品的心理—生理综合能力"，实质上是指话语个体；其次是把语言个性这一概念理解为"一个使用语言作为交际手段的人的话语行为能力之总和"，这里指的是交际个体；语言个性还可以理解为"在语言词汇体系中积淀的持该语言的人具有的主要民族—文化定式"，是基于词汇中反映出来的世界观定式、价值取向和行为反应等要素构成的特殊的"语义摄像机"，这里称作词典个体或词源语义个体。② 沃罗日彼托娃（А.А. Ворожбитова）则从心理语言学和语用学的角度阐释了语言个性这一概念的定义：在心理语言学中，"语言个性"被赋予了人的天生本能，"这就是人的生成和理解话语的机制和模式"。在语用学中，越来越关注人的心智问题，心智作为先天的语言个性"可以根据对交际对方的知识和评价的预设，管控交际意图、交际目的、交际规则和交际策略"。

随着对这一方向的追踪研究，可以清晰地看到，自语言学作

① Караулов Ю.Н. *Русский язык и языковая личность*. М., УРСС, 2002. с. 245.

② Воркачев С. Г. Лингвокультурология, языковая личность, концепт: втановление антропоцентрической парадигмы в языкознании. // *Филологические науки*, 2001, № 1, с. 64. Воробижтова А. А. *Теория текста: Антропоцентрическое направление*. М., Флинта, 3-изд. 2014, с. 14.

为一门独立的科学存在以来，语言学家一直都在关注和探究语言与人的关系问题。

2. 语言中“人的因素”

随着现代语言学对语言本体研究的深入，语言学家对语言本体中“人的因素”的研究达成了广泛共识并取得显著成就。

（1）词汇中“人的因素”

词汇是对外部世界的称名，而称名的过程是人类对世界概念化的过程，这就是为什么同一个物品在不同的语言中有不同的称名。人们总是从自己熟悉的视角，抓住最典型的特征去指称世界，如向日葵、冰刀、冰鞋、蜡台等词，在中文和俄文中的称名视角和概念化方法都是不同的，所以我们能在词汇中捕捉到人类认识世界的内部形式踪影。这一点为对比研究不同民族语言文化差异提供了深层路径和视角：通过研究词汇称名上的差别，探究词汇语义中的概念化过程轨迹，揭示不同民族认识世界和使用语言的心理差别和认知特点。

“人的因素”还表现为在词汇中语用信息上的差别，世界上各种语言中都有不同语体的词汇存在，这类词汇多承载着修辞信息和语用信息，选用哪一类词取决于讲话人的意图和话语使用的语境和场合，譬如，“妈妈”和“母亲”这一对同义词在很多语言中都存在，但它们属于不同的语体，具有不同的修辞功能。我们可以将祖国称为母亲——祖国母亲，表示一种隆重和尊敬，此时如果说祖国妈妈就显得不合语体。这些属于“人的主观情感”词汇语义信息，在语言的发展和使用过程中积淀在词汇本身的深层语义结构中，是语言本身含有的语用信息。

（2）句法结构中“人的因素”

句子是语言中最小的交际单位。从句子的交际功能上看，可以分为四种类型：陈述、疑问、祈使、感叹。在人们的语言交际中，选择什么句式取决于讲话人的交际目的。

从句子的结构语义看，任何一个句子的意义层面都包含两部分内容：客观内容——词汇表达的意义部分，主观内容——讲话人的态度。例如：句子“Он читает книгу.”从句子的交际功能分类来看，这是一个陈述句。该句隐含的主观内容是：讲话人确认讲话时刻“他正在读书”这件事是真实的，并把这一信息传递给听话人。这是陈述句句式本身传递出的结构语义信息，即讲话人对所述内容的态度。显然，从这个意义上讲，任何句子的句式结构中都隐含有“人的因素”，即讲话人的态度。如何把握作者使用语言的意向，如何确定讲话人在言语中的地位与态度，怎样解释语义和语用之间的关系，就成为人们辨识交际功能的密码，它是通往解读语言学理论要旨的一扇门，而重新认识语法规则中的“人”，是打开解读语言奥秘大门的一把钥匙。

综上所述，“人文中心论”这一术语和概念的意义实质在于语言学研究对象的转换：语言学除了研究语言本体外，还应研究使用语言的人。人作为分析某种语言现象时的基准点，既是参与语言分析的主体，同时也是语言分析的客体对象，语言与人的关系本身就体现在语言之中，换句话说，把“语言中的人”作为自己研究的对象和重点。“人文中心论”作为一种语言分析的方法论原则，决定该研究的前景及最终目的。

二、关于“科学范式”

“范式”的英文为 Paradigm，而“paradigm”一词来自古希腊文，原意是指语言学中的词源、词根，后来引申为范例、规范、模式、模型等含义。随着索绪尔《普通语言学教程》问世，“paradigm”

一词在结构语言学中被赋予新义和广泛使用，用作表示重要的语言学概念——“聚合关系”和“聚合体”，并与“组合关系”一起构成现代语言符号体系的两大基本关系，广泛用于语言各个层级的语言单位分析研究。

“范式”作为重要的科学概念出现在20世纪中期。谈到“范式”这一术语和概念，就不能不提及著名科学哲学家库恩。库恩是美国科学哲学家和科学史学家，是历史主义学派的著名代表人物。他既不认同此前存在的逻辑实证主义的科学观，也不赞同批评理性主义的证伪主义的科学观。库恩反对他们将科学看作各自能被经验证实或证伪的众多命题的简单集合，认为科学是由彼此相互影响的命题和原理构成的有机统一体。

在库恩的科学哲学思想中，“范式”是一个核心概念。库恩在谈到“paradigms”这个词的用法时说：“按既定的用法，范式就是一个公认的模型或模式，这一方面的意义我找不到更合适的用语，只能借用‘范式’这个词。但是立刻可以看出，借用这个词所能表示的‘模型’和‘模式’的意义，并不完全是通常用来定义‘范式’的意思。”[①] 从更接近现代科学的意义上来理解，库恩借用“范式”这个概念的目的，在于用它来表示科学史上某些重大的科学成就形成的内在科学机制和外部社会条件，表示某种思想的派生和某一概念的发端与基础，以及由这种机制和条件构成的基本研究方法和理论框架，一种先于具体科学研究的思想和组织的系统背景。

“范式”概念是库恩科学发展理论的核心，从本质上讲，“范式”是一种理论体系。他在《必要的张力：科学研究的传统和变革》（1959）一文中，强调科学的发展有其内在的规律和外在的条件，并首次使用“范式”这个概念来表达科学发展

① Кун Т. *Структура научных революций*（пер. из анг.）. М.，URSS，1977，с. 6.

的动态模式。范式是指“特定的科学共同体从事某一类科学活动所必须遵循的公认的‘模式’，它包括共有的世界观、基本理论、范例、方法、手段、标准等与科学研究有关的所有东西”[①]。据此，科学“范式”便成为某一常规科学所赖以运作的理论基础和实践规范，特指从事某一科学的研究者群体所共同遵从的世界观和行为方式，包括三个方面的内容：共同的基本研究理论、共同的研究对象和方法、共同的研究宗旨和目的。“范式”的这些基本原则可以在本体论、认识论和方法论三个层面上表现出来，分别回答事物存在的真实性问题、知者与被知者之间的关系问题以及研究方法的理论体系问题。这些理论和原则对特定的科学研究共同体起规范的作用，协调他们对世界的看法以及他们的行为方式。

库恩持“历史阶段论”的科学发展观，他认为，科学的每一个发展阶段都有特殊的内在结构，而体现这种结构的模型即是范式。基于对科学发展的这种界定和思考，库恩力图结合科学发展历史本身的大量事实，勾画科学发展的动态模式。他在 1962 年出版的《科学革命的结构》中提出了所谓“范式变革”的科学发展模式，赋予“范式”这一词语新的内涵。库恩的科学发展理论强调科学进步的革命性质，把科学革命视为新旧范式交替的一个过程。这种过程是革命性变动阶段与平静发展阶段相互交替、波浪式发展的动态过程，这意味着科学发展到一定阶段必须放弃一种理论结构和模式，并取而代之以另一种具有革命性变化或不相容的理论结构和模式[②]。在《科学革命的结构》中，库恩强调指出了这样一个事实：一个科学范式从形成、发展到被新的范式取代通常要经历以下几个阶段：“前科学——常规科学——反常和

① Кун Т. *Структура научных революций*（пер. из анг.），с. 43.
② Кун Т. *Структура научных революций*（пер. из анг.），с. 76.

危机——科学革命——新的常规科学”①。以此类推，循环往复，这便是科学发展的基本规律和路径。

《科学革命的结构》中的“范式”虽然论述的是自然科学模式，但它一经提出，便成为哲学、科学史乃至所有人文科学和社会科学研究的典范。库恩提到的“范式”“科学共同体”“常规科学”“范式交替”等经典概念，为研究20世纪语言学发展和历史变革，研究各种语言学思想的交替和变化提供了科学理论依据和体系性理论支撑。

三、语言学范式的形成与发展

如上所述，“人文中心论”的概念及其理论在语言学中存在已久，而库恩于20世纪60年代初提出的“范式”理论也被广泛认可和采用。但是，对语言学范式理论的认同却要更晚些。

关于“范式”的概念是否可以用于语言学和人文学科的激烈讨论最早始于1964年和1966年的两次学术研讨会。语言学家最开始是持否定态度的，许多学者认为，科学知识的范式概念根本不适用语言学，也不可能准确表征人文学科发展的特色。到了20世纪70年代，随着对这些观点的反证论据不断增多，越来越多的学者开始赞同库恩的范式理论在人文学科中的应用②。到20世纪70年代末，俄罗斯语言学家斯捷潘诺夫指出：“显然，语言学可以从库恩理论中引入的就是‘范式’这一术语和概念。”③

---

① 黄思樱：《论托马斯·库恩的科学发展模式》，《商丘职业技术学院学报》2008年第4期。

② Percival W.K. The Applicability of Kuhn’s Paradigms to the History of Linguistics. // *Language*，1976，Vol.52. pp. 285-294.

③ Степанов Ю.С. Исторические законы и исторические объяснения. // *Гипотеза в современной лингвистике*. М.，Наука，1980，с. 112.

“语言学范式”是指从语言学规则和理念出发去观察问题、分析、研究和解决问题所使用的方法论总称。语言学研究的宗旨和目的、对象和任务、原则和方法的变更是语言学范式交替的内在动力。

综观现代语言学发展史，不难看出，语言学的发展规律符合库恩的“范式交替”理论。本文拟运用“范式”理论的科学发展历史阶段论观点，分析语言符号学三个组成分支各自对应的任务和目标，揭示现代语言学各学科发展阶段与语言学范式交替之间的关系，勾画出20世纪语言学范式交替发展的基本脉络。

20世纪30年代，美国著名的实用主义哲学家、符号学家查尔斯·威廉·莫里斯（Charles W. Morris）系统地研究并论证了逻辑实证主义、科学经验主义和实用主义的哲学基础及相互关系，在此基础上建立了符号学，并依据卡尔纳普（R. Carnap）的逻辑句法学、奥格登（C.K. Ogden）和理查兹（I.A. Richards）的经验主义语义学和皮尔士（Ch. S. Peirce）的实用主义符号学等理论，提出了著名的符号学三分法——语形学（结构学）、语义学和语用学，并明确了各自的研究对象和客体：结构学——研究符号与符号之间的关系；语义学——研究符号与其表示的外部世界的对应关系；语用学——研究符号与符号使用者之间的关系。[①] 莫里斯的符号学不仅在符号学三个组成分支之间实现了有机统一，而且为各门学科的关联和对接架起了桥梁。将符号三分法代入现代语言学研究，我们不仅可以明确符号学在不同学科的对应关系和研究任务，而且可以将符号学三分法与语言学范式的发展建立起对应关系，为语言学范式的转换与交替提供了学理依据。

---

① Morris Charles W. *Foundations of the Theory of Signs*. N.Y.，1938. // 另见：Моррис Ч.У. Основания теории знаков\1938\ // *Семиотика* . М.，Радуга，1983，cc. 37-89.

原则上讲，语言符号学的三个组成部分的研究应该是同时进行和平行进行的。然而，当研究20世纪语言学发展史的时候，我们发现一个有趣的现象：对这三个学科的研究是按阶段分层次进行的，即按结构学、语义学、语用学的顺序沿时间轴方向先后依次进行的。与此同时我们知道，整个20世纪语言学发展历史恰恰经历了三大语言学范式：结构主义语言学范式、功能主义语言学范式和人文中心论语言学范式。符号学三个分支学科的研究顺序和阶段与20世纪语言学的三大范式的交替有着令人惊奇的对应关系。

1. 结构主义语言学范式——语形学（结构学）：结构主义语言学形成于19世纪末20世纪初，是对语言学历史上出现的“常规前科学”——历史比较语言学的反叛与革命，开创了现代语言学新纪元。索绪尔的《普通语言学教程》问世标志着现代主义语言学诞生，也标志着结构主义语言学范式形成。20世纪前半期是这一范式发展的鼎盛阶段，在结构主义语言学范式的框架下，形成了若干个结构主义语言学派。语言的符号体系，语言本体的形式、结构与关系是这一时期语言学研究的主要对象和任务。从研究宗旨、研究对象和任务看，该范式与语形学（结构学）相对应：研究符号与符号之间的关系，即语言的本体研究。

2. 功能主义语言学范式——语义学：有关语言功能的思想和理论存在于语言学发展的各个时期，在结构主义语言学范式中，语言的结构-功能思想和理念发源于布拉格学派，作为语言学范式则是萌芽于20世纪中期的伦敦学派，代表人物是后伦敦学派继承人韩礼德（M.A.K. Halliday）。语言学研究从语言本体的形式和结构研究转向语言意义的研究，是结构主义语言学范式向功能主义语言学范式转变的内在动因，社会、科学发展对语言实用功能的需求和转变是该范式形成与发展的助推器。功能主义语言学范式形成的标志是1976年国际功能语言学协会的成立。在功能主义语言学范式的框架下，语言的各种功能——称名功能、交际功能、解释功能、描写功能、思维功能等都成为主要的研究对象。这些功能的本质核心是语义问题，而语义学研究符号与其所指的关系。遵循“意义即功能”的哲理，语言研究与言语研究在功能主义语言范式下得到有机结合。

功能语言学家把语言研究从以句子本身的结构为重点转向句子表达的意义、意图和交际功能。将研究方向从形式转向了意义，将研究方法从分析法转向综合法。功能语法理论的提出，无论对理论语言学研究还是对应用语言学、社会语言学以及语言习得研究都产生了重大影响。

3. 人文中心论语言学范式——语用学：20世纪中期的乔姆斯基革命标志着人文中心论语言学范式思潮的出现。在20世纪70年代后期，在欧洲的各语言学派中，认为语言的称名功能是人在实现话语思维的过程中实现的，称名是人对外部世界进行概念化的语言外化体现。这些理论观点的出现，也促使语言学研究的方向发生变化，标志性事件是1986年国际语用学学会在荷兰成立和1989年国际认知语言学学会在德国杜伊斯堡成立。这两个协会的成立表明，“语言与人”正式成为语言学研究的重点，在语言实践中研究语言与人的思维的关系问题，研究语言中“人的因素”成为语言学研究的常规科学方向和人文生态环境。语用学研究符号与符号使用者之间的关系，而认知语言学研究人的语言能力和认知能力的关系。至此，“人文中心论”语言学范式成为当代语言学研究的主流范式。

四、关于“人文中心论”语言学范式

1.“人文中心论”语言学范式起源

遵循科学范式交替的革命性质，学界普遍认为，“人文中心论”语言学范式起源于20世纪世界语言科学的两大革命——乔姆斯基革命和认知革命。这两场革命改变了语言学和人文科学研究的轨迹和方向，促进了新的科学范式的出现。

乔姆斯基革命：

乔姆斯基第一次明确提出语言学不仅要研究语言本身，还要研究使用语言的人的语言能力，乔姆斯基的转换生成语言学理论之所以被称作20世纪科学界的一次革命，就是因为他提出的理论改变了现代语言学研究的任务和目的。转换生成语言学重要理论思想在两条路线上展开：

（1）转换生成语法理论：语言的生成能力与转换机制；

（2）人的思维能力与语言能力，内部语言与外部语言：语言学从研究语言转向研究人脑的内部机制，转向研究人的语言能力及其习得和发展。

认知革命：

认知革命是指以美国心理学家米勒（G.A. Miller）为核心的麻省理工学院认知研究中心的一系列认知科学研究。他关于语言学和心理学的革命性理论直接促进了认知语言学、认知心理学的形成[①]。在认知理论中，这一概念意味着把语言学研究重点从对语言的体系与结构的研究转向对人的语言能力的分析，转向对能保障语言的掌握、理解和使用的复杂人脑结构的研究。认知语言学关注和研究下列问题：

① Miller G. A. Linguists，Psychologists and Cognitive Science. // *Language*，1990，Vol 66，No. 2，pp. 317-322.

（1）语言作为人的生理特征的内部机制；

（2）语言作为思维工具的运行机制；

（3）语言作为信息在输入与输出时的心理过程与机制；

（4）讲话人的语言意识与语言习得的内部机制。

这两场革命从根本上改变了结构主义语言学研究的方向，冲破了旧范式的学术边界与限制，为新范式的形成奠定了理论基础。

2.“人文中心论”语言学范式的特点与任务

“人文中心论”语言学范式成为当代语言学的主导性方法论原则，这一原则将语言学与许多其他知识领域结合在一起，把人视为宇宙的核心，把人的需求视为决定其各种行为的动因，这本身就标志着需要对在许多科学领域的观察做出重新定位。“人文中心论”语言学范式的独特研究原则就在于：语言学对客体的研究首先要根据其对人的作用，考虑其在人的生存活动中的效用、在人的个性发展和完善中的功能。

“人文中心论”的原则是认知语言学的理论依据。近年来，随着语言认知方向的研究的兴起，“人文中心论”语言学范式确立了研究“语言中的人”的基本路线，提出需要解决的三大课题：

（1）已形成的自然语言对人的思维和行为有什么影响？语言与人脑中形成的世界图景的关系？

（2）人对其所使用的语言的发展起什么作用，这种作用可达到什么程度？

（3）语言体系中的哪一部分可以用于人的语言实现活动，而且完全依赖于语言中“人的因素”？

考虑“人的因素”，是这一时期语言学研究的出发点，语言学研究的目的、对象和任务都相应地发生了本质性的改变，最为显著的特征是将语言学的研究对象由语言客体转向语言主体，开始关注“说话的人”，研究“语言个性”、“交际中的人”、“语言意识”、语言中“人的因素”等。

在现代俄语学研究中，“人文中心论”的概念首先与语义学研究和语用学研究紧密联系在一起。研究人的因素在词汇意义中的存在方式，词在参与句子构建时的义位选项，讲话人的因素对整个句子意义的影响，讲话人和听众的语言知识和语言能力对语言的生成与理解的影响，具体语境在话语行为中的作用及影响等。

“人文中心论”范式的语言学原则在现代语言学中的体现，还表现在文化学、社会学、民族学等因素在语言学中占有日益显著的地位。在语言学研究的现阶段，无论是在俄语学界，还是在世界语言学范围内出现的对“人类精神文化”这一术语和概念的关注，以及语言文化学范畴的研究，都基于对“人文中心论”范式概念的更宽泛、更深刻的理解。事实上，这些学科本身就是“人文中心论”范式的一个组成部分，语言中“人的因素”则是人类文化的延续和再现。

3. 与“人文中心论”语言学范式相关的学派和思潮

“人文中心论”语言学范式在当代语言学中得到了各种不同的解释和表述，并与很多语言现象的研究紧密结合在一起。这些语言现象反映在讲话人的语言意识中，表明讲话人在话语行为中和语言体系中确立自己坐标的存在。

语言是哲学的本质所在，语言是人类思想的表达手段，是整个文明的基础，哲学的本质只能在语言中寻找。“人文中心论”语言学范式的发展与语言的扩张性特点紧密相关，在这一语言学主流范式中，语言的扩张性表现在两个方面，外向扩张和内向扩张。

在外部，“人文中心论”原则是连接语言学与其他知识领域的基础和桥梁，它把语言学和许多其他相关的边缘学科联合成更完整、更紧密的统一体。波斯托瓦洛娃（В.И. Постовалова）[①]曾十分公正地指出：“在语言学范围内，在统一的‘人文中心论’的方法论基础上，可以把下列语言学流派成功地联合在一起：

（1）语言认识论（лингвогносеология）——研究的对象是语言的认识功能，即对人所认识的世界的概念化形式；

（2）语言心理学 / 心理语言学（лингвопсихология / психолингвистика）——研究的对象是语言与个体的关系；

（3）语言行为学（лингвобихевиорология）——研究语言在人的实际行为中的作用；

（4）语言文化学（лингвокультурология）——研究语言与文化的关系；

（5）语言民族学（лингвоэтнология）——研究一个民族的语言、精神文化、民族意识和民族的创造力的相互关系；

（6）语言古生物学（лингвопалеонтология）——研究语言的历史与民族历史、与它的物质文明与精神文明、与它的地域位置及它的古老的意识的关系。”

在语言学内部，在“人文中心论”语言学范式的原则下，在不同时期产生了一系列崭新的语言学思潮和语言学流派，从不同的角度，用不同的方法研究使用语言的人，研究语言中的人。

20 世纪 50 年代的转换生成语言学：美国著名语言学家乔姆斯基将研究人的语言能力、人的语言习得机制等问题作为语言学研究的任务。

20 世纪 60 年代的言语行为理论：英国哲学家约翰·奥斯汀

---

① Постовалова В.И. Картина мира в жизнедеятельности человека. // *Роль человеческого фактора в языке. Язык и картина мира*. М.，Наука，1988，с. 9.

（J.L. Austin）是该理论的创始人，他认为语言学研究的对象不应是词和句子，而应该是通过词和句子所完成的行为。语言实际上应该是人的行为的一部分。

20 世纪 70 年代的功能主义语言学：主要代表学派有以英国伦敦语言学派继承人韩礼德为代表的系统功能语言学，和以俄罗斯著名语言学家邦达尔科（А.В. Бондарко）为代表的圣彼得堡功能语法学派。功能语言学研究语言的使用，研究人的思维与语言的关系，研究语言的交际功能和人的交际能力。

20 世纪 80 年代开始兴起的认知科学：在认知科学的框架下，心理语言学和认知语言学成为语言学研究的重要领域，语言与人的思维机制成为其主要研究对象。

这些学派和语言学思潮主要形成于 20 世纪后期，构成当代语言学研究的“人文中心论”主流范式，其中的经典思想和理论一直影响和引导着当代语言学研究。

五、结语

1. 自语言学形成开始，研究语言与人的关系、研究语言中“人的因素”的问题就不曾间断过。只是到了当代，在语言学研究中的形式问题、意义问题都逐步得到了不同程度的解决之后，语言学需要进一步的发展，随之语用学的研究凸显出来，“语言与人”这一具有哲学性的问题被推到研究的前沿，“人文中心论”成为语言学主要的科学研究范式之一。

2.“范式”理论是从宏观阐释科学发展动态模式和规律的方法论。这一理论既适用于自然科学，也适用于人文社会科学。科学范式的交替和变更具有革命性，这种革命性在于从根本上改变研究对象、研究方法、研究目的和任务，突破前科学范式边界和范围，形成一个崭新的科学方向。

3. 纵观人文科学发展史，科学范式的交替并不是对前科学范式的彻底否定，特别是在语言学发展史中可以清楚看到，当结构主义语言学范式发展到一定阶段，其设定的任务基本完成，其核心理论不足以解决当下出现的新问题时，新的理论、新的方法和新的研究对象就会应运而生，由此形成的新范式就会替代旧范式以便研究和解决新问题。

4. 当代语言学呈现出多范式共存的态势，这再一次证明语言的多层级、多维度特质。语言功能与意义、语言与使用语言的人等层面的研究是交融在一起的，对语言不能孤立地看待，需要多角度、多侧面的研究。无论在功能主义语言学范式中，还是在“人文中心论”语言学范式中，人永远是出发点，同时永远是研究对象。而且这些范式目前都尚未完成其各自的任务，仍然呈现出巨大的研究潜力和蓬勃的发展势头。

（原载《中国俄语教学》2017 年第 3 期）

《俄语详解词典》版本考

奥热果夫《俄语详解词典》是一部在俄罗斯和国外都享有盛名的词典，到目前为止已出版了数百万册。中国的许多俄语学者都曾购买过并使用着这本词典，但并不了解该词典诸多版本之间的区别和差异，以及与词典有关的那些鲜为人知的历史。

一、奥热果夫《俄语详解词典》（*Толковый словарь русского языка*）

奥热果夫（Сергей Иванович Ожегов，1900—1964）是苏联语言学家，词汇学、词典学和俄语标准语历史专家，言语文化问题、社会语言学问题专家，还是研究某些作家语言的专家。奥热果夫于 1958 年获语言学博士学位，1961 年任教授。他曾在列宁格勒和莫斯科的多所大学中任教，同时还任苏联科学院语言与思维研究所词典部的编辑。从 1952 年起任苏联科学院俄语研究所言语文化部主任。

奥热果夫学术生涯中的一个重要部分就是词典编撰工作。这项工作开始于 1934—1936 年间，作为编辑和作者，奥热果夫参加了由乌沙科夫（Д.Н. Ушаков）主编的四卷本《俄语详解词典》的编写工作，并任苏联科学院 17 卷本的《现代俄语词典》编委，结束于他亲自主编的《俄语详解词典》。

《俄语详解词典》是当时的上级主管部门布置的一项政治任务，其目的是促进广大读者言语文化水平的提高。根据任务的要求，这部词典是严格按照标准化词典来设计的，要求给出词汇、语法、正音法和修辞等方面的规则。该词典由 Ожегов 主编，1949 年出版第 1 版，约 5 万个词条。这部词典的编写原则非常明确，收录了现代俄语标准语中最常用的词汇，所选的词条都非常实用，能够反映时代鲜活的语言过程，所用材料通俗易懂，对词及其使用的例句的注解非常准确，言简意赅，词条的成语部分含有足够的信息量。因此，该词典一经问世很快得到了广大读者的认同和喜爱。1952 年就在中国发行了该词典的影印本。

奥热果夫在世时，《俄语详解词典》共出版了六版，其中只有第 2 版（1952）和第 4 版（1960）有增改，增改后的第 2 版有词条 51000 条；1960 年改版的第 4 版的词条为 53000 条。而第 3 版（1953）、第 5 版（1963）和第 6 版（1964）版都没有做变动。奥热果夫在去世前不久曾写信给苏联百科出版社，表示不能再按原版出版这部词典，希望能有实质性的改动和增补。可惜作者的这一想法没能亲自实现。奥热果夫去世后，按照第 4 版的面貌继续出版了第 7 版（1968）和第 8 版（1970）。

二、什维多娃主编的奥热果夫《俄语详解词典》

什维多娃（Н.Ю. Шведова）学术生涯中一个重要的领域就是词典学研究和词典的编撰工作。按照什维多娃的观点，词典中的词条是一种独立的语言学体裁，它所传递的不仅是词汇本身的信息，而且还有词汇所处的各种不同类型语言环境的信息，如上下文、词汇类别、联想派生、成语、功能信息等等。因此，什维多娃强调指出，“词典学者必须时刻关注非语言学读者的需求，必须严格遵守‘游戏规则’。在详解词典中，在保留科学性注释的同时，词条必须是严格组织的，必须是能读懂的，词条的任务就是言简意赅地提供有关某个词的知识，而不是用很复杂的形式、多义和模糊不清的定义和谁都不能用的例句把这些知识编成“密码”。如果说语言学科学文章的作者可以想写什么就写什么，想怎么写就怎么写的话，词典编写人员则没有这样的权利，他们是语言科学所有体裁中一种最苛刻体裁的奴隶”①。同时，她还强调，“详解词典中的每一个词条都是对该词在其多界面的上下文中和词类环境中存在情况的研究成果”；“而词条描写中的悖论就在于，它要把不断发展的动态的语言学现象表现为稳定的静态现象，也就是说，在发展过程的某一瞬间的截面上来描写发展”。② 面对词典学研究的状况和词条描写中的悖论，什维多娃明确提出了自己的观点：对于不同的读者，词条可以同时解决两个不同的问题，完成两种不同的功效，满足两种不同的需求：一些人可以获得关于某一个词在实践意义上重要的信息，即应用性信息；另一些人关注的是词汇环境的总体分类。而后一种任务是词典必须包含的纯科学信息。③ 对词典学功能的这种深刻理解使她把词条所承载的两个方面的任务很好地结合在一起，使词条的描写有了明确的理论概括和语言学解释。什维多娃在词典学方面的科学理念和突出成就集中体现在她主编的奥热果夫《俄语详解词典》中。

什维多娃曾参加过奥热果夫《俄语详解词典》第 2 版的词汇

① Шведова Н.Ю. Автор и составитель? (Об ответственноти лексикографа) . // *Словарь и культура русской речи: к 100-летию со дня рождения С.И.Ожегова*. М., Индрик, 2001, с. 14.

② Шведова Н.Ю. *Русский язык. Избранные работы*. М., «Языки славянской культуры», 2005, с. 424.

③ Шведова Н.Ю. Автор и составитель? (Об ответственноти лексикографа) . // *Словарь и культура русской речи: к 100-летию со дня рождения С.И.Ожегова*. с. 15.

编辑工作。奥热果夫去世后，什维多娃作为责任编辑和合作者继续着这部词典的工作，并力求实现作者生前的遗愿。在她的不懈努力下，由她主编的奥热果夫《俄语详解词典》第 9 版于 1972 年面世。这一版做了很大的增改，增加了 4000 个词条，达到 57000 条。并对原版中的每一词条都进行了核对和完善。此后，该词典的编写工作一直在什维多娃的主持下继续着，从 1972 至 1991 年共再版 14 次。《俄语详解词典》总共出版了 23 版，其中 1981 年的第 13 版和 1984 年的第 16 版有所改动和增补，1989 年出版的第 21 版对该词典进行了大幅度的改编和增补。

在什维多娃的领导和亲自参与下，经过几次修改后的第 21 版词典的容量有了很大的增加，词条从第 9 版的 57000 条增加到 7 万条；词典的语料库不断增容，扩充了多义词语义结构的描写；丰富了注释部分，给出了词汇的成语联系和派生联系。随着当时科学院《80 年语法》的出版和 1989 年《俄语正音法词典》的问世，改版后的第 21 版把所有的语法和重音的资料都收录到该词典中。与奥热果夫生前于 1960 年最后一次改版的第 4 版相比，第 21 版的奥热果夫《俄语详解词典》实质上是一部全新的词典。与此同时，词典保留了原有的词典结构和所有词典学原则及理论基础，遵循了词汇的选择和描写原则、词条结构、意义划分的根据；传承了修辞学和历史性注释体系原有的形式。在此之后，于 1990 年出版的第 22 版和于 1991 年出版的第 23 版再未做过改动。

从第 7 版开始，什维多娃已经成为该词典事实上的作者，但是，什维多娃只是在主编的位置上署名，人们也仍然习惯地称该词典为奥热果夫《俄语详解词典》。

鉴于奥热果夫《俄语详解词典》在苏联词典学理论和实践中所起的重要作用，1990 年，苏联科学院通过决议，授予奥热果夫《俄语详解词典》普希金奖章，作为《俄语详解词典》的合作者和主编，什维多娃获苏联科学院主席团普希金奖章，奖励她对俄语词汇学和词典学做出的不懈努力和取得的显著成就。

三、奥热果夫与什维多娃合著的《俄语详解词典》

在第23版之后，什维多娃不再承担奥热果夫《俄语详解词典》主编的任务。事实上，在第21版改版之后，她仍然继续着词典的整理和编撰工作。这一工作的成果就是1992年出版的、同时署有两个作者（С.И. Ожегов и Н.Ю. Шведова）名字的新版《俄语详解词典》（第一版）。

这部词典与以前的任何一版的奥热果夫《俄语详解词典》有着本质上的区别：

（1）新增加了3000条新词或新的表述，增加了大量表示现代俄语词汇和成语中活跃动态进程的新义和固定搭配。这部分内容主要涉及科学、政治、公务、生产、财经、贸易等领域。

（2）对注释进行了修改，使其更加准确；扩展了词条中的例证说明部分，添加了新的成语和熟语。

（3）在词条的释义中，删除了对一些称名概念的意识形态和政治性描述和评价，这些描述和评价在以前的版本中都或多或少地存在着（在第21版中已经相对少一些）。在新版的《俄语详解词典》中，对类似的描述和评价，对那些有政治偏见性色彩的例句和注释，以及某些古词和旧词做了删节和删除，对许多属于意识形态和政治概念范畴的词汇做了恰如其分的纯语言学描述。

（4）重新核对了一大批属于某些非开放性概念的词汇，并做了尽可能准确的注释。首先涉及的是有关宗教色彩的词汇和词组搭配。在苏联时期出版的俄语通用语详解词典中没有任何一部对此有过哪怕是稍微完整和准确的描述，唯一的一个例外，是

1950—1965年出版的《科学院现代俄语标准语大词典》(17卷本)，这部词典体现了老一代语言学者试图保留某些相应的语言财富的努力。在新版《俄语详解词典》中，这类词和表述得到了新的相对完整的描述，在很多情况下加入了百科性质的信息成分，例如关于教义、各种神明、教堂仪式和秘密、俄罗斯教会节日的名称等都进行了明确性的注释，使之更符合现实状况。

（5）在词条注释中做了一系列新的处理，力求反映出当代俄语词汇发生的变化，这首先涉及的是在普通标准语中发生的变化，主要表现为俄语新词和新成语的产生和对原有词汇意义的丰富，以及近年来广泛应用的政治词汇、专门的和专业性词汇、行话、流行的词汇、具有不同意义的俄语等价仿造词，再如有关各民族特点的名称等词汇。总之，这部词典力求通过词典学描写反映出20世纪后几十年间在俄语中发生的变化及其过程，因此，被看作一部与时代同步的现代俄语词典。

以奥热果夫和什维多娃合著署名的新版《俄语详解词典》一共出版了4版（1992、1994、1996、1998）。与前3版相比，第4版又有了很大的不同：在原来增补的基础上又增补了大量的词汇和成语，以及某些在这部词典中未曾标出过的多义词内部语义结构意义。这种添补包括词典语料、进入词条例证部分的原来未曾标出的词义和成语意义等，总共达3000多条。添补后的第4版词条总量达8万条。大多数新选材料来源于现代资料，反映了俄语词汇发展的真实过程。

在第4版中，什维多娃专门研究并确定了构成词汇总体系的某些词汇群的描写原则。譬如，重新审定了存在动词、半实义动词和阶段意义动词的核心词的描写，许多称名人或动物的词汇群的描写。与此同时，有关成语性的信息大大增加：词典中添加了很多现代的固定搭配、流行的谚语和俗语，扩展了现有的词源解释，在很多情况下都添加了新的解释。

在最新版的词典中，动词词条语法范围有了下列本质性的变化：

（1）对于很少构成第一、二人称的动词，不仅标出这些人称形式，而且同时给出了有关这些形式不用或很少使用的相应信息，并给出第三人称形式。

（2）与此前所有的单卷本俄语详解词典不同，第4版的《俄语详解词典》提供了根据《80年语法》编制的详细的语法（词法）表格，更方便读者使用。

应该说，什维多娃从《俄语详解词典》的词汇编辑开始，到该词典主编，直至后来成为与奥热果夫齐名的新版词典的共同作者之一，为使《俄语详解词典》保持长久不衰的生命力不断更新和再版，倾注了毕生精力，她也因此而成为俄罗斯和世界公认的、高水准的著名词典学家。

四、1998年以后的奥热果夫《俄语详解词典》

以奥热果夫和什维多娃合著署名的《俄语详解词典》在1998年发行了第4版之后，这一版本的《俄语详解词典》就没有再继续出版。

需要指出的是，近年来，在俄罗斯又恢复了奥热果夫《俄语详解词典》的出版，目前已经出版了第24版、第25版。细心的读者会发现，在恢复出版的奥热果夫《俄语详解词典》中，除了主编由斯克沃尔佐夫（Л.И. Скворцов）取代了什维多娃之外，在2003年出版的第24版的出版前言中还有这样一些解释和说明：多年来，奥热果夫《俄语详解词典》已经被改得面目全非了，这并非词典原作者的本意。为保持该《俄语详解词典》简洁和大众化的特色，第24版的词典恢复奥热果夫生前最后一次改版的版本面貌，即1960年出版的第4版的面貌。[1] 也就是说，重新续版的奥热果夫《俄语详解词典》是1960年第4版的版本，因此，无论是词汇数量，还是词条的解释所反映的都是那个时代的面貌。

因此，当我们在购买和使用奥热果夫《俄语详解词典》时，一定要留意它的版本、出版年代和作者情况，以便根据自己的需求，选择合适的版本。

循踪梳理奥热果夫《俄语详解词典》不同历史年代出版的版本特点和内容的增补变化，可以归纳整理出如下参考指南：

奥热果夫《俄语详解词典》1—6版：作者兼主编——奥热果夫，两次增补，最后一次改版是第4版（1960），词条53000；

奥热果夫《俄语详解词典》7—23版：作者——奥热果夫，主编——什维多娃，三次增补，最后一次改版是第21版（1989），词条为57000；

奥热果夫和什维多娃合著署名的《俄语详解词典》1—4版：作者——奥热果夫和什维多娃，1992—1998年，第4版是最后一次改版（1998），词条8万；

奥热果夫《俄语详解词典》24—25版：作者——奥热果夫，主编——斯克沃尔佐夫，（2003—2005年），恢复到1960年第4版的版本，词条53000（奥热果夫生前最后两版没有改动）；

从上述的归纳中可以看出，词条容量最大，释义最新的应该是奥热果夫和什维多娃合著的1998出版的第4版《俄语详解词典》。

（原载《中国俄语教学》2007年第1期）

① Ожегов С.И. *Толковый словарь русского языка*. М.，изд. 24，«АЗЪ»，2003. с. 1.

句法维度

俄语主从关系的结构语义阐释

语言作为人与人之间交流和沟通的交际工具，是一个通用的自然语音符号体系。任何一个体系本质上都是一种结构，而结构就是该体系的内部组织，这种组织表现为该体系结构中各个构成要素之间关系之总和。体系的结构性不仅仅体现为构成要素的形式组合，而且还应反映这些要素之间的联系手段和语义关系。语言体系这一统一体之所以能够成立，就是因为语言体系中的语言元素是由结构关系相互联系在一起的。

语言是客观现实世界的反映，客观世界中的万物总是处在各种各样的关系之中，因而语言本身亦总是处在关系中。因此，研究语言符号体系各个组成部分之间的关系就成了研究这一体系结构的关键，研究语言中的句法关系也就成为掌握语言和使用语言的重要环节。但是，要系统描写语言的句法体系，仅仅确定句法单位的形式组合是远远不够的。根据对句法关系的分析研究发现，在语言的不同层面上，句法单位的抽象结构关系中都有共性的特征存在：连接两个或两个以上的成分，构成语义相对完整的称名单位或交际单位。

由于联系手段和表达方式的不同，在语言的任何一组对立的句法关系中，一定存在着某些区别性语义特征。在句法关系中，最主要的区别语义特征就是“有无决定性因素”，也就是看在句法结构中有没有主要成分和次要成分，有没有“主人”和“仆人”

的关系，有没有说明成分和被说明成分。在现代句法学描述的主从关系中，根据上述区别特征划分出俄语句法关系的两大类别：在语法形式和意义上有主要和次要之分的，构成了句法上的主从关系，没有这种关系的在句法上构成并列关系。表示这两种关系的句法联系手段分别叫作主从联系和并列联系，进而形成两大句法联系手段。[①]本文试图通过对俄语中主从关系的分析，从结构语义的深度揭示话语生成和理解的本质过程。

一、主从关系的类型及其特征

主从关系是一种重要的句法关系——在语法上互为条件的关系。在什维多娃和洛帕金（В.В. Лопатин）主编的《俄语语法》中，"词的主从关系和词组"作为独立的一部分，与词、词法和句子平行，构成了该语法体系的四大组成部分。[②]

在主从关系中，一个词对另一个词在语法上有支配能力，后者在语法形式上的变化取决于前者词汇语义和句法规则的要求。这种依赖关系通过一定的形式手段表现出来，前者称作主导词，后者称作从属词。由它们组合成的结构称作句法单位，其中两个成分彼此总是处于相互依存的关系中，这种关系就叫作主从关系。主从关系的本质在于，某一语法形式处于对另一语法形式的某种句法依赖关系中。什维多娃认为，主从关系是由主导词性能决定的关系，例如 читать книгу，строить дом，писать роман，любоваться природой 等这类在结构语义上既是必需的，也

① *Современный русский язык*. Под ред. Белошапковой В.А.，М.，Высшая школа，1989，с. 540.

② *Русская грамматика*. Под ред.Шведовой Н.Ю и Лопатина В.В. М.，Русский язык，1990，с. 343.

是可以预知的关系[①]。在这些词组中，动词的语义不仅要求其后面必须接有补语成分，而且可以知道它的语法形式和具体关系。根据主导词与从属词关系的不同和联系手段的不同，可以划分出以下三种二级关系：

1. 匹配关系

匹配关系又叫作一致性关系，表示句法单位中主要成分和次要成分在某一语法范畴上处于一致的关系中。在这种联系中，主导成分常常是名词，从属成分必须属于那些具有句法形式和句法意义的词类。匹配关系是所有句法关系中唯一一种可以直接构成句子的句法关系。

匹配关系既可以构成句子，也可以构成词组。无论是在词组还是在句子中，匹配关系都是纯语法关系，也就是说，从属词的形式完全依赖于主导词本身的语法形式。这一点恰恰是匹配关系与支配关系的主要区分特征。

2. 支配关系

支配关系通常被定义为主从关系的基本类型。在支配关系中，从属词的形式不仅依赖于主导词的语法形式，而且依赖于其词汇意义的要求。在这种关系中，句法单位中的主导成分要求其从属成分是带有前置词或不带前置词的名词各格形式。但是，这一定义并不能包括传统句法结构划分出的表示支配关系的所有现象，而只能包括那些可以由支配模式预示为必需的情况。总体上来讲，支配性联系是一种由一个词（主导成分）指向另一个词的某种形式（从属成分）的指派性关系。因此，主导词的形式变化并不影响从属成分的词形：

① *Русская грамматика*. Под ред.Шведовой Н.Ю и Лопатина В.В. 1990，с. 343.

делать добро—делает добро—делавший добро

3. 依附关系

依附关系（примыкание）是主从联系的一种。主要表示以下几种关系：

（1）状态说明关系 прийти вовремя，долго работать

（2）限定说明关系 яйцо всмятку

（3）补足说明关系 захотеть отдохнуть

与其他两种主从关系的表现形式相比，依附性联系有其自己的独特性。如果说匹配性联系是纯语法关系，支配性联系是词汇—结构语义关系，则依附性联系是没有形式的纯语义关系。匹配性联系和支配性联系都有自己特殊的专门用于此种关系的标记特征，而依附性联系没有这类特征。这种关系不是通过从属成分的词形变化来表示的，而是由其位置的变化来表示其相互依存的语法关系。它的意义功能是由它表现出来的结构关系的独立性特点来体现的。因此，依附关系中的从属成分通常是由没有变化的词类、某些不表示句法关系的词的形式或短语来充当：副词（повернуть направо），动词不定式（любить плавать），副动词（идет прихрамывая），形容词及形动词的简单比较级：（Дети постарше шли вперед）等。

二、主从关系的逻辑语义

主从关系不会对句法形式产生数量上的繁化，而能使语法形式体系发生质的变化，使主导词和从属词始终处于不平等的地位。从逻辑语义的角度看，主导词具有更宽泛、更共性的概念，具有“种”（род）的意义；而在语法上处于从属地位的词汇通常有指出该概念的某些特征，确切说明这一概念或确定它的范围等功能，属于“类”（вид）的范畴。例如，在письменный стол这一词组中，主导词стол是所有这一类物体的总的称名，代表着所有这类物体的共性特征；而从属词письменный在这里起修饰限定作用，使桌子的语义具体化——特指所有桌子中的某一类，使“书桌”与其他各种用途的桌子区别开来。从属词的这一区别语义功能在其他类型的主从关系组合中也可以观察到，譬如：очень интересный，идти медленно，читать роман等。

句法关系是通过纯句法联系手段表示出来的语法意义和词汇意义的有机结合，因此，在构成句法结构模式时必须考虑词汇意义限制。由于词汇的数量和语义的复杂，句法结构模式的构成亦是非常复杂的，有时属于同一种类型的意义结构可以由几种属于不同类型的联系手段表达，例如，восковые фигуры和фигуры из воска都表示限定修饰关系；而有时在同一个结构模式下，相同的联系手段表示出不同的逻辑结构意义。例如词组，词组是最小的句法单位，不仅具有语法意义，而且具有词汇语义[①]。但同是名词性词组N1+N2的模式，具有相同的语法意义，即表示一个物体与另一个物体的关系，在填充不同的词汇时，构成的词组却具有不同的逻辑结构语义：

（1）отъезд гостей——行为与行为的发出者之间的关系；

（2）строительство завода——行为与行为的对象之间的关系；

（3）крыша дома——局部与整体之间的关系；

（4）страна гор——物体与其特征之间的关系。

在句法关系的任何表达手段中，在其深层结构中都存在着抽象的结构语义关系特征。对俄语句法进行的深入研究，揭示了句

① 阿普列相：《莫斯科语义学派》，杜桂枝译，《中国俄语教学》2006年第3期。

法结构的语法语义特征，并在此基础上区分出各种不同类型联系手段的逻辑语义关系。

1. 客体关系

客体关系是一种建立在主导词与从属词之间的典型的支配关系，主导词通常表示主体行为和状态，从属词表示该行为或状态涉及的物体、现象、事件等，如 читать газету, писать письмо, заниматься спортом, сознавать вину, ликвидация аварии, выполнение задания, включение радио 等。这类关系多由动词词组或动名词词组表示。

2. 限定关系

限定关系是一种建立在物体、现象、事件与特征意义之间的关系，形式上多表现为形容词与名词的关系，如 талантливый мальчик, высшее образование, моя книга, платье из лена, мороженое со шоколадом, кофе с молоком 等。这类关系多表现在形容词词组中，是典型的匹配关系。

3. 状态说明关系

状态说明关系是一种建立在表示行为或状态的词与表示该行为或状态所处的各种外部环境状况的词之间的关系。在《80年语法》中，这种关系被视为限定关系的变体。语料分析表明，这类关系并不是完全等同于限定关系的，它们通常补充说明与行为或状态的发生相关的外部环境状况，包括行为的方式方法，时间、地点、程度、性质等：приехать рано, вернуться ночью, опоздать из-за дождя, работать дружно 等。这类关系通常由副词或前置词词组表示。

4. 补足关系

补足关系是一种很宽泛的关系，主要指一个词要求从意义上对另一个词的补充、限定或修饰，指明一个物体与另一个物体的关系，例如：начало фильма，часть времени，много студентов，дом бабушки等。这种关系多体现在名词性词组中，通常表示领属、说明、数量等关系。

三、主从关系的结构语义

在主从联系手段的结构语义中可以区分出三个区别语义特征：预设性 / 非预设性；必须性 / 非必须性；纯句法关系 / 词汇—句法关系。这三个语义特征是建立在非形式化的意义层面上的，有着不同的词汇语义功能和句法语义功能，其不同的组合和搭配，决定了主从联系手段在结构语义上的特殊性和复杂性。

1. 预设性 / 非预设性

在主从关系联合的结构中，这一区别特征是由主导成分的语义性能所决定的。

预设性关系特征主要表现为：主导成分决定（预先判断）从属成分的语法形式。在词与词的形式的组合中，该特征表现非常广泛且多种多样，例如：заниматься спортом，писать сочинение，находиться в центре，любоваться природой 等等。

在句子与句子组合而成的复合句中，那些在主句中与从属句发生联系的成分预先决定了从属句的性质和形式：这些成分预先决定了主从句之间的联系手段，而这些手段又决定了从句的句法结构形式。例如：

Он знал, что поезд придет вечером.

Он хотел, чтобы поезд пришел вечером.

在这两个复合句中，从句与主句中的述谓（动词）发生联系，动词 знать，хотеть 本身的词汇语义预示了各自从句的性质和连接手段。在这两个句子中，后一句中的连接词 чтобы 不可能用于替换前一句中的 что，因为动词 знать 引导出的是一个说明从句，表示讲话人根据自己的认知经验对所得信息做出的一个确定性判断，因此，在它的后面不能搭配表示非现实意义的连接词 чтобы，这一点是说明从句不同于情态性从句的显著区别特征之一。[1] 同理，前一句中的连接词 что 也不能用于第二个句子，因为动词 хотеть 的词义中含有表示讲话人的意愿、希望的语义成分，因此，它引导出来的从句表示讲话人希望但还没有实现的行为。与此同时，连接词本身的功能和语义又决定了从句中述谓动词的形式：第二个句子中，动词只能用过去时形式，不可能用其他形式，这是主句中动词语义和连接词共同决定的句式所要求的。而在第一个句子中，根据交际语用功能的需要与整个句子在时间和情态语义上的对应关系，从句中的述谓动词可以用任何时间形式表示[2]：Он знал, что поезд приходил（пришел, придет）вечером. 这就是联系手段的预设性。

根据句法结构支配关系的区别特征，预设性关系还可分为选择性和非选择性，这就是说，在有些句法关系中，虽然在逻辑语义上预设出了支配关系，但在语法形式上从属词的形式并不是唯一的选择，例如：

читать книгу（非选择性）

съесть кашу（каши）（有选择性）

---

① 杜桂枝：《假设性不确定判断句浅析》，《中国俄语教学》2002 年第 3 期。

② Теория функциональной грамматики / *Темпоральность. Модальность.* Ред. А.В.Бондарко, Л., Наука, 1990, с. 227.

любоваться картиной（非选择性）

числиться начальником（в начальниках，в качестве начальника）（有选择性）

заботиться о детях（非选择性）

тосковать о детях（по детям）（有选择性）

非预设性联系是指，从属成分不是由主导成分的意义和功能预先决定的，而是由进入该结构成分的整体意义所要求的。这种情况在词组和句子中都有许多种表现形式：человек у двери（за столом，под окном）；работать по вечерам（каждый день，с восхода до заката）。

同样，在复合句中，从句部分，特别是连接词部分，有时并不是由主句中的某一成分决定的，而是取决于从哪个方面对主句予以说明或补足的整体需要，对连接词或关联词的选择则完全是由整个句子的交际目的决定的，以便表达主句无法表达的句法关系和交际意向。例如 Машина зажгла фары，так как уже стемнело. / Машина зажгла фары，когда уже стемнело.

2. 主从联系手段的必须性 / 非必须性

顾名思义，必须性是指某些从属成分是必需的，没有这些必须成分的参与，主导词的词汇语义就无法完整地表示出来。这是主导词的语义配价和支配模式所决定的，必需成分应参与这一模式的构成，是该模式中的成分，没有这一成分支配模式无法成立，因而主导词的语义无法自足。也就是说，在某些情况下，主导成分对组合结构中的从属成分的要求是必需的、有规律的、不可缺少的。而非必须性是指，在有些情况下，是否需要从属成分则是随意的、可有可无的、无规律的。

主从关系的这对特征表明，在词与词形式的组合或在复合句中的组合中，主导成分的词汇语义预示其本身具有展词的必须性或可能性。这一对特征通常与预设性 / 非预设性特征配合出现，决定词组或句子的组合特点。常见的组合是预设性—必须性特征的组合；非预设性—非必须性特征的组合。例如：

читать книгу（是必须性的，同时又具有预设性特征）

читать вечером（是非必须性的，具有非预设性特征）

然而，这种组合并不是唯一的和绝对的，它们可以交叉，构成反向的组合。在俄语中，这类反向组合的典型情况是必须性—非预言性的组合，具有代表性的例子是由动词 находиться 构成的词组。动词 находиться 的词汇意义是“在某一空间的存在（状态）”，其语义要求在其后必须有表示方位意义的扩展词，回答 где 的问题，但该动词的词汇语义却无法预示出扩展词的形式，从而表现出必须性—非预设性组合的典型特征：находиться в столе（на столе，под столом）等。这类的组合在复合句中也可以见到：Он был так грязен，что только и мечтал о ванне.—Он был так грязен，словно только что вылез из печной трубы. 这两个句子中的主句中都有指示词 так，因此要求必须有从属句对此进行说明，否则句子的语义结构不完整。然而 так 却无法预示整个句子要表达的意义及其表现形式，根据交际意图，它可以引导出不同的从句，因此，这两个句子的句法关系和功能都不同：前者是状语从句，表示因果关系；后者则是比较从句，表示比较关系。

匹配关系常常是一种纯语法联系手段，有预设性，但不是必需的，如词组 красная ручка：词组中形容词 красная 与名词 ручка 构成匹配关系，这种关系不是必需的，但却是可以预知的，因为一旦构成这种关系，形容词就必须在性、数、格等语法范畴上与名词保持一致，也就是说，名词的语法特征预示了与其搭配的形容词的语法形态。

3. 主从联系手段的纯句法关系 / 词汇—句法关系

从本质上讲，主从联系手段所表示的句法关系有两种不同类型：纯句法关系和词汇—句法关系。纯句法关系不依赖于从属成分的词汇意义，由纯句法结构的意义构成，具有更抽象的语法意义特征；而词汇—句法关系是依赖于所充填从属成分的词汇意义才能形成的，它更具体，更丰富多样，一般表示各种非紧密型的、特殊的补足（工具、共同的参动项）关系和各种状语关系。试比较：

любоваться вечером（поездом，самолётом）

возвращаться вечером（самолётом，поездом）

在第一种情况下，вечером 是名词 вечер 的第五格形式，表示客体关系，是动词 любоваться 所要求的，与名词的词义没有关系，许多名词都可以充当这一成分，譬如：лесом，картиной，рекой，горами 等，此时，主从联系手段表现出来的是纯句法关系。在第二种情况下，连接手段与名词的词汇语义相关，而词汇语义的选择与交际目的相关，通常表示不同的状语关系（时间、地点、工具、行为方式等），如 возвращаться вечером（веселым，с друзьями）等，这里表示出来的是词汇—句法关系。

主从关系的这一特征与预设性 / 非预设性特征之间有必然的联系，通常它们的关系表现为：纯句法关系—预设性特征；词汇—句法关系—非预设性特征，而且只能是这样的组合，不可能有反向的组合。而与必须性 / 非必须性特征之间没有必然联系，可以相互任意组合：必须性可以是纯句法关系，也可以是词汇—句法关系；非必须性可以是句法关系，也可以是词汇—句法关系，例如：нуждаться в поддержке（必须的，纯句法关系），поселиться в деревне（必需的，词汇—句法关系，因为也可以说 поселиться на новом месте，за городом 等），дружная работа，дружно работать（非必需的，纯句法关系），работать в деревне，дом в лесу（非必需的，词汇—句法关系）。此外，有时候词与词汇形式的组合中的必须性特征取决于词汇意义和语言外因素，如有些名词与形容词构成的一致性词组已经成为一个语义整体，在与名词的再次组合中，受语言外因素的制约，只能与整个词组发生联系，而不能只与它们之中的一个成分发生联系，例如，可以说 девушка с голубыми глазами，不能说 девушка с глазами；再如，可以说 сидеть с закрытыми глазами，而不能说 сидеть с глазами。在这种情况下，起作用的是词汇意义和语言外因素，而不是纯句法关系[①]。

四、主从关系联系手段的语义组合模式

1. 语义组合模式

综上所述，主从关系及其联系手段中的这些特性不仅在支配关系中，而且在匹配关系和依附关系中都十分重要。可以对三种特性在匹配关系、支配关系和依附关系中的组合情况做一个概括：

（1）匹配关系

匹配关系常常是一种纯语法联系手段，有预设性，但不是必需的，如词组 красная ручка；

① *Современный русский язык*. Под ред. Леканта П.А.，М.，Дрофа，2000，с. 376-377.

（2）支配关系

支配关系通常表现有上述特性的下列组合：

①纯句法联系手段，有预设性，是必需的：читать книгу，любоваться закатом；

②纯句法联系手段，有预设性，但不是必需的：дом отца，дневник писателя；

③词汇—句法联系手段，是必需的，但是非预设性：поселиться в деревне；

④词汇—句法联系手段，不是必需的，非预设性：читать в поезде，читать вечером；

（3）依附关系

对依附关系而言，预设性/非预设性是没有意义的，因为依附词是没有词形变化的。其他两种特性的组合，构成了不同的依附关系：

①纯句法联系手段，是必需的：хотеть спать，начать заниматься；

②纯句法联系手段，不是必需的：говорить громко，говорить грамотно；

③词汇—句法联系手段，非预设性，是必需的：находиться рядом；

④词汇—句法联系手段，非预设性，不是必需的：яйцо всмятку

2. 强支配和弱支配

在许多的现代句法结构理论中，都有把支配关系分为强支配和弱支配的探索。但是，目前还没有关于强支配和弱支配概念的准确一致的定义。这一概念的不明确性就在于，在这些定义中还不足以区分类似预设性/非预设性、必须性/非必须性这样一些匹配特性。而在主从关系中不区分这些特性又是不可能的，因为这些特性是根本不同的特性，在结构关系中，由于主导词的不同，它们可以构成不同的组合，因而形成不同的结构语义关系。[①]譬如，在注释动词 находиться 的词汇意义时，必须指明“在什么地方有谁或有什么”。因此，表示方位意义的成分（где）是必需的，但这一成分的形式又完全可以是各种各样的，这就是说，这一成分是非预言性的：находиться рядом，находиться в университете，находиться на площадке，находиться у реки，находиться на стадионе 等。在语言实践中，支配关系可以是预言性的和必须性的：читать книгу，выехать из деревни，也可以是预言性的，但是非必须性的：дом брата，在注释 дом 一词的词汇意义时，这房子属于谁并不重要，但表示“房子所有者”这种领属关系的形式却是预定好了的——不带前置词的名词第二格形式。

在支配关系中，补足关系或客体关系，或对这些关系进行的限定（这种限定关系中包括状态说明关系）称作强支配关系；而需要依赖某种条件才能确定成分的支配关系通常被看作弱支配关系。

主从联系手段的各种类型与并列联系手段有明显不同。它们在不同的句法单位中的表达方式也不同。但是，所有类型的主从联系手段在表达方式上有一个唯一的共同点：所有的联系手段的表现形式都必须借助于句法单位中从属部分的形态变化体现出来。

（原载《外语学刊》2008 年第 5 期）

① *Современный русский язык*. Под ред. Новикова Л.А.，СПБ，Лань，2001，с. 703-704.

俄语句子逻辑语义结构及相关句式类型

一、引言

传统上，俄语的句法研究一直是在语法学的大框架下进行的，时至今日，人们仍然习惯把句法看作语法学的一部分。在这样的理念下，句子的形式结构，句子的语法形式意义及其结构模式等得到了十分全面和详尽的研究。随着现代语言学研究在宏观和微观维度的深入发展，句法学家把句子划分成三种结构：形式结构、意义结构和交际结构进行研究。句子结构的这种三分法，为对句子进行多视角和多方位研究提供了可能性。随后，句法学家又开始关注句子的逻辑语义结构研究。

关于句子的逻辑语义结构研究，最早可追溯到索绪尔的学生、《普通语言学教程》的编者之一薛施蔼（Альбер Сеше，1870—1946），在1926年出版的《句子的逻辑结构概论》中，薛施蔼提出了一系列独到的论点、概念和研究方法[①]。

然而，在19世纪末20世纪初，即结构主义形成的早期，日内瓦学派的语言学研究重点是语音学或形态学，有关句法学研究的论著非常少。即便是在纯粹的句法学研究中，当时的语言学家们关注的也只是历史句法，热衷于对历史发展中形成的某些句法形式进行归纳和总结。关注语言共时研究的语言学也是在研究句

① Альбер Сеше. *Очерк логической структуры предложения*. М.，УРСС，2003.

法形式、句子的形式类型等问题。

在结构主义语言学和形式主义语言学占统治地位的20世纪前半期，薛施蔼关于句子逻辑意义的语言学理论和思想并没有产生应有的作用和影响。甚至他在20世纪语言学界的知名度远不如他的同学、同行和同事巴利（Шарл Балли）。语言学家们笃信不移的是索绪尔的名言："……词汇是一种始终反映在我们头脑中的东西，是语言机制中的一种核心单位。"[①]因此，在20世纪60年代中期，语言语义学研究的视野一直拘囿在词汇语义的范围内。直到20世纪后期，语言学研究逐步意识到句子作为交际手段，意义和功能是语言学研究的基本单位和载体，随之句子的语义研究被推到了语言学研究的重要位置。随着句子意义层面的深层语义研究的深入，语言学家开始关注句子深层的逻辑语义问题，由此便生成了句子的逻辑结构和逻辑语义问题研究的新视角，句子的逻辑语义结构分析才逐渐成为句法学研究的一个重要组成部分。

二、句子逻辑语义结构理论

1. 逻辑语义结构分析的任务

薛施蔼从一开始就宣称："我们会把语法的形式问题搁置一旁，只研究与概念相关的问题，也就是句子的逻辑和心理问题。"[②]他认为，"语言的实质在于，它是以概念为手段服务于交际的。因此，如果不能十分准确地表达概念，事实上就不可能有现实中的有效交际"[③]。用更现代的术语来表述，这位瑞士语言学家感兴趣的不是句法结构的形式层面，而是语义层面。句子的意

① Соссюр Ф. Де. *Труды по языкознанию*. М.，Прогресс，1977，с. 113.
② Альбер Сеше. *Очерк логической структуры предложения*. М.，УРСС，2003，с. 19.
③ Альбер Сеше. *Очерк логической структуры предложения*. М.，УРСС，2003，с. 28.

义并不是单纯代表某些形式语法特征的形式概念，而是一个逻辑概念，一个心理学概念。因此，句子的意义研究实质上是句子深层逻辑语义的分析研究。

2. 所指关系概念

所指（refere）一词源于拉丁语，表示通知、通报的意思。所指关系是逻辑语义学分类的一个重要概念和区别特征，在语言学中，指词与词所表示的实际内容之间的抽象关系，是语言学中句子逻辑结构类型划分的重要依据。在语言中，一个实义名词可以对应几种外部现实，也就是说一个词与外部现实可以有几种对应关系，这种对应关系就是这个词的所指关系。确定构成命题内容成分的所指关系是研究句子命题内容的先决条件。

3. 命题与结构

薛施蔼曾提出了独到的句子分类：把句子分成两种类型——“概念句”（предложение понятий）和“意义句”（предложение смысла）。在他看来，在人们的交际过程中起主要作用的是意义句，并把这种句子称作整个语法机制中的“主要生产力”和“核心工具”。[①] 这种划分不是形式上的，而是内容上的，首先是与人的心理紧密联系的，是讲话人构思的命题意义结构与话语意图的对接。对句子的这种划分与传统语法中的单成分句和双成分句的划分很相似，但这种结构有别于句子的形式结构和一般意义上的语义结构。概念句只有一个核心，而意义句则有两个核心：主体和述体。

---

① Альбер Сеше. *Очерк логической структуры предложения*. М.，УРСС，2003，с.38.

4. 句子逻辑语义结构概念

句子逻辑语义结构概念中，最重要的基本概念是主体与述体之间构成的逻辑语义关系。主体和述体的概念在许多情况下也会与传统语法结构中的主语和谓语相对应。但薛施蔼认为，无论如何也不能把主体和述体的关系划归为主从关系，这种关系是完全特殊的一种关系，同时也是非常重要的一种关系。薛施蔼强调指出，只有当有主体存在时，一个句子才能够成为传递各种不同思想的有效的手段，而且思想的"运动"一定是沿着从主体向述体这样一个方向进行的。[①] 主体—述体之间的逻辑语义关系是客观世界事物间的逻辑关系在人类语言句法层面上的投射，因此，主体—述体之间的逻辑语义关系呈现出明显的动态性和多样性。

句子的形式结构和语义结构分析表明，按照某一称名模式构建的句子，会有各种各样的命题形式和内容。句子命题内容的发展和在表述上的不同，反映的是人类对外部世界认知机制的不同，思维过程形成的抽象概括方式不同。句子的逻辑语义结构指的是句子深层语义结构，即经过高度抽象和概括的、不含民族语言特征的、通用的纯语言语义结构。

三、逻辑语义结构的句式类型

主体—述体之间不同的语义关系决定了句子的命题内容。对大量的句子命题结构进行归纳和概括，在终极阶段上可以抽象出数量有限的逻辑概念，这些概念分别对应于不同的句子逻辑结构类型，表示主体—述体之间的逻辑语义关系。根据命题内容在句子中形成和发展轨迹，可以确定出不同的逻辑语义结构，据此划

① Альбер Сеше. *Очерк логической структуры предложения*. М.，УРСС，2003，с.46.

分出不同的句式类型：说明句、存在句、命名句、等同句。

1. 说明句（предложение характеризации）

此类句式也可称作描述句、评述句，用来描述具体物体、事件、现象、概念等的特征、状态、关系等。

说明句的基础句式是主体 + 述体的称名模式，用形式逻辑符号表示为 S+P。在这一模式中，主体与述体的逻辑语义关系呈现为：主体是被说明成分（характеризуемый），述体是说明成分（характеризующий）。

根据主体与述体之间语义关系的逻辑结构特征，可以把说明句划分成三个分类型：叙述说明句、确定说明句和状态说明句。

（1）叙述说明句（реляционные предложения）

叙述说明句的实质是对主体的说明，对主体的说明表现为对某种关系的确定。这种关系就是主体与那些与其有联系的某种现实之间的关系。譬如：在句子 Он читает книгу 中，通过动词 читает 所表达的一个行为动作将主体 Он 与客体 книгу 联系起来，并表明了两者之间的关系。再如，在句子 Иван Иванович едет из Москвы в Петербург 中，动词 едет 将主体运动的起点和终点与两个表示地点的城市名称联系在一起，揭示 Иван Иванович 在这两个城市之间的运动方向。

由此可见，在叙述说明句中动词的作用和功能是十分重要的。但属于这一句式的并非只是动词句。从词汇－结构模式看，叙述说明句可以是动词句，也可以是名词句，譬如：Волк— умное животное.

（2）确定说明句（предложения определительной характеризации）

确定说明句的一个普遍性特点就是根据一个或几个特征对主

体进行描述。根据特征的不同可以划分为：

确定特征说明句（характеризация по признаку）：Он человек высокий.

确定状态说明句（характеризация по состоянию）：Она больна.

确定类别说明句（классифицирующая характеризация）：Он отличник.

任何词汇都可以构成确定说明句，具有不同语义的主体与固定的述体搭配构成并决定了说明句的语义结构变体。这类说明句可以是单命题的，也可以是多命题的，在确定说明句不同的句式中表现亦不同。

（3）状态说明句（предложения обстоятельственной характеризации）

就句子的说明语义特点而言，状态说明句可以分为四种类型：

地点说明句（предложения о местоположении）；

时间说明句（предложения о времени）；

数量说明句（предложения о количестве）；

逻辑关系说明句（предложения о логической обусловленности）。

通常情形下，状态说明成分不仅参与句子称名模式的构成，而且常常做叙述说明句的称名模式的扩展成分：

Он поехал в Москву.—Вчера вечером он поехал в Москву.

Нам пришлось отказаться от лыжной прогулки.—Из-за непогоды нам пришлось отказаться от лыжной прогулки.

2. 存在句（бытийные предложения）

存在句和说明句一样，是一种积极的逻辑结构类型，是俄语中很重要的一种逻辑结构句式。存在句是俄语语言特有的一种语言表达手段，其本质上具有与逻辑思维顺序相关的重要特性：人的思维逻辑要求先确定物体、事件、现象的存在，然后才是对所存在的物体、事件和现象进行描述。因此，在俄语中存在句先于说明句，换句话说，在说明句中语义预设着有一个存在句在其之前。譬如：

Яблоня у нас еще не плодоносит.—Есть у нас в саду яблоня. Она еще не плодоносит.

俄语中存在句表述的是物体存在关系，主要指明物体、事件、现象的存在或不存在：

В парке есть детский городок.

У меня есть машина.

В мире есть много интересного.

存在句与说明句可以在一起使用：

Две первые комнаты были темны，в третьей был огонь.

在语言实践中，是否存在某种语言外的真实情况往往并不需要通过存在句表示出来，有时是靠联想，或通过语言本身的语义预设表示出来的。但是，即便是在这种情况下，在说明句前面总是可以添加一个存在句的，例如：

Мой сын учится в Московском университете. 这个句子在语义里暗含着“我有儿子”这样的语义，因此，可以对这一个说明句做如下补充：

У меня есть сын. Он учится в Московском университете.

3. 命名句（предложения именования）

命名句是指文中所述的某一物体获得某一特定符号编码作为其称名。在命名句中，被命名的成分是句子的主体，给主体冠以的名称是主体的称名符号。主体拥有具体的所指关系，而称名符号没有所指关系，因为它只承载有关主体的所有称名信息，通常做专用名词用。例如：

Этот циклон назван Марта.

命名句的主要结构模式是 Vpl3/n——单成分动词模式：

Её звали Наташей.

Обозначим прямую латинской буквой С.

也可以根据 N1+Vf 的结构模式构成命名句。在这种模式的句子中，常用带 -ся 动词 зваться，называться，在使用这两个动词时，表示代码称名的名词可以用第五格的形式，也可以用第一格的形式：

Эти горы называются Гималаи.

Итак，она звалась Татьяной.

4. 等同句（предложения тождества）

等同句是指句子中两个主要成分说明的是同一事物或概念。通常表示这样一种情景：讲话人试图根据其具有的性能、特征或事实将某人或物与他所拥有的经验相比较，使其等同或类比，这样的句子称作等同句。与其他三种逻辑结构句式不同，等同句中的两个成分——主体和表示等同成分的述体具有同一所指，例如：

Это Иван Иванович Быков.（Тот，кто передо мной，есть Иван Иванович Быков）

Вы именно тот человек，который нам нужен.

在等同句中的第一个成分是句子的主体，第二个成分是同指成分。等同句中主谓语的判定主要依靠词序。有些特殊情况：

（1）在有名词五格的句子中，五格名词与系词一起做述体（谓语）：

Моим лучшим другом был Николай Петрович.

（2）两个成分都是一格时，有一个可以变成五格，能变成五格的成分是述体：

Лев Толстой—автор « Войны и мира ».

Лев Толстой был автором « Войны и мира ».

（3）如果不能变成五格的形式，则根据实义切分的原则，可以充当主位的是主体，可以充当述位的是述体：

Это / был он.

（4）在破折号后面由语气词 это 引导出的成分通常是述体：

Пешков—это Горький.

Багровый—это темно-красный.

这种逻辑结构句式的潜在问题是“Кто это?”“Кто вы?”等。讲话者使用等同句的交际目的在于通报，谁是已知信息的承载者。例如：

Автор «Война и мир»—Лев Толстой.

Этот учитель—мой отец.

Лев Толстой—выдающийся писатель.

四、关于句子逻辑结构类型和逻辑语义的思考

1. 句子逻辑语义分析中的指称关系

从上述分类可以看出，俄语句子的组织构建始终遵循着一个基本逻辑原则：沿着“主体—述体”的逻辑思维方向发展。从主体和述体各自的所指关系来看，主体比述体更具体。有两种情况：

（1）正常的情况下，主体应由表示具体所指关系的名词来表示；述体应由表示概念性所指关系的词来表示：

Мой отец—учитель. 句中，Мой отец（我的父亲）是具体所指，而 учитель 则是一类人职业的统称，父亲是其中一员。按照句子成分中语义最大重复的规则，在注释 отец 和 учитель 时，会发现它们有语义重复和吻合的部分，譬如，“成年人、知识、职业”等。但此处 отец 指称具体的一个人，учитель 泛指从事教育职业的一类人，具有范畴意义。

试想把这句话倒过来说的情形：Учитель—мой отец，显然是违反常规逻辑的。若要表示类似的意思，则必须使主体的所指具体化，将句子改造为：

Этот учитель—мой отец. 此时，这位老师与我父亲完全同指。

（2）当句子的主体和述体都是由表示概念性的词汇来充当时，它们的所指关系亦不同，述体和主体构成上下义范畴概念，即主体的语义所指仍然要比述体具体些，如：Тигр—хищное животное. 此处 хищное животное 是对世界上所有凶猛动物的范畴化指称，不单指老虎，老虎仅是其中之一。相比之下，тигр 表示的概念范畴限定得更具体，是猛兽中的一种。

2. 句子逻辑语义分析中的“人文中心”视角

俄语中的存在句型 У（кого）... 是俄语中特有的世界语言图景。在形式结构中，У（кого）被确定为句子的状语成分，因而不是句子的主要成分。这样的形式划分造成了在形式结构上研究句子语义时经常遇到的主体与主语不对称的难题，也给外国人学习俄语造成理解上的困难。因为这样的关系在其他一些语言中是按说明句模式构成的，譬如在罗曼语、德语和西欧的一些语言中，包括汉语中也是采用说明句的结构模式。如：“我有一个兄弟”，俄语需译为“У меня есть брат ”，而不能直译为 Я есть брат（错句），即便译为 Я имею брата，这种句式也不符合俄语表达习惯，因为俄语中有专门的存在句型 У（кого）...

对句子“У меня есть брат ”的逻辑语义分析表明，该句的深层逻辑语义仍然是沿着“主体—述体”的逻辑思维方向发展的：У меня 既是话语的逻辑主体，也是行为的主体。句子逻辑语义结构这样的构建完全符合人们观察客观世界的朴素图景，也解决了俄语中特有的世界语言图景的独特表述等问题。

五、结语

句子逻辑语义结构研究是句子意义层面研究的一个新视角，沿着主体和述体之间的逻辑关系的发展脉络，用概括分析的方法抽象出句子的概括性逻辑语义，并根据对逻辑语义的称名把现实中的无限句子划分成四种句式，构成了句子的一种新分类体系。

按照逻辑语义关系进行的研究不仅为句子深层语义结构研究提供了新的视角，同时也为不同语言之间的对比研究，为计算机语言学和人工智能研究进一步发展和语言机器翻译在质量和数量上全面升级提供了语言学理论依据。

到目前为止，句子的逻辑语义结构研究虽取得了一定的成果，但完整的理论和方法论研究还有待深入，尚有很大的探讨和研究空间。

（原载《中国俄语教学》2009 年第 2 期，有改动）

现代俄语中形式与意义的非对称性问题

一、非对称性的语言本质属性

从宏观的角度看，语言形式的意义本身是一种认知现象的反映。语言规则的有限性与现实世界表述的无限性，是语言形式与意义的非对称性产生和存在的客观需求，是语言的一个普遍性规律。

从微观的角度看，各民族语言在对称性/非对称性的表现上有很大的差异。这不仅是语言差异，而是一个民族共有的世界图景在语言上的投射，是语言勾画出的该民族对世界概念化的程序和思维心路轨迹。因此，研究语言表现出来的各种对称性/非对称性，是探究语言本质，重构世界语言图景的重要方法之一。

转换生成语法的理论宗旨是寻找出“有限的句法结构模式”，以便生成无限的意义准确且符合语言规则的现实句子，这是假设–演绎存在的条件，也是语言学研究的任务之一。显然，其间的复杂关系及其规律性乃是一个颇具探讨价值的研究空间。

在现代句法学理论中，句子被看作一个多面体，是一种复杂的语言现象，是若干相对独立的分系统的有机组合。在它的结构中，至少同时共存着三个层级结构：形式结构、语义结构和交际结构。在第一个结构层面上，句子是自足的、独立的，它的所有特性都可以从语言内部去解释。第二个层面的特点是它的内容信息含量，即意义。在这个层面上需要考量的是句子中不同词汇意义的语义功能以及它们对构成句子意义的参与程度。句子的第三个层面本身作为话语或篇章的组成部分，存在于语言学内部和语言外因素的具体上下文语境中。这些层面的多种要素的共同作用才能构成形式、内容和交际结构相互交错且意义和功能不同的统一综合体——句子。不容置疑的是，句子的每一个层面都是句法学中一个独立的领域，具有其特殊的研究客体和对象，使用对应于该层面特有的术语，遵循其特定的使用规则。按照传统的句法学理论，句子本身的机制决定了句子是形式和意义的统一体。句子的每一个成分都具有一定的形式特征和内容特征，这些特征应该是相互对称，互为条件的。

但是，现代语言学研究发现，句子结构的这些层面并非总是完全对应的，也就是说，句子常常是处于结构、意义和交际层面的各种不对称状态中。正是句子所特有的这种各个层面的非对称性的潜质，才使得我们有可能利用有限的句法规则生成各种各样的句子，用来描绘五彩缤纷的世界，表达人类复杂丰富的思想。这是语言的本质特征，是语言发展的内部动能。

在俄语语言体系中，句子形式与意义在宏观上的不对称性主要表现在以下两个方面：一方面，相同的形式结构表达的抽象意义内容不相同，譬如：

Дождь идет.

Автобус идет.

Все устали.

这三个句子的形式结构是相同的，都是主谓结构，但表达的意义却各不相同，分别描述客观存在中的不同事态：自然现象、事件、状态。

另一方面，相同的意义内容可以有多种不同的句子结构模式，譬如：

Он грустит. / Ему грустно. / Он грустен. / Он в грусти.

这四个句子的句法结构各不相同，表达的意义却相同。

在俄语中，微观上的非对称性表现形式很多，但最具特点、最能反映俄罗斯民族语言独特性的，当数句子形式结构层面的主语和意义结构层面的主体之间的非对称性。本文仅尝试对句子的主语和主体之间非对称性的表现形式、特征和功能进行对比研究。

二、关于主语与主体

按照句法学的传统观点，关于句子成分分析的学说完全是基于句子表层结构的考虑，通常使用主语、谓语来表示句子的主要成分。而且，只有在这种情况下，主语与主体是一致的，才能把名词一格形式与其他具有主体意义的间接格区分开来。然而，在这种抽象化句法层面上，无法解释其他间接格词形充当主体的现象，譬如，像 Она в обмороке. У неё обморок 等类似句子，它们在意义上的共性就无法用句子结构层面的术语来描述。为了更准确地阐释句子的意义层面，在现代句法语义研究中使用了“主体、述体、客体”这样一组逻辑语义学概念。显然，句子形式结构中的主语和逻辑语义结构中的主体具有本质上的相同而形式上的不同。

1. 句子形式结构中的主语

根据传统语法学理论，句子成分划分为主要成分和次要成分，主语、谓语是构成句子的主要成分。在现代俄语句法学理论中，维诺格拉多夫（В.В. Виноградов）提出的句子述谓性关系揭示了形式结构的典型特征，即在任何句子中都存在一个述谓核心。[①]

在句子的结构层面上，主语和谓语作为句子的主要成分，构成句子的述谓核心。典型的句子结构模式是：N1+Vf 的核心形式，即最小结构模式。在这个核心中，主语与谓语的关系是匹配性关系，主语并非单方面依赖谓语，而是与谓语相互依存，也就是说不是简单地依靠谓语体现主语的形式（单数、复数、人称等），而且它本身要求谓语在性、数及人称上与它一致。这种关系和特性是句子的其他次要成分和表示主体意义的其他间接格形式所不具备的。

在现代俄语中，句子的主语可以由多种形式来表示，在具体的语境中，特别是在无拘束的口语交际中，任何获得名词化意义的词形、词组、成语，甚至句子都可以充当主语：

名词一格形式：Музей работает.

代名词：Кто-то поет.

集合数词：Семеро одного не ждут.

名词化的形容词或形动词一格形式：Дежурный позвонил.

序数词的一格形式：Первые уже приехали.

动词不定式：Советовать другим легко.

各类名词性词组：Отец с сыном ушли на фронт. 等等。

2. 句子意义结构中的逻辑主体

主体是句子意义层面上的主要成分，表示句子逻辑语义关系中述体描绘的行为、关系或特征的发出者或承载者。按照语言学术语词典的解释，“主体是句子所示的实际情景中行为的主要的

① АН СССР. *Грамматика русского языка*. Том 2，часть 1. М.，изд. «Академии Наук СССР»，1953.

积极或消极的参与者”[1]。

薛施蔼在《句子逻辑结构概述》一书中强调指出，只有当有主体存在时，一个句子才能够成为传递各种不同思想的有效的手段，而且思想的“运动”一定是沿着从主体向述体这样一个方向进行的。[2]

我们用S表示句子逻辑语义中的主要成分及其称名——主体；用P表示另一个主要成分——述体，其主要逻辑语义结构形式是S+P。现代句法语义研究表明，主体—述体之间的逻辑语义关系是客观世界事物间的逻辑关系在人类语言的句法层面上的投射。句子的整体命题意义往往取决于主体的一些特性（主动性/被动性；能/否做有意向性行为）和述体的一些特征（行为的有意性/无意性；自发性、突发性、和对主体意识的无依赖性）。因此，主体—述体之间的逻辑语义关系呈现出明显的动态性和多样性。使用“主体”这一术语使我们可以区分不同逻辑类型的主体意义及其表达方式，譬如，行为主体、状态主体、存在主体等。在句子的语义分析层面，运用主体、述体、客体这样一些术语，抽象出句子的深层逻辑语义关系，表达句子命题的逻辑语义结构。譬如，对于Андрей читает книгу这样的句子，我们可以不考虑句中每一个词的具体意义，抽象出这类句子普遍存在的深层语义关系：“有一个行为主体，在当前时间点上正在从事一个行为，这个行为涉及一个客体。”这样的逻辑语义关系用形式逻辑符号表示为：S+P+O，转换成句子的结构模式为N1+Vf+N4。[3]

---

① *Энциклопедия: русский язык*. Главный ред. Караулов Ю.Н., М., «Большая российская энциклопедия», 1997, с. 545.

② Альбер Сеше. *Очерк логической структуры предложения*. М., УРСС, 2003, с. 49.

③ *Русская грамматика*. Т. II, М., Наука, 1980, сс. 126-129.

三、主语与主体的对称性

主语之所以划归为句子的主要成分，是因为它始终处在与谓语的相互关系中，承担重要的结构和功能角色，参与构成句子的述谓核心。在这一核心中，主语和谓语处在句法特征的载体和结构本身特征的相互关系中，主语和谓语是所描述的行为、状态、关系和性能的形式化表达手段。

语言中使用最多的句子逻辑语义类型是说明句，N1+Vf 模式是说明句式的典型句子结构模式。这种句式最直观地反映人类认识世界和表现世界的心理过程。而逻辑语义结构形式 S+P 是人的最基本的认知心理机制，符合从行为的发出者到行为过程和特征的线性“运动”规律。当 N1+Vf 句子结构模式与逻辑语义结构形式 S+P 相吻合时，达到了形式与意义最大限度的吻合。这时的主语等同于主体，构成的句子无论在形式上还是在内容上都不会引起理解上的困难。因此，这种句子的结构模式和逻辑模式是世界上所有语言中都具有的普遍性表达方式，这种对称性显现出语言的普遍性特点。

在这种情况下，意义层面上的句子主体与传统俄语句法中结构层面上的句子主语相吻合，主要由名词一格形式充当。在句法语义研究中，根据主体 S 的主动性和意向性行为的特征，可以区分出两种不同的行为发出者：

1. S——施事主体

施事主体指主体 S 是行为的发出者，是述体特征 P 发生的决定性因素，也就是说经过主体 S 的主动参与，述体表示的行为 P 得以实现。在这种情况下，主体大多是代词或表示人的名词。例如：

Мы слушаем радио.

Птицы летают над домами.

2. S——非施事主体

非施事主体并不说明主体 S 是消极的，它同样是述体特征 P 的发出者，不同的是，P 的产生不取决（或不完全取决）于 S 本身的努力，而是取决于某种外在力量的作用。我们称这样的主体为非施事主体。这样的主体常与下列动词搭配：гореть，блестеть，сверкать，излучать，краснеть 等。在这些词汇的语义中，主体 S 本身是不会发出行为的，但实现特征 P 和支持 P 所必需的动力（或载体）却源于 S。例如：

Дрова горят.

Снег блестит.

在 N1+Vf = S+P 的句式中，根据主语位置上的词汇语义的不同，句子通常可以表示人的状态和行为、物体特征、行为属性、事件过程等抽象语义概念，完成描述和传递信息的基本功能。

四、主语与主体的非对称性

如上所述，在俄语中，主体的主动性由句子中占据主语位置的名词一格形式体现出来，表示独立的行为和运动。而主体的被动性特征及性能通常都是借助于间接格形式表达出来。从语言的“人文中心论”角度出发，承载句子中述体 P 的特征，是逻辑主体 S 的一个重要语义功能，同时，这一类主体还具有特殊的语义–句法功能——表明主体 S 在事件结构中的中心地位，表示某种客观上独立存在的或想象中独立存在的人和物。

在俄语中，主体在逻辑语义中的这种中心地位通常是通过间接格形式表示的，在句法结构上的典型特征是，它与述体之间构成的并非主谓关系，而是一种独特的句法—语义搭配关系，表示主体的被动性、行为的无意识性、不可控制的状况、性能、经常的或暂时的特征等。

在传统的句法理论中，主语永远是句子的主要成分，而能够表示句子逻辑主体意义的间接格形式大多都是次要成分。间接格的形式不是句子的主要成分，因此不能进入句子的述谓核心，这是逻辑主体与形式主语的最大差别，构成了形式与意义的最明显的不对称性，也是外国人学习俄语时遇到的极大困惑和难点之一。

解决这一问题的最好办法就是要严格区分句子的形式层面和意义层面，厘清主语与主体这两个术语在不同层面上的意义和功能。本文根据主体在句子意义层面上所承载的功能语义特征，将主体 S 划分出以下几大类型加以描述，以揭示其与形式结构中主语的差别。

根据主体 S 的句法表现形式及与述体之间的逻辑结构关系，我们可以划分出主语与主体不对称的五种情况：

1. S——状态主体

（1）在形式语法中，第三格的名词或人称代词通常被划定为状语成分，而状语成分是不能作为句子的主要成分的。但是，在句子的逻辑语义结构中，该成分表示各种不同状态的主体意义：

1）承载心理状态与性格特点的主体：表示能否实施某种行为或表现出某种状态。

Ему присуща беспечность.

Ребенку свойственна доверчивость.

2）表示情绪状态与生理特点的主体：此类句子中多使用动词的反身形式，并常与否定语气词 не 连用。

Нам сегодня не работается.

Мальчику дома не сидится.

3）表示身体状态的主体：

Ему не здоровилось.

Рукам холодно.

4）表示所处环境状况的主体：

Нам было тяжело говорить с ним.

Ему было неудобно лежать в узкой кровати.

（2）可以用其他间接格形式表示的状态主体，例如前置词 + 名词或代词二格，此时多表示心理或生理状态：

У нее душевная депрессия.

Температура у него не в порядке.

（3）在下列无人称句中，名词补语形式同样可以表示主体的身体状态：

Больного лихорадит.

Его начинает знобить.

2. S——关系主体

主要用前置词 + 名词或代词二格形式来表示各种关系的主体意义：

（1）拥有物体性领属关系的主体：

У него есть мотоцикл.

（2）拥有固定关系或长期关系的主体：

У меня есть сын.

（3）固有的身体特征、外表等的主体：

У нее красивые глаза.

У мальчика хороший голос.

（4）拥有内在特性、素养和潜质的主体：

У Л. Толстого еще талант к живописи.

У нее высшее образование.

3. S——存在主体

（1）前置词 + 名词或代词第二格，表示各种不同类型的存在主体：

1）身体或心理状态主体，表示出现的病痛或消极的、与主体相关的外部事件：

У нее нервное заболевание.

У него неприятности.

2）需要参与的事件主体：

У меня сегодня совещание.

У студентов нашей группы завтра экзамен.

3）纪念性事件主体，表示在其活动范围内的：

У меня сегодня день рождения.

4）现象存在主体，在其范围内出现或消失的：

У Сережи появился друг.

У сестры отсутствует аппетит.

5）物体存在主体，表示身体的某一部位有或存在的：

У молодого человека за спиной был рюкзак.

У нее на шее была цепочка.

6）领属性主体，表示活动范围内的某种存在：

Среди участников собрания были известные ученые.

（2）前置词 + 名词第六格，表示在主体的行为和活动中的某种存在：

В его словах много правды.

В ее вопросе чувствовалось сомнение.

4. S——情态主体

（1）名词或代词第三格 + 动词不定式，表示各种情态主体意义：

1）应该：

Тебе сесть，а тебе встать!

Не плакать же мне из-за этого!

2）义务：

Тебе сегодня дежурить.

Нам завтра рано вставать.

3）愿望：

Вам бы лучше отдохнуть.

Не заболевать бы мне.

4）可能：

Как нам пройти на вокзал？

Мне не поднять этот камень.

（2）名词或代词三格 + 动词单数第三人称，表示各种情态主体意义。语义中含有情态意义的动词有：следует，надлежит，стоит，приходится，хочется，удалось，повезло，посчастливилось，пришлось，хватит 等：

1）表示应该、不得已、可能：

Нам следует хорошо подумать об этом.

Ему приходится（придется）покинуть родину.

2）表示得以、有幸 / 走运：

Нам удалось встретиться с этим известным ученым.

Ей посчастливилось слушать доклад.

3）表示禁止、阻止：

Девушкам не терпится спорить с ним.

Вам хватит ссориться.

（3）主体三格＋情态副词＋动词不定式，表示各种情态主体意义。常用副词有：можно，надо，возможно，нужно，необходимо，нельзя，невозможно，пора，довольно 等。

Вам необходимо остаться здесь.

Тебе довольно об этом говорить!

5. 被动结构中的行为主体

在俄语中，典型的被动句是由具有被动态意义的带 -ся 动词和动词的被动形动词形式构成的。在这类句子中，行为的主体通常由名词或代词的第五格形式来表示：

Письма приносятся почтальоном.

Дверь была закрыта кем-то.

Тяжелый груз поднимается краном.

在现实的语言交际中，表示主体的这类第五格形式有时可以省略，句子的被动意义不变，但主体语义减弱。在这种情况下，讲话人或者不清楚行为的主体，或者不便指出行为的主体，或者认为它不是交际的重点，没有必要指出，譬如：

Магазин открывается в 8 часов.

В нашем городе строится много высоких домов.

需要特别注意下面的情况：

Он был награжден дипломом.

Его ранило пулей.

这两个句子的共同特点是，从逻辑语义上判断都是被动句，但第五格形式不是逻辑主体，而是行为工具的语义角色，真正行为主体省略掉了。这正是句子主体的另一个“特别的功能——表示句子的核心客体”[①]。这种观点适用于解释某些从形式结构上看是主动句，而从语义层面上分析则是被动句的句式（关于这个问题另文论述）。

在这个意义上，被动句与不定人称句十分相似，试比较：

Ему поручили важное дело.（主动句、不定人称句）

Ему было поручено важное дело.（被动句）

在这两个句子中，Ему（他）都是行为的受体，而不是行为的发出者。真正的行为发出者被省略了。不过，与前两个句子不同，在这两个句子中，Ему 应看作是句子述谓动词必需的语义配价，因为它是句子述体行为的接受者。

五、结语

（1）在俄语中，形式上的主语与逻辑语义上的主体有许多不对称现象：在形式结构中不是句子的主要成分，即不是句子的主语，但在逻辑语义结构中却是述体所述行为、状态、特性等的承载主体，构成了语义层面上的主体—述体—客体的逻辑结构，这种意义结构与形式结构不对称。

（2）根据人类认识外部世界的逻辑指向，思维是沿着从主体向述体这样一个方向进行的，反映到语言中，句子的逻辑主体和述体处在自左向右发展的逻辑关系结构中。因此，无论什么成分充当逻辑主体，通常都一定是位于句首的（见上文例句）。

---

① Шелякин М.А. *Функциональная грамматика русского языка*. М.，*Русский язык*，2001，с. 183.

（3）由名词第五格形式表示的被动态结构的行为主体通常不位于句首，这是被动态的结构语义制约性所致：被动态通常是及物动词表示的主动态结构的转换形式，之所以使用这种形式，是要用加强语气来强调“客体被怎样了”，因此，客体转化成句子的形式主语，是逻辑思维的重点，而行为主体用间接格形式表示，被淡化，甚至被省略。

（4）主体—述体—客体这样的逻辑语义关系在不同的民族语言中的表现形式不同，反映不同民族认识世界的概念化结构不同。汉语中行为主体与形式主语通常相同，位于句首，句子内容沿着由左向右的方向展开；俄语中表示逻辑主体的成分也在句首，但不一定是形式主语。由此可见，世界上各民族认知世界的逻辑概念化是相同的，而用语言重构的世界图景是不同的。这就是著名学者阿普列相所论证的“民族语言特点”。

综上所述，必须从不同的侧面和角度去观察和研究句子，分析研究句子的同一成分在不同结构层面中的表现方式、行为特征和语义功能，才有可能准确把握和揭示语言的本质和特点，并对其进行完整全面的整合性描写。

（原载《外语学刊》2011 年第 6 期，有改动）

语言中不确定情景的多维度阐释

情景理论是20世纪结构主义语言学派之一——伦敦学派的重要理论，后来成为以韩礼德为代表的系统功能语言学理论的基础和出发点。在人们的日常生活和交际中，需要做出判断的情景随时随处可见。而且这些判断最终会以某种方式体现在语言中，换句话说，最终通过语言做出判断。我们举一个引自《读者》的例子：假如你第一次跳伞，……你问教练一个重要问题："你确信这个降落伞能打开吗？"你希望教练给你哪一种回答，是"我相信它能打开"，还是"我知道它能打开"？"相信"暗示有问题，包含了不肯定的成分。仔细想想，如果你能肯定的话，你就不会说"我相信"，而是说"我知道"[①]。由此可见，人们在使用语言表达思想和进行交际时，无时无刻不在做着确定/不确定这类的判断和选择。

中国的佛教理论认为，有三个标准许可人们将一种认定视为有效，即允许人们做出确定性判断：（1）由直接经验所作的证实，（2）不可否定的推断，（3）值得信赖的证据[②]。也就是说，在上述三种情况下所做出的判断可以认为是准确的、确定的，反之，就是不准确或不确定的。

对语言情景的判断和选择是一个复杂的语言学问题，不仅涉

①《读者》2012年第8期，第39页。

② 让·弗朗索瓦·勒维尔：《和尚与哲学家/佛教与西方思想的对话》，陆元昶译，江苏人民出版社2000年版，第45页。

及语义和语用问题，而且涉及语言的认知和命题逻辑问题，因而在其句法结构、区别语义特征、语用意向和认知过程上都表现出独特的差别。需要做多维度全方位的研究和分析。

根据判断的依据的不同，判断标示词语义内涵的不同，以及语用意向的不同，可以划分出不同类型的不确定情景。本文拟从认知、语义、语用的角度对不确定情景的特点，不确定性标示词所要求的语用环境，及其情景语义对某些话语行为的限制加以论述。

一、情景判断的认知过程

现代心理语言学认为，人们的言语活动既是一种心理活动过程，同时与语言符号之间有一种天然联系[①]。认知语言学理论认为，任何一个交际过程都包含“话语理解”和“话语生成”这两个心理活动过程，都必须经历人脑认知活动的四个阶段：

（1）获取原始信息；

（2）对所获信息的加工处理；

（3）文化层面上背景知识的激活；

（4）做出结论性判断，并输出生成的新信息。

只有经历了这些过程，讲话人才能最终决定他对所述内容的态度：是要将信息传递给对方，还是想从对方获得有关信息。这一决定的结果对应的是对句子交际功能做出的选择：疑问句一陈述句。

在完成这一选择之后，讲话人仍须对言语欲表达内容的态度做进一步的选择。如果说上一个层级的选择是由主观意识决定的，那么在这一层级上要考虑的是语言外情景内容的作用：对

① 赵爱国：《“言语活动论”学理形态及其特性浅析》，《中国俄语教学》2010年第3期。

所述信息是确信无疑，还是不够确定，甚至表示怀疑。

这两个层级的判断是任何一个讲话人在交际时必须面对的选择：依据自己的知识和经验，根据语言情景做必择其一的选择。这样的选择决定了逻辑句式，构成了句子的主观内容，或称作主观意义。所有这些主观意义都要在句子生成的过程中以某种形式添加进句子的内容结构，并透过句子的形式结构体现出来。

不确定判断通常指讲话人对所述情节内容缺乏可信的信息来源，但他可以根据自己的认知经验，调动大脑中储存的相关社会文化背景知识和语言知识，激活所需的知识信息，在情态框架内做出逻辑上的推测和假定，并根据约定俗成的语言习惯和规律，表示出讲话人对自己所述的内容的不同可信程度。布雷金娜和什梅廖夫（Т.В. Булыгина，А.Д. Шмелёв）从语义和语用的角度对这一语言现象进行了研究，认为“假设和猜想产生于认识的可能性”①。在这种情况下，讲话人并不对句子命题本身的真伪做出评价，而是对该命题赖以存在的情景的可能性做出推测。

二、不确定情景的语言体现形式

在现代俄语的句法语义研究中，句子的主观意义（客观情态意义）被视为句子特有的重要语法语义特征之一。这种主观意义蕴含在句子的述谓性核心之中，并外延性地表达句子的语用信息，表示话语的作者——讲话人对其所述内容的态度。别洛沙普科娃（В.А. Белошапкова）在《现代俄语》一书中，在对句子的句法语义结构进行系统的研究和描述时，对句子的主观意义做

① Булыгина Т. В.，Шмелев А. Д. *Языковая концептуализация мира*. М.，Школа，*Языки русской культуры*，1997，с. 295.

了十分明确的界定："源于讲话人的必需的主观意义是：（1）述谓性（现实性——非现实性）；（2）目的性（疑问性—非疑问性）；（3）可信度（确定性—不确定性）。"[①] 讲话人在生成话语时会依次做出二元对立条件下必择其一的选择：

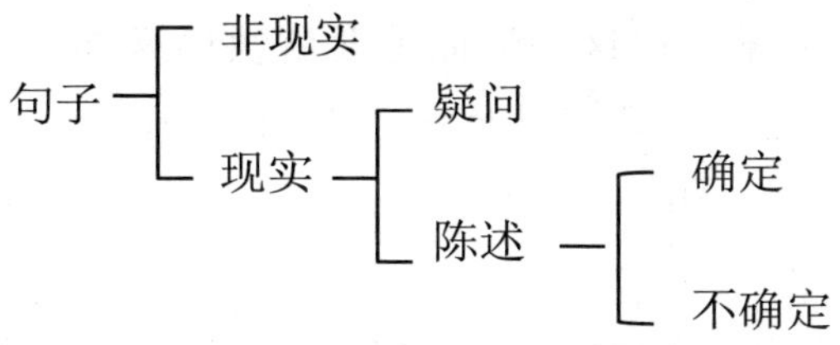

按照邦达尔科（A. B. Бондарко）的观点，在俄语中，句子的情景语义内容结构迫使讲话人在使用符合语法规范的句子传递客观信息时，必须对意义中的这些两元对立项做出必择其一的选择。这种选择代表着讲话人的语用指向和交际目的，但却是不以讲话人的主观意志为转移的，因此，在句法语义研究中被称作客观情态性。正是这些意义的不同结合构成了句子的不同时、态、式等语法范畴。[②] 通过这些语法范畴的语言表达手段的不同组合，表示出讲话人对所述内容的立场和态度，构成确保句子内容自足的最低限度的主观内容含量。

1. 不确定判断句的思维基础

在传统的俄语学研究中，对句子的主观意义的研究通常是与句子的句法语义结构联系在一起的。例如，根据维诺格拉多夫（B.B. Виноградов）句法学理论中关于述谓中心论的观点，

① Белошапкова В.А. *Современный русский язык*. М., *Высшая школа*, 1989, с. 682.

② Бондарко А.В. *Теория значения в системе функциональной грамматики*. М., *Языки славянской культуры*, 2002, сс. 363-367.

讲话人作为外部世界的观察者和思维主体，不能在句子中表现出自己，但必须在句子中体现出他对所观察的客观事物和所思考的问题的态度或立场。[①] 因此，在构建句子时，讲话人必须同时完成三个语言思维运作过程：

（1）使句子要传递的客观内容现实化，即讲话人与话语环境的对应关系，在这一层面上要解决的是句子的时空（Я—ЗДЕСЬ—СЕЙЧАС）现实化问题，例如对 его чтение книги 这一命题的现实化：Он читает книгу.—Он читал бы книгу.（述谓性选择）。

（2）要表达一系列能够进入句子交际层面的主观意义，这是讲话人交际意图在句子中的体现形式，每一位讲话人在对句子命题现实化时必须同时做出目的性选择，例如 Он читает книгу?—Он читает книгу.（目的性选择）。

（3）要表达讲话人对句子内容层面的主观态度，这些主观态度体现为“句子内容可信度”这样的深层结构意义，以“有标记”和“无标记”的对立形式存在于句子中，是每一个句子或所有的句子都必须具有的选择，例如：Он читает книгу.—Он, вероятно, читает книгу.（可信度选择）。

对 Он читает книгу. 这个句子而言，上述三个思维过程的选择组合构成下列层级句式：

第一层级：现实句

第二层级：陈述句

第三层级：确定句 [②]

---

① Виноградов В.В. *Русский язык*. М., *Русский язык*, 2001, сс. 594-599.

② 杜桂枝：《俄语句子逻辑语义结构及相关句式类型》，《中国俄语教学》2009 年第 2 期。

2. 不确定判断句的句法体现标记

不确定判断句是根据句子主观意义中“可信度”这一判据（确定性——不确定性）生成的，表示讲话人对自己所述话语内容的一种不确定的态度。任何句子都在句法结构中含有这一判据，或者是确定的，或者是不确定的。确定句的判据隐含在句子的句法结构中，没有外延的表现。换句话说，任何一个句子，如果没有明确的不确定标记词，那么，它就是确定句。不确定判断句具有外显的表达手段，在句子结构上具有明显的标记，即句子中有插入语结构或语气词成分。

可以充当插入语结构的词或词组有很多，其中只有那些具有一个共同的语义特征——“可能性”的词或词组才能构成不确定意义的插入语结构。带有这些标示词的插入语结构表示出的“不确定性”语义（认识上的可能性），便成了不确定判断句中一个必不可少的、约定俗成的语义涵项（句子中必不可少的常项）。这种语义涵项是句子类型的标志，它既不能被取消，也不能被其他的涵项取代、增补或涵盖。一旦出现这样的使用或组配，句子的内容和句子的类型都将随之发生变化。这就是我们常说的必择其一原则，是话语生成时必须做的选择。

3. 不确定标示词的词汇语义功能指向

不确定判断句的重要标记是，在句子中使用不确定标示词（вероятно，может быть，наверно，возможно，должно быть，кажется，как будто，очевидно，по-видимому，пожалуй，вряд ли，едва ли，неужели）做插入语结构。这些词的语义中都含有语义成分“可能性”：

Вы，вероятно，устали，вам пора спать.（Г. Марков）

这种可能性实质上就是不确定性，同时还表示一种“具有可能性”的假设性判断。试比较：

По годам он, возможно, был старше всех на поляне. Но, может быть, лишь так казалось.（Г. Марков）

所有不确定判断句都有一个共同的特点：讲话人对命题内容的真实性缺少可靠的信息，这也是使用不确定性标示词的一个必需的条件。例如，在俄语中不可能出现这样语义信息自相矛盾的句式结构：

не только может быть, но и точно;

更不能说：может быть и точно.

如果要明确表示所述内容不是可能性的假设，而是准确性的肯定，则应该说：

не может быть, а точно.

三、不确定判断句的语用意向

按照传统的语法理论，在不确定判断句中，插入语不作为句子的主要成分，它的加入不会改变句子的句法结构和意义。然而，作为不确定句中的插入语成分，本身是参与句式类型构建的。从结构语义—语用的角度看，不确定判断标示词（插入语成分）在与句子的命题内容组合时，不会改变命题真值，也不会形成新的命题，但却添加了不同的语用功能，形成另一种特殊的句式类型，以便表示不确定性这一特殊的话语行为。从认知—交际的角度看，这类插入语作为句式的标记之一，不仅不是可有可无的，而且是十分重要的、必不可少的。它的重要性在于：

1. 改变了句法结构必须承载的句子主观意义结构

没有插入语的句子是确定句式，表示讲话人的确定性主观态度；加进了插入语后，改变了句子原有的主观意义——变成了不确定句式，表示讲话人不确定性的主观态度。

Дождь идет.——讲话人的确定判断。

Кажется，дождь идет.——讲话人的感觉，不确定的判断。

Так душно，может быть，дождь скоро будет.——讲话人凭着自己的感觉做出的一种不确定的推测。

2. 改变了句子的语用意向

在没有插入语的句子中，讲话人的目的是要把自己确切知道的信息传递给对方，同时表明自己对所述信息的确信态度；加进了插入语后，讲话人的话语意向性明确地发生了变化：或者讲话人不想明确告诉对方，这个信息是否可靠；或者讲话人自己真的对自己所述信息内容不敢确定、不能肯定。

在这种情况下，做这样的假设性推测的目的是让话语交谈对方对所述推断的可能性予以注意。这种话语行为的意向功能表现在两个方面：

（1）当交谈对方不了解所述情景的实际情况时，他会接收这一不确定的可能性，并在接下来的话语过程中予以关注。例如：

Он уж，наверное，хорошо говорит?－спрашивал Петр Петрович о сыне.（К.Федин）

（2）如果谈话对方知道事情的真实情况，他会依据话语合作原则，将真实情况告诉讲话人，不会让他继续不知情。例如：

Он пропал куда-то，вот мы боимся，не случилось ли чего-нибудь.

А что же может случиться?－спросила она.

Может，заболел?－предположил я.

Ах，может，заболел!－воскликнула она.

Нет, не заболел. Сегодня Михаил Степанович встретил его в городе. (Ю. Домбровский)

А может, не так все было? Может, ждали они ее? … Может, не он на них охотился, а они на него?" (Б. Васильев)

四、不确定判断句的间接话语行为功能

不确定判断句不仅在句法层面改变了句子的句式结构，改变了句子的语用意向，而且还可以完成具有某种意向性的话语行为。

1. 表示疑问意义的间接话语行为

需要强调的是，由表示不确定判断意义的词汇参与构成不确定判断句，这种句子的语义结构中既含有疑问的语义，也含有不确定的可能性语义，在使用情景中可以弱化疑问的强度，表示委婉的主观推断，例如：

Может быть, ты хочешь отдохнуть?

Вы, должно быть, устал?

Ты, наверное, читал Пушкина?

在这种情况下，不确定的意向性相当于疑问的意向性，讲话人期待的是对方能提供新的信息，在书面形式中句尾常使用问号。试比较：

Он пришел?—Возможно, он пришел?

—Кажется, он пришел?

—Может быть, он пришел?

Вы знаете английский язык?—Вы, должно быть, знаете английский язык?

У вас есть англо-русский словарь? —У вас, наверно, есть англо-русский словарь?

虽然这种假设判断句起到了疑问句的功效，但仍不能把它与疑问句等同起来。它们之间的差别在语义上，甚至在语调上都可以区分出来。什梅廖夫认为，可以把这类句子称作“间接话语行为”①。一般疑问句也有类似的情况，加上具有不确定判断意义的词汇后，构成了与原句子本质上完全不同的特殊的复杂意义，其意向性在于消除纯疑问句结构意义中的直白特征，进而形成一种复杂的、不确定的可能性。这类句子的目的与其说是征询新的信息，不如说是检验所得信息的可信度（确定 / 不确定）。对于类似的情况，什梅廖夫不作为疑问句来对待，而仍然看作具有疑问功能的不确定判断句，也就是“间接话语行为”。

2. 表示祈使意义的间接话语行为

不确定判断句具有另外一种“间接话语行为”功能——可以用来表示希求、建议、提议等意义：

Может быть, ты сходишь за книгами?

Может, не будем об этом говорить?

值得注意的是，在这类句子的末尾都标有疑问符号，但这并不意味着这种不确定判断句在完成疑问句的功能。俄语中，把疑问句用作祈使句是有一定的约束条件的：在疑问句中一定要有否定语气词。试比较：

Ты не сходишь за книгами?

Ты не мог бы сходить за книгами?

与纯粹的祈使句相比，它们之间还是具有明显的语义差别的。无论是疑问句，还是不确定判断句在表达祈使句意义时，

① Булыгина Т. В., Шмелев А. Д. *Языковая концептуализация мира*, сс.295-296.

其希求的语义要弱一些，语气要委婉一些。试比较：

А может быть，тебе стоит уйти на пенсию?——具有祈使意义的不确定判断句

Не уйти ли тебе на пенсию?——具有祈使意义的疑问句

Может，не будем обсуждать этот вопрос?——具有祈使意义的不确定判断句

Не отказаться ли нам от обсуждения этого вопроса?——具有祈使意义的疑问句

五、不确定判断句的情景语义制约性

阿鲁玖诺娃（Н.Д. Арутюнова）从语义逻辑分析的角度对表示不确定意义的词汇在句子构建中的作用和行为进行了分析，认为句子的生成要满足两方面的条件：一是根据称名与思维客体相辅的原则选择称名，二是根据情态与讲话人对事态的了解相对应的原则选择所用情态[①]。按照阿鲁玖诺娃的这一观点，根据所述信息来源的不同，讲话人在叙述句子的客观内容的同时，必须做出相应的情态选择。研究表明，不确定性标示词受其语义的制约，对适用范围和语境有一定的选择要求。因此，在这个意义上可以说，讲话人不确定性情态的选择，实际上最终体现为是对不确定性情景与标示词汇的选择。

1. 有信息来源的情形

不确定性判断的话语行为条件是讲话人不知道事实真相，所述信息或者来自第三方，或者只是自己的亲身感受，但由于某种原因

① Арутюнова Н.Д. Модальные и семантические операторы. // *Облик слова*. М., *Русские словари*，1997，с. 22.

不能确定。例如，如果有人告诉我们说：Сергей уехал в Санкт-петербург. 当我们要把这一信息传递给第三方时，我们可以说：

Кажется，Сергей уехал в Санкт-петербург.

Сергей，как будто，уехал в Санкт-петербург.

Сергей，вроде，уехал в Санкт-петербург.

但不能说：

Может быть，Сергей уехал в Санкт-петербург.

虽然不确定性标示词和对源于他人的信息的不确定判断的标示词（кажется，как будто）都表示不确定判断，但不能互换使用。如果用一组词代替另一组词，那么，句子的意义就随之发生变化，试比较：

Его мать，наверно，была красавицей.（表示一种推理判断：譬如，看到他妈妈上了年纪后的样子，推理她年轻时可能很漂亮）

Его мать，кажется，была красавицей.（表示一种传闻：听说，他妈妈年轻的时候很漂亮）

前一个句子中的判断是讲话人凭借自己的经验和对客观世界的概念化知识得出的，后一个句子则表示一种从别处得来的信息，而且讲话人对这一信息并非百分之百的确信，只是把这样的信息转告给第三方。

2. 在凭自己的直观感觉获得信息的场合

直观感觉有可能只是外观上的表面现象。哲学的观点认为，感觉并不是以确信为前提的，它可能只是一种假象。但这种不确定性是可以改变已知特征的：感觉上的不可靠让位于认识上的不确定，因此，感觉获得了“可能性”的意义。从这个意义上讲，感觉和假设的语义相近，但感觉的痕迹仍然明显可见。所以，有些不确定性标示词不能与表示自己不确定的直观性感觉的标示词互换使用。例如，当你走进一个房间，感觉到房间里有煤气味时，在正常情况下不能说：

Наверно，здесь пахнет газом.

再如，当你感觉很热时，同样不能说：

Должно быть，здесь жарко.

因为从人的正常认知过程来讲，人对自己亲身感受到的情况应该做出准确的判断，如感受到了热就是热，没感受到热就是不热，不可能有实际上是热的，但讲话人没有感受到而需要做出猜测判断的情况。如果由于某种原因，讲话人对自己的感受不敢肯定，或要表示一种婉转的语气，他可以说：

Кажется，здесь пахнет газом.

Здесь，как будто，жарко.

这两种情况虽然都表示不确定判断，但它们的认知过程的判断依据和出发点都不同，所以传递的语用信息也是不同的。例如，接听电话时的情形：当听到电话铃响，而你还没有拿起话筒时，你可以说：

Наверно，это звонит декан.

而当你拿起了话筒，听到了对方的声音时，你只能使用表示直观感觉的判断词：

Кажется，это звонит декан.

对这两个句子的认知过程进行分析，可以发现：前一个句子虽然没有直接的信息来源，但在具体的使用中，一定是有某些前置预设条件的，譬如说，你正在等主任的电话；或者，你事先知道主任有某件事需要向你安排或询问等，你做出的判断是假设、推测性的；而后一个句子传递的是讲话人在听到对方声音后，对自己感觉的不确定。

3. 带疑问代词或带疑问词 ли 的疑问句

疑问句的意向目的是要获得新的信息，这时候讲话人话语行为的意向性是确定的，也就是说，在疑问句中蕴含着确定性的目标语义："对某事不知道，并希望获取有关信息"。因此，在这种情景中不能使用表示不确定意义的词汇。例如，我们在发问的时候可以说：

Кто пришел?

但不能说：

Кто，пожалуй，пришел?

Куда，может быть，ты?

Есть ли у вас，вероятно，англо-русский словарь?

Знаете ли вы，должно быть，английский язык?

4. 表示命令、希求、祈使意义的句式

含有"可能性"意义的词汇做插入语时可以看作表示不确定性意向的标示词，这些词汇是具有特别意向性的一种参项。而命令式则是表示目的明确、态度强硬的表达句式，它们具有另一种独特的意向性标示结构。因此，不确定性意向不能与表示命令意义的祈使意向兼容并存，也就是说，不确定性插入语结构不能与命令式形式同时使用，譬如不能说：

Вероятно，сходи за книгами！

希求和祈使意义表示的是讲话人期望的一种非现实的存在，在这种意义中不含有不确定语义成分。因此，祈使意义和假设性不能在句子中构成符合逻辑和命题意义的现实情态意义，譬如不能说：

Вероятно，сходили бы за книгами！

认知语义研究表明，外部的客观现实反映在人的大脑中，既是一个思维过程，也是一个知识的积累过程。人的头脑中的知识和对外部世界的反映通过语言体现出来。因此，人的自然语言行为不仅与外部世界相联系，而且与人的大脑的内部思维机制，与世界的语言图景及对世界的概念化相关联。因此，在语言交际过程中，确定和不确定的判断无时无刻不在发生。在使用确定/不确定判断句时，每一个讲话人都会根据自己对外部世界的认识、语言文化知识、社会生活背景以及交际环境等因素做出确信程度的判断，选择能表达自己的主观评价色彩的语言手段。

（原载《中国俄语教学》2012年第2期，有改动）

从逻辑语义分析视角探究句子的歧义现象

一、引论

关于句子的逻辑语义研究，最早是由索绪尔的学生、《普通语言学教程》的编者之一薛施蔼（A. Sechehaye，Альбер Сеше）在1926年出版的《句子的逻辑结构概论》中提出来的。薛施蔼从一开始就宣布："我们会把形式方面的语法问题搁置一旁，只研究与概念相关的问题，也就是句子的逻辑和心理问题。"[①] 用更现代的术语表述，这位瑞士语言学家研究的不是句法结构的形式方面，而是语义方面。

在《句子的逻辑结构概论》这部著作中，薛施蔼提出了一系列新颖的论点、概念和研究方法。其中最著名的概念是区分出了主体和述体。他认为，这并不是单纯代表某些形式语法特征的形式概念，而是一个逻辑概念，一个心理学概念。只有当有主体存在时，一个句子才能够成为传递各种不同思想的有效的手段，而且思想的"运动"一定是沿着从主体向述体这样一个方向进行。[②] 他还强调指出，无论如何也不能把主体和述体的关系划归到纯粹的主从关系中，这种关系是完全特殊的一种关系，同时也是非常重要的一种关系。[③]

① Альбер Сеше. *Очерк логической структуры предложения*. М.，УРСС，2003，с. 19.
② Альбер Сеше. *Очерк логической структуры предложения*. М.，УРСС，2003，с. 46.
③ Альбер Сеше. *Очерк логической структуры предложения*. М.，УРСС，2003，с. 11.

在一系列的研究和理论构想的基础上，薛施蔼提出了独到的句子分类：把句子划分成两种类型——“概念句”和“意义句”。概念句具有一个核心，而意义句则有两个核心：主体和述体。薛施蔼的这种划分不是形式上的，而是内容上的，首先是与人的心理紧密联系在一起的。

然而，在结构主义语言学和形式主义语言学占统治地位的20世纪前半期，薛施蔼的这些关于句子的逻辑意义的语言学理论和思想并没有产生应有的作用和影响。直到20世纪60年代末70年代初，语言学研究才意识到，句子作为交际手段在语言中的特殊地位和功能，随之语义学研究也被推到了语言学研究的重要位置。随着句子的结构语义研究的深入，句子的逻辑语义分析成了句法学研究的一个重要组成部分。

二、句子的逻辑语义结构

句子的形式结构和语义结构分析表明，按照某一称名模式构建的句子，会由于词汇的不同而生成各种各样的命题形式和内容。语言学家们对大量的句子命题结构进行归纳，概括出数量有限的逻辑语义结构类型。

逻辑语义结构是在句子语义研究的基础上对按照一定称名模式生成的句子的命题内容进行的抽象和概括，用高度抽象的逻辑概念来代表某一种句子命题类型。句子命题内容的发展和表述上不同，逻辑结构类型亦不同。逻辑结构类型的划分，主要是根据命题内容在句子中的形式和发展走向确定的。命题内容成分的所指关系是研究句子命题内容的先决条件。

所指关系一词源于拉丁语（refere），表示“通知、通报”的意思。在语言学中表示词与词所表示的实际内容之间的关系。在语言中，一个实义词可以对应几种外部现实，也就是说，一个词可以与外部现实构成多种对应关系，这种对应关系就是这个词的所指关系。

名词作为语言符号单位，其基本功能是称名。一个称名单位在语言实践中常常对应不同的语言外情景，有时表示具体客体，有时表示抽象客体，有时表示概念性客体，有时表示集合客体。例如：

Этот дуб был посажен еще в прошлом веке.

Есть у нас в парке один дуб, он был посажен еще в прошлом веке.

Дуб растет очень медленно.

Это дерево—дуб.

分析上述句子可以看出，дуб 一词在不同的句子中的所指关系是不同的：第一个句子中的 дуб 指的是一个具体的物体，这一物体是讲话人和听话人都知道或讲话时刻俩人都能看到的物体。第二个句子中的 дуб 同样是指具体的一个物体，不同的是，这个物体只有讲话人知道，而听话人不知道。第三个句子中的 дуб 是一类物体的集合称名，表示这一类物体的特征。第四个句子中的 дуб 表示的是物体的称名概念。在研究句子逻辑语义时重要的是区分命题成分的不同所指关系。这里主要论述具体所指关系和概念所指关系。

1. 具体所指关系

具体所指关系是指，词（通常是名词）应该表示语言外严格限定的实际物体。如果一个具体的名词可以表示现实物体（человек，велосипед，яблоко，машина，дом，здание 等），那么，想要表示出具体所指关系，就必须在讲话时刻对谈话双方都是已知的物体，也就是说对某一物体有一定的限定。要使一个名词具有具体所指关系，就必须使这一名词与实际中的某一具体物体等同起来，对应起来。表示具体所指关系的方法有：

（1）专有名词：语言中存在的一种名词，专门用来与某些实际物体对应。换句话说，是某种物体的唯一的称名，故叫作专有名词：ООН，Пекин，Китай，Россия；

（2）指示代词 этот，эта，это；

Этот дом старинный.

Этот человек—мой учитель.

（3）用典型的永久性 / 非永久性特征把词汇的所指与实际事物对应起来：

седой человек，человек с голубыми глазами，человек в сером костюме，человек с бокалом в руках 等；

（4）用物体的处所特征来限定词汇，使其与实际事物对应起来，构成限定、具指、等同关系：

человек в кресле，стол у окна，яблоня у забора；

（5）用从属句表示某一特征，限定和修饰某一物体，使该物体与其他物体区分开来，获得具指关系：

человек，который сидит в кресле；

человек，который только что вошёл；

在实际的语言中可以使用一个特征，也可以使用几个相互并无联系的特征来限定一个具体的所指：

Сидящий на диване седой человек в сером костюме с бокалом в руке—знаменитый ученый.

上述方法使词与它所指称的实际物体对应起来，以便使讲话人和听话人都明白指的是什么。在实际交际中，这种具体所指通常是在讲话人和听话人直接参与的场合下进行的，这时候具体所指关系很简单：当走过一座老房子时，讲话人可以指着它对听话人讲：

Этот дом построен в начале 19 века.

2. 概念性所指关系

概念性所指关系是对语言外现实进行抽象思维和逻辑概括的结果，它与语言外的现实没有对应关系，而是与对现实的思维想象和知识范畴发生对应关系。

这种概念性所指关系具有集合特征，通常指一类物体具有的共性的特征或特点。概念性所指可以有限定成分，其功能是缩小概念的范围：растение—тропическое растение—кустарниковое растение.

概念性所指关系的典型语言特征有：

（1）表示概念性所指的词汇不能与指示代词 это 搭配；

（2）一个词的概念性所指关系可以通过词典的释义来了解和认识，而具体所指不仅要借助于词典，而且还必须找出该词与外部现实对应关系的指示特征，才能阐释该词的具体所指关系：

Это растение является тропическим растением.

具体所指　　　　　　　　　　概念所指

概念性所指关系是人类认知的基础，是人的认知库中储存的各种知识的框架。具有一定思维能力和认知能力的人，通过学习可以间接地掌握这类知识，在头脑中形成概念，储存在认知库中。

所指关系是逻辑语义学分析的一个重要概念和区别特征，也是语言学中句子逻辑结构类型划分的重要依据。

三、歧义句的逻辑语义分析

词汇作为语言词汇体系中现成的、可以不断重复使用的语言单位，我们无从去评价它本身是对还是错。对于进入语言词典中的词汇，只有它在为了表示现实中的某一事物和现象而组成句子时，我们才能说它在具体的语言环境中的使用是否正确。换句话说，词汇离开使用它的上下文，就不存在本身的正确与否的问题。而对于句子这种由人创造的复杂的交际单位而言，常常会出现由于句子成分意义指称关系的错搭造成的句子歧义现象（逻辑语义错误）。本文尝试用逻辑语义分析的方法来解释句子歧义现象。

句子的歧义问题由来已久。这一现象不仅引起了语言学家的关注，也引起了逻辑学家和哲学家的兴趣。句子的歧义类型有许多种，其原因各不相同。这里只分析句子组成要素在深层语义关系上的矛盾造成句子的某种歧义。

1. 句子语义预设错误造成的逻辑语义错误

有一个业界都熟悉的俄文例子：Нынешний король Франции лыс（1）. 显然，这个句子是不真实的，但又不能简单地说它是虚假的，因为按照逻辑学规则，如果我们把它定为虚假的，那么，它的否定形式 Нынешний король Франции не лыс（1a）就应该是真实的。事实上，无论是句子的肯定形式（1）还是否定形式（1a）都不是真实的。我们求证一下。根据句子逻辑语义类型的划分，Нынешний король Франции лыс 这个句子是一个说明句，研究逻辑形式和逻辑结构使我们得知，任何一个说明句都预设有一个存在句隐含其中：Нынешний король Франции лыс（1）中暗指“В настоящее время во Франции есть король（2）和 Он лыс（3）”。其中句子（2）是隐含在句子（1）中的存在句，是句子（1）的语义预设部分；句子（3）是一个确定说明句，是句子（1）的判断部分。由此可以得出：如果一个句子的语义预设不真实，那么，句子的判断结果也是不真实的。因此，给句子中根本不存在的主体（法国国王）添加了某种特征（是秃子），得出的判断就是错误的。如果在话语世界和现实世界中不存在某一物体，则没有意义去讨论该物体的性能或特征。

2. 句子成分之间语义矛盾造成的逻辑语义错误

俄罗斯语言学家科博泽娃（И. М. Кобозева）曾在《语言语义学》[①] 一书中举过一个例子：Муж Ирины— холостяк. 这个句子同样是一个歧义句，要解释它的歧义所在，并不需要去弄清楚现实世界中是否存在有该句子所描述的事情，只要去分析句子的逻辑结构和对句子成分进行语义注释，就可证明该句子的歧义。

首先，Муж Ирины— холостяк 是一个等同句。等同句的典型特征是，句子的主语和谓语同指一个事物，即句子的句法结构关系中这两个词对应的是同一个实际对象。而且，主语中有限度成分 Ирины，使 муж 被具体化，因此体现出来的是具体所指关系，而由概括性的范畴词充当的谓语体现出来的是概念性所指关系。来看这个歧义句中 муж 和 холостяк 这两个词的语义注释：

муж— “男子、已婚”；

холостяк— “男子、未婚”。

根据注释可以明确地判定，去掉注释中的相同部分“男子”，剩余的两个词“已婚、未婚”表示了相互矛盾的两种社会属性，这两种本质不同的属性不可能同时出现在一个客体身上。通过

① Кобозева И.М. *Лингвистическая семантика*. М.，УРСС，2000，с. 203.

句子的逻辑结构类型和词汇语义分析表明，Муж Ирины—холостяк 这个句子的歧义在于，句子的主语和谓语同指现实中的一个实体，而表示实体的两个词汇的语义信息在逻辑上是对立的：如果是丈夫，表明是已婚男子，因此就不可能是单身汉，也就是说，一个具体的人，他或者是已婚（处在婚姻状态中），或者是未婚（不处在婚姻状态中），二者必择其一，不能兼而有之。分析至此，我们可以很确切地判定，这个句子是歧义句。

3. 句子谓词语义配价缺失造成的逻辑语义错误

语义配价是词汇为满足自身命题和语义完整而必需的深层语义支配关系。譬如，动词 снять 在表示“租赁”意义时，其词汇意义本身含有五 个语义要素，也就是说必须具有以下五个配价：（1）出租人；（2）租赁人；（3）租赁的客体；（4）价格；（5）期限。在实际的语言交际中，讲话人可以根据交际目的和意图决定实现几个配价，但表层配价的不实现不会影响句子的正确性和交际目的的完成。譬如：

Хозяева особняка с четырьмя спальнями（1）уже объявили, что вскоре его（3）можно будет снять за относительно умеренную плату（4）.

Сам принц（2）платил за проживание 750 фунтов（4）в месяц（5）（*7 ДНЕЙ* 2013，№ 39: 4）

在第一句中，实现了（1）出租人；（3）租赁的客体（особняк）；（4）价格。

在第二句中，实现了（2）租赁人；（4）价格；（5）期限。这是描写英国王储威廉在服役期间租房子的一个语段。讲话人根据交际意图的不同，在两个句子中分别实现了不同的语义配价，在这个具体语境下没有被实现的配价，并不影响句子意义的传达和读者的理解，也就是说不会造成句子的歧义。

语义配价缺失是指，由于句子某个成分与谓语动词语义配价发生矛盾，使该动词的某个语义配价没有得到实现，因而动词的语义完整性受到影响和消解，从而造成句子歧义。看一个例子：在某一著名景点的入口处的一个摊点前写着“免费出租照相机”。这个句子就是我们所述类型的歧义句。

这个句子的歧义在于“免费”与“出租”一词的语义配价（4）发生了矛盾。在“出租”这个词的语义中，通过5个配价转换出来的深层语义是“租赁人付费使用出租人某一物体若干时间”。在进行语义分析时，我们得知，在“出租”一词的语义结构中，5个配价都是必需的且不可或缺。缺少配价（1）—（3）中的任何一个，该行为动词的基本语义结构无法成立，而缺少配价（4）和（5），动词的词汇意义就会发生变化：在前三个配价确定的情况下，如果缺少了配价（4）得出的深层语义是“租赁人不付费使用出租人某一物体若干时间”，转换成表层语义就成了“借用”；如果缺少了配价（5）得出的深层语义是“租赁人付费无限期使用出租人某一物体”，转换成表层语义就成了“购买”。而在上述句子中，免费就是不付费，转换到深层语义中就变成了“游客可以不付费使用出租人的照相机若干时间”。这个句子的歧义是显而易见的，在实际的经营中摊主是如何付诸实践的，不得而知，很可能只是一种经营策略和广告手段罢了。

4. 句子成分的词汇语义范畴矛盾造成的歧义

例1：新华社2009年9月5日的一条新闻：据美国媒体报道，前驻伊美军101空降师士兵史蒂文·格林因被指控于2006年奸杀1名伊拉克少女及其3名家人，4日被美国肯塔基州地方法院以强奸罪、谋杀罪等罪名判处5个无期徒刑（新华网2009）。

这一段新闻报道中有两个歧义现象：第一个歧义在于动词“奸杀”的作用域界线不清造成的混乱，是奸杀了一名伊拉克少女并杀害了3名家人，还是奸杀了4个人，这样的表述是不清楚的。这样的歧义其实是属于语言搭配的表层修辞错误，通过修改是比较容易消解的。

句子的第二个语义错误不在于句子结构框架上有逻辑上的矛盾，而在于句子某一成分与其限定性扩展成分在深层语义范畴上不匹配。根据一般的法律常识，所谓无期徒刑是指刑期没有终止时间，也就是说在时间轴上没有节点，直到生命结束为止。换一种说法，只要服刑的罪犯活着，刑期就会一直继续。因此可以说，无期徒刑是一个不可计量的时间单位，那么给一个不可量化的时间单位加上准确的数量词，造成的歧义是：无期是多长时间？5个无期又是多长时间？如果罪犯的自然死亡标志着无期徒刑结束，那么剩余的4个无期对于已经不在人世的人的意义是什么？也许这只是为了表示美国刑法之严厉。

例2：Вода в озере была совершенно голубоватой.

这个句子与上句情况相似，也是深层语义范畴上错位构成的逻辑歧义句。但是它们之间存在某些不同：前句中的歧义更应该理解为是违法的人的正常思维，正如前面已经分析的那样，表面上看它并没有违反语言规则，只是由于在语义范畴上的矛盾，使人在特定的语境中可能得到能令人费解的解释，这样的解释超出了人们对世界的一般性认知常识。本句中的歧义点在于，它本身具有纯语言错误的性质，而且，语义中的这种歧义更具隐蔽性，需要对词汇语义和构词语义进行更深层的分析。如果说，在句子 Муж Ирины—холостяк 中，“X已婚”和“X未婚”在意义上的矛盾完全是由词汇 муж 和 холостяк 的表层语义表示出来的，那么，在 Вода в озере была совершенно голубоватой 这个句子中，由程度副词 совершенно 表示出的是“X 的特征的程度——完全”，由语法手段，即构词词缀 -оват 表示出的是“X 的特征的程度——不完全”、“有点儿”。这个句子的歧义在于，由词汇手段表达的语义和语法手段表达的构词语义在逻辑语义上发生矛盾：“湖里的水曾经完全有点深”。这种矛盾是多种不同意义同时并存造成的，且常常被忽略的是构词语义对词汇整体意义的影响。

四、结语

句子歧义的类型各有不同，对其中的一些（如语义矛盾、同义重复、范畴意义不搭配和修辞意义不匹配等）歧义现象，可以不依赖上下文语境，仅根据句子的意义，在语言的语义理论范畴内就可以解释。这类句子的可解释性在于，语义学理论可以对这类句子的意义做合理的注释和描述，使我们能很准确地判断出歧义的根源。

阿普列相（Ю.Д.Апресян）在分析了各种歧义句的根源和差异后，发现歧义句中相互矛盾的语义成分在语言编码手段上的差别与这些成分的地位和作用的差别有一定的关系。如果逻辑矛盾是实义词词汇意义造成的，则应该看作表层语义上的逻辑错误，而不是纯语言错误[①]。因此，可以说，对于句子意义中非常明显的逻辑错误，无论是语义矛盾、同义重复、还是范畴意义或修辞意义的不搭配，借助于一定的额外的辅助性条件和手段都可以克服，消除歧义。而那些在句子的语义结构中隐藏很深且不易

① Апресян Ю.Д. *Интегральное описание языка и системная лексикография*. М., Языки русской культуры，1995，сс. 598-628.

被发现的逻辑错误，往往可能把读者引入死胡同，似乎可以感觉到有不正确的地方，但又无法确定歧义点在哪里，也就是说难以准确判定和修正它。句子中这样的逻辑矛盾构成的是纯语言上的歧义，是语言语义学研究中需要特别关注的歧义现象。

（原载《中国俄语教学》2015 年第 1 期，略有删改）

语义维度

再论动词语义配价、支配模式与句子题元结构

在现代句法学研究中，“动词中心论”的研究理念日益受到学者的关注。在俄语句子中使用最多的谓语形式是动词，动词本身的变化形式可以独立表达句子所需要的全部语法意义，是句子述谓性特征的主要载体和表现形式。同时，动词拥有的词汇意义和语法意义——时、式、人称等语法范畴，把句子命题内容与话语表达的现实语境联系在一起。在双成分句中，谓语作为与主语相对应的主要成分，其本身包含着普遍的特征性意义（主要描述行为、状态、关系等），同时具有“过程性”等深层结构语义特征。

句子的述谓性是词汇与语法相互作用的一个深层句法学领域，其中最主要的是述谓动词的句法联系手段和语义配价性能，句子的句法结构正是由进入句子的动词词位的语法性能和语义特征决定的。动词的句法搭配能力是指，句子中述谓动词语义性能与语法性能相互作用的共性规则，这些规则作用在词汇和语法的交叉层面上，形成了词汇（述谓动词）语义配价、支配模式和句子题元结构等理论概念。

一、动词的语义配价

配价理论是现代语义学研究中的一个重要理论，是词汇语义

分析层面的重要考察指标和参数。

配价（валентность 源于拉丁语 *valentia/ valens* ，*valentis*—“能力，有力的”）这一概念最早由著名苏联语言学家卡茨涅里松（С. Д. Кацнельсон）于 1948 年引入语言学，用于表示一个词与其他成分建立句法联系的能力，称作该词的配价。随后这一概念被法国语言学家泰尼耶尔（L. Tesniere）引入西欧语言学中，用来表示词汇的搭配能力，并据此提出了“动词价”概念和理论，用来区分动词的语义搭配性能，得到了语言学研究的广泛应用①。

1. 关于语义配价

动词的语义配价是词汇语义层面的概念和术语，帕杜切娃在解释分析“情景参与项”时指出：“……应该注意区分在词汇和句子中的不同界定，动词的‘句法题元’只能出现在句子中，而动词的‘语义配价’只能存在于词汇中。”

语义配价特指满足该动词词汇语义完整性所必需的语义要素，其原理如同化学分子式的配价模式：要满足一个分子的存在与平衡，其原子成分的价位必须保持相应的数量。譬如：CO_2，H_2O 等。同理，一个动词语义结构中的义素成分也必须满足词汇意义的需求。一个词的语义配价成分是通过对该词表达情景的分析来确定的，譬如：

Он читает книгу.

俄语动词 читать 要表达“读”的意义必须满足两个义项：一个是有“读”这一行为能力的主体，另一个是满足动词行为要求的语义配项，即必须是由可读的物体（书、杂志、报纸等）作为

① *Лингвистический энциклопедический словарь*. Глав. ред. В.Н.Ярцева，М.，Советская энциклопедия，1990，с.79. Падучева Е.В. *Коммуникативное выделение на уровне синтаксиса и семантики*，*Семиотика и информатика*. М.，Языки русской культуры，1998，вып. 36，с. 87.

客体。再如：

Иван Иванович едет из Москвы в Петербург.

在这个句子中，动词 едет 将主体的位移运动与两个表示地点的城市名称联系在一起，揭示运动动词语义配价特性，即运动动词必需的语义配价——“起点”与“终点”，此外，едет 这一运动动词的语义中还暗含着运动方式——“乘坐交通工具”的语义成分，并通过动词的“体”、“时”和“态”等语法范畴体现出行为主体 Иван Иванович 与两点（这两个城市）之间存在的现实关系：表示“当下（讲话时刻）他正乘车从（из）一地到（в）另一地”的深层语义关系。

2. 动词的价位与功能体现

动词的语义配价取决于其词汇语义类别，一个动词有几个语义配价，就可称为几价动词。根据词汇语义类别的差异，可以将动词区分出：

一价动词：спать，белеть 等——在词汇语义中，只需配位行为主体即可构成动词的语义自足性；

二价动词：читать，любить——除行为主体外，需配位行为客体，才可构成动词的语义自足性；

三价动词：дать，учить 等——除行为主体和客体外，需配位第二客体（行为的受体），才可构成动词的语义自足性；

四价动词：продавать，ездить 等——除行为主体、客体和受体（运动动词的起始和终点）外，需配位行为的介质（货币，乘车 / 船），才可构成动词的语义自足性；

五价动词：арендовать，снять 等——除行为主体、客体、受体和介质（货币）外，需配位行为的期限，才可构成动词的语义自足性。

可见，动词的语义配价与动词的词汇语义类别是紧密相关的。

动词词汇语义决定动词的语义配价能力，配价能力决定该动词的支配模式，支配模式决定句子的题元数量和结构，进而决定句子的形式结构模式。

二、动词的支配模式

“支配模式”这一概念最早是由莫斯科语义学派创始人若尔科夫斯基（А.К. Жолковский）和梅里丘克（И.А. Мельчук）在1967年提出的，阿普列相最初将其解释为“在从语义概念向深层句法结构转变阶段上，最先出现的某些元素（至少自然语言中大多数词汇单位中都会出现的元素），在语义语言中构成话语生成的组合规则”，这种规则就是“词汇注释与支配模式的对应关系，支配模式应包括该词的深层句法性能和语义配价”[①]。

动词的支配模式是词汇的语义—语法交叉界面上的概念，是动词语义配价在语法层面的具体体现形式。动词支配能力在逻辑语义结构模式的形成中起着决定性作用，这种支配能力是由动词的词汇语义配价类型决定的，词汇语义配价类型的基础逻辑概念决定了动词的支配模式类型。

1. 支配模式与语义角色

动词支配模式是指词义中关于结构语义搭配信息的句法形式体现。词汇的结构搭配性能，首先是指其积极的语义配价，即它有能力联合结构上对其具有逻辑依赖关系的词汇。词汇意义注释中的语义变量对应该词的语义配价，当词汇语义配价转换成词

① Апресян Ю.Д. *Лексическая семантика: Синонимические средства языка*. М., Языки русской культуры，1995，с. 119.

汇的句法组合性能时，该词的逻辑语义关系就转换成了句法支配模式。保证一个词词义自足所必需的结构语义角色的组合，就构成了该词的支配模式。

动词的语义配价和支配模式，正确诠释出从词汇意义向深层句法结构转换的路径和手段。从语义层面讲，在这种转换过程中，该词汇的语义配价转换为支配模式中的结构语义角色。阿普列相在词汇语义研究中区分出主体、契约方、客体等25种语义角色。[①] 这些语义角色会根据动词词汇语义的要求，出现在不同的支配模式中，譬如动词 покупать 的支配模式就要求必须包括这些语义角色：主体角色（кто——买方）、客体角色（что——东西）、契约方角色（у кого——卖方）、第二客体角色（за сколько——多少钱）等。没有这些成分就无法解释 покупать 词义的语义特征。譬如，在句子 Я купил у соседа книгу за тридцать рублей 中共有四个结构语义角色，只有这四个成分共同存在并有机组合在一起才能表示出“买”的词义，如果去掉 за сколько 这一价格角色就无法区别“买”（покупать）和“拿”（взять）的差别；而去掉卖方这一角色，则买卖的行为就无法实现，因为没有“卖”就无法进行“买”的行为了。

当动词语义配价转换成其支配模式时，并非所有的语义配价要素都被选入支配模式，而是依据动词语义中行为的主要范畴特征，选择逻辑结构中最先出现的可支配的必需义素，即“向深层句法结构转变阶段上最先出现的那些元素”，构成该动词的支配模式。以 покупать 为例，虽然它拥有 4 个语义配价，但在其支配模式中只选择了“客体——O”这一语义角色，形成该动词的支配模式：~ что 的句法形式。因为行为主体角色（S）是这类动

① Апресян Ю.Д. *Лексическая семантика: Синонимические средства языка*，М.，Языки русской культуры，1995，с. 125.

词支配模式中的必配元素，故在表层支配模式中无须再现出来，还原成逻辑语义结构模式，构成主体 + 述体 + 客体（S+P+O）的深层逻辑语义结构模式。

2. 支配模式与结构模式

动词的语义类别决定了其语义配价的数量，而语义配价按支配模式的对应方式直接转换成语义角色，并通过支配模式的结构关系在句子中得以实现。

当动词支配模式转换成句子表层称名结构模式时，进入支配模式的所有语义配价要素，即语义角色都应该进入称名结构模式。譬如，句子 Студент читает книгу 中，各个成分以不同的语义角色进入动词支配模式，构成句子的称名结构模式：N1+Vf+N4...n 形式。在脱离上下文的情况下，该支配模式尽最大可能给句子提供了满足信息完整所必需的语义角色成分。换句话说，动词的语义配价数量会直接影响句子的结构模式及其语义变体形式。以叙述说明句为例，根据动词语义配价数量差别，分析支配模式与结构模式的对应关系：

（1）一价述体叙述说明句

在这种说明句型中，动词为非及物动词，其支配模式中只有主体角色，结构模式为最小结构模式：N1Vf 形式。

这种句式通常描述行为主体的有意识或无意识的行为，如：

Старушка дремлет.

Лампа горит.

Сад цветет.

从这些例句可以看出，一价动词构成的说明句与最小结构模式完全吻合，也就是说，这类动词只要求匹配主体词位即可满足句子的命题需求，构成语义完整且符合语法的句子。

充当句子主体成分的，可以是不同词类和不同语义类别的词汇：人称代词、表示人物的名词、具体名词、集合名词、抽象名词等。

（2）二价述体叙述说明句

在这种说明句型中，动词多为及物动词，其支配模式为кого-что，结构模式是最小称名结构模式：N1Vf+N4/Npr 形式。

这种说明句的典型句式是由及物动词构成的句子，表示行为主体发出的行为会涉及客体：

Студент читает книгу.

根据二价动词语义的不同，客体可以使用带或不带前置词的各种名词类的词汇间接格形式，描述客观现实意义：

Я возненавидел его.

Он учится математике.

Иванов заведует сектором.

Этот лингвист владеет многими языками мира.

Отец беспокоится о сыне.

Она отвыкла от курения.

（3）三价述体叙述说明句

在这种说明句型中，动词的支配模式为кому-чему что，结构模式是扩展的称名结构模式：N1Vf + N4/n+ N3/N pr 形式。

三价述体是指在动词的语义配价中除了表示主体的语义角色外，还必须有两个客体义项，通常表示行为客体和与该行为有某种联系的参与者，这种句式的典型述谓形式是动词дать，表示“给予”意义时，动词隐含着必需的“接受者”义项，支配模式中由кому表示：

Он дал приятелю книгу.（кто-кому-что）

反之，而当表示“拿走、没收、剥夺物体”意义时，动词

взять 隐含着“从某人（处）”的义项，支配模式中用 у кого 表示：

Он взял у приятеля книгу.（кто-у кого-что）

从例句可以看出，作为行为参与者，无论其语法形式如何，在深层逻辑语义中都隐含着与句中直接客体的关系：在前一个句子中，由于主体的行为结果，行为参与者与客体之间产生了联系，即从“不拥有”变为“拥有”；而在后一个句子中，由于使用动词的不同，句子语义发生反向的变化，参与者与客体的关系随之变化，即从“拥有”变成了“不拥有”。

动词支配模式与句子结构模式并非对等关系。多价位述谓动词的语义配价能否在支配模式中体现，是受动词词汇语义类别的制约与行为特征限制的。试比较，дать 为三价动词，而 арендовать 为五价动词，当按 N1Vf + N4/n 模式，添加相同的语义角色——主体和客体时，арендовать 可以在没有上下文的语境下生成意义完整的句子，而 дать 却不能：

Он арендовал комнату.

Он дал книгу.（此时的受体角色必须体现出来，否则句子意义不完整）。

究其原因，是两个动词的支配模式不同，而支配模式的不同是因为动词的句法支配能力和语义制约能力。在使用动词 арендовать 时，只需指出受支配客体成分即可生成句子，而其他义素潜伏在该动词的语义结构中，并根据讲话人实际交际意图的需要，在句子中全部或部分地实现出来。

三、句子中的题元与题元结构

在俄语中，题元（又称句法题元）和题元结构是句子深层结构语义层面的术语和概念。在 20 世纪 70 年代，菲尔默

（C.Fillmore）最先提出了语言离不开语义的观点，乔姆斯基受其影响，80 年代初提出了题元理论，在随后的语言学研究中，西方语言学界对这一理论褒贬不一。在俄语语言学中，这一理论概念首先在语言的《意义⇔文本》理论模式中得到了独特的阐释和应用①，并根据俄语和斯拉夫语言的特点，发展并完善了该术语概念，丰富了其理论内涵和研究方法②。

1. 题元与题元结构

所谓的题元，是指构成句子命题所必需的元素，这些元素是由动词语义配价通过支配模式的语义角色转换而来，特指句子所述事件的必须参与项。换句话说，在句子中，拥有一个或几个语义配价的词位被称作述体词位，该词位语义层面的配价要素，转换成句法形式时就变成为支配模式中的结构语义角色，进入句子结构后这些语义角色就转换成句子的命题元素，故称作题元。

由述谓成分与题元成分构成的句法单位称作题元结构。在题元结构中，述谓成分被称作核心元，起支配性作用，命题元素被称作句法题元，承载着词汇意义、句法意义和结构功能意义。

题元结构是按语义角色对动词支配模式进行必需的填充而得到的结构语义模式，相当于表层形式结构的句子最小称名模式，题元结构中的成分是构成意义完整的句子所必需的最低成分。

句子是交际的产物，句子的命题受制于交际意图，由交际任务所决定，因此，题元结构是动态的、变化的结构。题元结构既不等同于语义配价，也不等同于支配模式，而是句子整体形式—内容的基本架构。以动词 арендовать——“租赁”为例，对于“租赁”这样一个行为来说，必须包括下列语义配价：租赁主体（тот,

---

① Мельчук И.А. *Опыт теории лингвистических моделей смысл ⇔ текст* . М., Языки русской культуры，1999.

② Тестелец Я. Г. Введение в общий синтаксис. М.，РГГУ，2001，сс. 156-162.

кто арендует)、租赁的第一客体(то, что арендуют)、契约人(тот, у кого арендуют)、租赁的第二客体(то, за что арендуют)和期限(то, на сколько арендуют)。这些语义配价对于诠释арендовать词汇语义是必需的，也是足够的，全面体现了"租赁"这一行为的完整情景。在保持词汇意义独立完整的条件下，其语义成分和数量上的任何改变都会使"租赁"的情景转变为其他的情景。例如，保留其他语义配价不变，去掉关于期限的成分，那么"租赁"就变成了"买卖"；如果去掉第二个客体(价格)，"租赁"就变成了"借用"；如果把期限和支付都去掉，那么，"租赁"就变成了"赠给"[1]。因此可见，这五个语义角色就是租赁这一动词的语义配价，这些配价成分都是从该动词的词汇意义中得出的，同时受词汇语义的制约。

然而，当我们说"A 租赁了 C"这样一句话时，表层结构上它构成了最小称名模式：N1Vf+N4 的形式；逻辑语义结构上构成了主体 + 述体 + 客体的模式：S+P+O 的形式；句子交际层面上构成了满足句子命题意义的题元结构：左(主体)题元 + 核心元 + 右(客体)题元。虽然这句话中没有体现出动词语义配价中的全部要素，但结构成分满足了最小称名模式要求，这句话本身暗含着下列信息："某人 A 用一定的补偿方式(租金)D 从另一个人 B 那里获得到对 C 的使用权若干时间 T。"在实际话语活动中，讲话人可以根据交际情景和交际任务，在最小称名模式的基础上任意使用该动词语义配价中的任一其他要素，构成不同的题元结构，例如：

Он арендовал квартиру.(最小称名模式，2 位题元结构)

Он арендовал квартиру <u>на месяц</u>.(添加了期限，3 位题元

---

① Апресян Ю.Д. *Лексическая семантика: Синонимические средства языка*, М., Языки русской культуры, 1995, с. 120.

结构）

Он арендовал квартиру на месяц за 500 долларов.（添加了价格，4 位题元结构）

Он арендовал у знакомого квартиру на месяц за 500 долларов.（添加了出租方，5 位题元结构）

在这些句子中，2 位题元结构是句子的最小称名模式，是保证动词语义自足和句子意义完整的基础结构。至于其他题元，讲话人可根据自己的交际目的在此基础上任意添加，没有固定的前后顺序。

2. 题元结构与句子成分

俄语题元结构理论提供了语言转换的解释方法，揭示了从词汇语义和句子逻辑语义到句子称名模式转换的路径和过程，并把传统句法学理论与现代语言学理论和研究方法有机地结合在一起。传统句法学认为，主语和谓语是句子的主要成分，而补语、定语、状语都是句子的次要成分，次要成分不是句子的必需构件元素。现代句法学研究中，根据结构语义需求，建构的最小称名单位是生成意义完整句子的基础。凡是进入句子最小称名模式的成分，无论是补语还是状语，都被视为必需的构建成分。虽然这些成分不进入述谓核心结构，在形式上，它们表现为间接格的形式，而在语义上，它们可以表示主体、客体和构成句子意义完整的其他功能语义成分。从题元结构理论看，句子的题元结构相当于最小称名模式，它们是不同句法层面的语言同指——是构成句子命题语义完整所必需的构建元素。

在题元结构中，以述谓成分为核心元，左侧的成分称作左题元，右侧的成分称作右题元。左题元通常表征对应于深层结构的逻辑主体，右题元表征广义上的逻辑客体（补语、状语）。由于基本结构成分充当的句子成分不同，使用的词类和词形不同，充当的语义角色不同，题元的位置与功能亦不同。

（1）充当左题元的基本结构成分

在俄语中，左题元是话语描述的出发点，是句子必需的结构成分，但在不同逻辑语义结构的句式中，其形式和功能是不同的。从句子逻辑语义关系看，左侧基本结构成分可以划分为主体题元和处所题元。

① 主体题元

主体题元是句子逻辑语义分析层面的术语。按照题元理论分类，左题元永远是句子的主要结构成分，其中最典型的就是主体题元。主体题元既包括主语成分，也包括不是主语但充当逻辑主体的其他成分。

a. 主体≠主语

句子的形式主语等于逻辑主体的情形，是说明句的典型特征，是俄语句子中的主流句式：

Студенты пришли.（N1Vf）

Они находятся на площади.（N1Vf +Npr /n）

Девочка уронила куклу.（N1Vf +N4）

b. 主体≠主语

在这里特指那些没有进入句子的述谓核心结构，但在句子的逻辑语义上充当实际逻辑主体的成分。从基本结构成分所完成的功能看，其典型的意义是表示事物特征和状态的承载者或领属者。此时充当主体题元的，是传统形式结构中的状语成分，主要由带或不带前置词的名词间接格形式表示，以补足句子语义完整性要求的各种类型的主体关系。这些成分依据逻辑语义句型的不同，在句子中填充词汇的语义类别和作用亦不同，但其形式功能和语义功能是不变的。在分析句子结构成分时，通常根据句子的称名意义，动词的配价性能和支配模式，以及题元与述谓成分在意义上的联系，来判定它们在句子中的功能和作用。述体的意义和表达方式决定着这类主体题元的表现形式：

Вам не видать таких сражений.（N3+ Inf）

Всем было интересно.（N3+Adjfpl）

У бригады новые успехи.（Copf N2… pr +N1）

С больным обморок.（N5… pr/Coppl3+ N1）

在有些情况下，主体题元的句法形式会取决于讲话人本身主观情态的倾向，试比较：

У неё беда.— С ней беда.

② 处所题元

处所题元同样是左侧基本结构成分，但它既不是直接的施事者，也不是行为特征和状态的承载者，而是话语逻辑思维的出发点，表示述体所描述内容的处所，多具有时空内涵，通常表示所描述的事件的时间、地点等状语意义，多用在存在句和说明句的 Vs3/n 和 Vpl3 结构模式中。这种成分与句子主要成分之间的联系是必需的，但却是不可预设的。形式上通常使用表示时间和地点的带前置词的各格形式和具有同等语义功能的部分副词：

В газетах писали о полетах в космос.

Из райкома позвонили.

В округ засмеялись.

Над головой загудело，завыло.

В боку колет.

В саду растут дубы.

В центре города стоит памятник героев.

（2）充当右题元的基本结构成分

句子中充当右题元的基本结构成分统称作客体题元。这里所述的客体题元是广义上的客体，通常用于补充说明句中行为的客体或状况等信息。从句子的表层形式结构看，右题元的基本结构成分可以分为两种：补足说明成分或状态说明成分，传统语法中称作补语成分和状语成分。从句子结构语义的角度看，右题元的语义功能及其特征主要取决于述谓成分的语义配价潜能，以及句子交际任务的需求。根据这些成分在句中的位置以及其对述谓特征的说明和限定特点，我们可以把它们划分成客体题元、受体题元和状态题元。

① 客体题元

在句法结构中，客体题元位于述谓成分的右侧，其典型的意义是表示各种类型的逻辑客体意义，主要完成直接客体、间接客体（受事者）、工具、时间等补语性功能。客体题元的句法形式是由述谓成分的词汇语义和支配模式决定的，通常具有“预设性”和“必须性”的特征：

Все хвалят новый кинофильм.（直接补语）

Она лишилась работы.（间接补语）

Школьники занимаются спортом.（间接补语）

Он покачал головой.（间接补语）

Она заботилась о младших братьях.（间接补语）

② 受体题元

有些句子中的述谓成分所述事件具有多个参与者，而且，由于述谓成分的语义配价需求，需要几个客体成分同时出现，完成不同的形式和意义功能。受体题元是指这种情况下必需的间接客体成分，表示主体行为的接受方：

Отец подарил сыну часы.

Иван Иванович рассказал об всем другу.

通常情况下，句子中受体题元不能空位。

③ 状态题元

右侧基本结构成分除了可以做补语之外，还可以完成状语的功能：为了满足句子信息量的需求，从时间、地点、定性和定量的角度对述谓成分进行必需的描述，与述谓成分构成一种必需的限定关系。在句子构建中，这种关系是必需的，但却是不可预设的，也就是说，根据述谓成分的语义配价可以判断，句子中必须有这样一个成分，但这一成分是以什么形式出现是不确定的，是不可预设的。状态题元成分的表现形式可以有多种选择，通常用带前置词的各格形式和具有同等语义功能的副词表示：

Мы проговорили около часа.

Они поселились за городом.

Она выглядела хорошо.

Он чувствует себя плохо.

四、句子的变元及其功能

在语言现实中，句子的交际内容远远大于最小结构模式和最小称名模式，句子中除了进入动词支配模式的那些语义配价成分外，还可以有其他扩展成分，用来表示其他的附加交际内容和情景参数，譬如，补充时间、地点、条件等许多要素，这些要素被统称作变元。

句子中的变元与动词的语义配价、支配模式和句子的题元结构没有关系，而是与话语的交际任务和讲话人的交际意图直接相关。例如：

Он вчера купил книгу.

时间状语 вчера 不进入动词语义配价和支配模式，因为在注释 купить 词汇意义时，没有时间这一语义配价，故这一扩展成分不能进入题元结构，它只是句子的一个变元。再如：

Арендовал прошлым летом под Москвой садовый участок.

Арендовали клуб для проведения собрания.

这两个句子中，动词 арендовать 的语义配价和语义角色并没有全部实现，而是根据交际意图的需要，添加了其他变元成分。可以看出，语义配价要素并未完全体现出来，而是潜存在动词的词汇语义结构中，这并不影响句子的意义完整性和结构完整性，不影响对句子意义的理解。

显然，并非句子的所有情景参数都可以转换成句子的题元。题元与变元的不同在于，题元是动词语义配价要素转换而来的，可以构成句子的题元结构，可以进入表层结构的称名模式；变元不是由动词语义配价转换而来的，而是讲话人根据交际任务而选择的、题元结构之外的扩展成分，传统语法中称作次要成分的要素，现代句法理论中称作疏状扩展成分。譬如：

Он разрубил мясо топором на три куска.

五、结语

在俄语句法学研究中，“动词中心论”的原则已被广泛认同。研究动词的语义配价、支配模式和句子题元结构，是揭示词汇语义与句法结构的语言整合性描写方法。

动词语义配价是纯词汇语义层面的概念。配价成分是保证词汇语义自足的要素，一个词的语义配价数量由词汇语义类别决定，并受语义特征制约。

动词支配模式是词汇的句法性能在语义—结构交叉层面的体现，是语义配价向句子题元结构过渡的中间环节，在这一环节上，语义配价首先转换成结构语义角色，但不一定全部进入支配模式。

题元是句子结构语义层面的概念和术语，指构成句子意义完整性必需的建构元素，这些元素一定是由语义配价成分转换而来，构成的结构称为题元结构，对应于表层句法结构中的最小称名模式。

动词在这三个层级上完成从词汇语义向句法性能和深层结构的投射和转换，是对词汇语法学理论最好的印证，是语言体系整合性描写原则的完美体现。

（原载《中国俄语教学》2018 年第 3 期）

俄语动词前缀的构词语义研究

词缀化是俄语构词的重要手段，借助这一手段，可以构成不同词类的同根词。在词缀化方法中，前缀对词汇的构成和派生起着特殊的作用，尤其是动词前缀化的语义及结构十分复杂，因此，动词的前缀化构词研究始终在俄语构词学中占有十分重要和特殊的地位。本文拟根据俄语动词前缀化的特点，从语义研究的角度，就俄语动词前缀构词中某些具有普遍意义的问题加以论述。

一、构词与体的关系

动词前缀化与动词体的关系问题，或者说，词缀问题是否属于体学范畴，不仅是一个复杂且尚无定论的问题，也是许多研究者刻意回避的一个问题。

动词前缀的传统描写方法是在语言学的两个相对独立的领域中形成的：前缀学研究一方面是体学的组成部分，另一方面又是构词学的组成部分（至少在俄语学研究中是如此）。然而，体学和构词学各自有着完全不同的研究视角和范围：无论是对前缀学这一研究领域总的立场和纲领的确立，还是研究任务、研究对象和描写方法的具体制定都完全不同。体学研究首先关心的是前缀化与完成体之间的关系、行为方式的语义、由前缀构成的动词体的对偶以及相应的所谓前缀的纯体性意义等；而构词学的关注点在于前缀的形式特征、派生现象，以及能产动词与派生动词之间的关系、同一前缀的构词类型及它们之间的关系等。尽管体学与构词学的观点和兴趣有如此大的差异，但现代前缀学研究的重点恰好处在这两个领域在这些问题的交汇点上。如何使这两个不同领域的研究相互作用和相互配合，是前缀学研究的传统任务。然而，在实际研究中，对于前缀学，乃至构词学和体学中的许多问题，如某些具体问题究竟应该纳入哪一学科的研究范围，学者们仍然是各执一词，智者见智。准确地说，在目前的俄语词缀化构词研究中，并存着许多不同的词缀学理论和研究方向，其中有些新观点、新方法要证明其科学性和合理性，并得到学术界的广泛认可，尚待时日。

二、动词前缀的零位意义与语义重叠

关于动词前缀的零位意义的提法已存在近一个世纪了。在这一漫长的时期中，对该问题一直存在着不同的看法，围绕着“如何理解和阐释‘零位意义’这一概念”“它对动词前缀的普遍意义”“零位意义在语言系统中的作用和地位”等问题一直存在着争议。直到20世纪50—60年代，才开始了较为切实的、有理有据的研究。首先是捷克的语言学家提出了独到的见解，证实了从结构上解释前缀与动词结合时产生零位意义的可能性，用一种新的结构模式，取代了把很多前缀定义为意义空缺的纯体学意义的传统模式。在这种新的模式中，零位意义被解释为前缀与动词相互作用的规则。这种规则恰好解释了前缀的某些选择性搭配的特点。西方的大部分俄语学研究人员都接受了这种理论观点，但俄罗斯的语言学家和我国的俄语学家们对此观点的看法却不尽相同。

从语义研究的角度来看，任何前缀都有自己的意义，而不可能等于零。事实上，所谓零位意义的存在是指，当前缀意义中的某种语义与基础动词意义中的某种语义完全相吻合时，表现出的一种零位效应。例如，前缀 про- 与表示带有时间限定过程语义的动词 анализировать，цитировать 组合，构成 проанализировать，процитировать 时；或前缀 с- 与表示带有创造语义的动词 делать，стряпать 组合，构成 сделать，состряпать 时，动词和前缀所表示的最终意义完全一致，此时，前缀的语义表现为形式上的无意义，或者说，只具有纯体学意义。这种现象是前缀语义和基础动词语义完全对应，或者说是语义重叠。在这种情况下，无论是前缀，还是基础词所表达的语义真值是相同的。

构词语义研究的实践证明，类似的语义重叠也仅仅是存在于个别的或某一些例证中，还没有经过所有带前缀动词对偶体的检验。例如，前缀 про- 在与某些动词组合时会获得具体语义，而并未与动词的语义发生重叠，而是增添数量和质量的语义如：пролить（洒出，溢出），провертеть（钻透，钻出），прокуриться（吸很多烟，吸烟吸坏了身体），прокричать（呼喊，喊叫一声）等。由此看来，并不是所有前缀都可能与基础动词发生语义重叠，都能显现出语义上的“空白”。即便是同一个前缀，当与不同的基础动词组合时，也会出现不同的情况。以词汇和篇章材料为基础，对大量的带有各种前缀的动词进行系统的历时分析研究也证明了这一点。

综上所述，作为语言学术语，“动词前缀的零位意义”这一称谓本身缺乏准确性和科学性，似应称作“动词前缀的语义重叠”更为准确和贴切。

三、前缀动词的形态结构语义

俄语中带前缀动词是语言连续性中的一个重要组成部分。动词前缀化是俄语动词派生系统中能量很大、功能很强的一种派生手段，前缀是一种语义复杂的多义性构词单位。前缀的这种词汇潜能使得它们可以传递各种各样的语义，并能保证词缀变化中的语义含量。前缀的意义中有构成语义聚合体的结构。不同的前缀具有不同的语义结构，因而，它们对与其组合后所构成的带前缀动词的意义变化的影响也不同。

前缀动词的各种形态结构语义变体，是由前缀的具体的空间意义加上动词的概括性意义构成的特殊“产品”。前缀的形态结构语义变体和动词的词汇语义变体是前缀化动词构词的物质基础。这些语义成分相互作用的结果，在构词系统的框架内形成各种不同类型的构词体系。在这种情况下，前缀的意义就成了某一类型的派生动词所特有的构词意义形成的基础，如体学意义、阶段转变意义、数量意义、质量意义等等。

前缀在与基础动词组合构成完成体动词的同时，常常会使动词发生不同类型的词义转义：转喻转义、隐喻转义等。各种不同的转义语义的产生是前缀的形态结构语义与各种类别和组群的原始动词相互作用的结果。每个动词前缀的语义特征不同，与其构成的动词的行为方式也不同。因此，在描写前缀语义变化的过程中，可以利用动态模式的概念，以便弄清不同前缀意义之间的联系，弄清这些意义中一个意义在另一个意义基础上发展的具体途径；从而建立各种构词意义之间相互依存的关系分类体系，揭示构词结构语义在语言及其使用中的普遍规律。

在转喻转义机制中，前缀的“行为方式”意义起重要作用。与“体学”的传统范畴不同，关于前缀的行为方式的概念，是把带前缀的动词的功能意义称为“行为方式”，以便明确指出，某一行为是怎样进行、完成的，以及该行为存在的方式。例如，动词 вернуть 加不同前缀时，词义发生的转义变化：вывернуть——旋转着拧下来，卸下来；навернуть——缠绕着安放上——戴上、穿上；провернуть——使旋转着穿过去，拧过去。从语义研究的角度看，由于前缀语义的作用，这种带前缀的动词，实际上在其语义中包含着两种行为概念：“行为方式”和“行为结果”——“旋转着”“拧下来”。在俄语词典中，通常使用副动词来标注“行为方式”的语义，例如：

Вывернуть—вертя，снять что с чего；

Навернуть—вертя，поместить，надеть что на что；

Провернуть—вертя，пропустить сквозь что-л. 等。

在这类转义中，新的意义构建于前缀的普遍意义——空间意义的派生——表示行为的方向性和目的性，而基础动词的基本语义特征“旋转”被排挤到第二位，变成了区别语义特征——行为方式“旋转着”。

在隐喻转义过程中，由于“语义弱化”，动词基干部分的语义会发生“丢失”，导致动词的语义特征与其搭配的前缀的语义特征不相符。在这种情况下，前缀语义取代了动词基干的相应语义，成了新的词义产生的基础，在此基础上，带前缀动词的词义发生变化，出现转义。这种转义在很大程度上受其他语言因素的影响，特别是受它所支配的客体词汇语义的影响。仍以动词 вернуть 为例：навернуть картошки——吃了很多土豆；вывернуть слово——脱口说出（不该说的话或全部想说的话）；很明显，在上述转义中，转义是在前缀的某一语义特征上发生的，而不是在基础动词的语义特征上发生的。再如，动词 крутить 加前缀 на，накрутить（что，чего）——机灵、狡黠地搞出，弄出（一些怪名堂，一些新花样）；绕着弯子说出或写出（令人费解的话）。在类似的转义现象中，前缀的语义起了重要的作用。

四、动词前缀的功能语义

关注前缀的功能语义是现代俄语构词学中一个新的研究视角。当从功能的角度，也就是从交际的立场出发，把语言作为交际工具来研究时，构词的机制就呈现为一个不断变化的动态过程。把构词过程置于话语的生成和理解中，置于活的语言环境中来研究，也就是把具体的构词过程放在话语结构中，从功能的角度研究语言本身的活的动态行为特征。具体地说，构词学的首要任务，就是弄清构词与话语的关系，即构词的功能语义：构词在话语构建中的作用，什么样的具体话语条件能促使派生词的生成，哪些因素能激发语言使用者在交际过程中创造新的词汇等。

泽姆斯卡娅（Е.А. Земская）在《构词是一种活动》一书中对于这些问题作了比较透彻的分析和描述，提出了两种互为补充的构词学研究路径和方法：一种是研究构词学在话语中的作用和功能；另一种是在话语研究中揭示构词机制[①]。换句话说，关于构词与话语的关系问题至少有两个研究方面：对话语而言的构词研究（словообразование для текста）和对构词而言的话语研究（текст для словообразования）。从这两个基本角度出发，划分并描写构词在话语中的行为特点，分析各种句子成分在话语中的构词能力和类型，研究各种构词手段在言语环境中的使用情况和功能，以期能够进一步深入研究构词学机制，全面揭示其在交际中的功能。

① Земская Е. А. *Словообразование как деятельность*. М.，Наука，1992.

对构词与话语关系问题的研究表明，动词的前缀在话语中起着十分重要的作用，这首先是指偶然性词汇、新词、动词词干的语义空缺以及同一前缀动词多次重复等情况。在这些情况下，对话语的理解常常要求首先理解前缀的意义，而不是整个词汇单位的意义。在许多情形下，前缀事实上限定了话语的内容，换句话说，前缀意义成了话语的语义中心，例如：ехать—поехать—приехать:

Он поехал.

Он приехал.

在这两个例句中，说话人关注的焦点并不是行为的方式（怎么“走”的和“来”的，是否乘车），而是前缀所表达的基本语义：他走了；他来了。因此，研究前缀在话语中的这种“创造性”潜力，是研究构词的功能语义的重要课题之一。

此外，前缀不仅具有表示客观实际的真值语义，在具体的话语过程中，前缀还能获得表示主观情态的语用语义，试比较下面两句话：

（1）—Это хорошая книга，стоит читать.

—Ладно，почитаю.

—这本书很好，值得读。

—好吧，我读一读；

（2）—Это хорошая книга，стоит читать.

—Ладно，я прочитаю.

—这本书很好，值得读。

—好的，我一定通读一遍。

在这两个语境完全相同的句子中，不同的前缀给予了动词不同的情态色彩，表示说话人对这本书的感兴趣程度有所不同。

值得指出的是，前缀不仅对与其组合的动词的语义产生重要的影响，而且对动词的支配和组合行为也产生重要的影响。有些动词在加前缀构成了带前缀动词后，其支配关系也发生了变化，对与其搭配的词汇要求做某些语义限定。例如：

动词 сидеть 加前缀 по-，构成 посидеть 时，常与时间副词 немного 搭配，构成短语 посидеть немного（坐一会儿）；

当加前缀 про-，构成 просидеть 时，则常与表示相对较长时间量的词组搭配，如：просидеть целый день（целый час）（坐了整整一天，坐了整整 一个小时）等。

前缀的功能语义研究从一个侧面表明，构词本身是一个功能系统，它有能力在语言的内部特征和语言外因素的相互作用下，在交际过程中独立形成。

五、前缀动词的词汇语义群研究

随着语义学研究的深入发展，把词汇语义群、词汇语义场等概念和方法引入和应用到构词学研究中，是近几年俄语学研究中的显著成就。与构词学中常用的构词族、构词链和构词聚合体概念不同，构词中的词汇语义群是把意义上相关的词（同根或不同根）放在一个语义群中，研究它们在构词类型上的联系、特点及其与语义的关系。

前缀意义的不变体的研究是构词的词汇语义群研究的可行途经之一。关于不变体理论，大致上有两种观点：（1）传统的观点认为，不变体是前缀的共同意义，前缀的所有附加意义都是相互交叉的；（2）另一种观点认为，不变体是前缀意义的某种深层本质特性。

关于在前缀意义中存在不变体的设想，也就是在所有的前缀中存在一个共同部分的设想，既有其明显的合理成分，也有明显的不足之处：一方面，意义不变体可以特别简单又特别苛刻地把带前缀动词的词义部分的语义变体联合在同一个聚合体之下，并试图寻找它们之间的相互联系；另一方面，由于前缀意义的不变体永远是相当抽象的，因此，很难把它与纷繁众多的具体的伴随意义相对应，发现其相互关系并建立起彼此联系。可以说，探索直至建立从意义的不变体到意义的多种变体的转变模式的机制，是前缀意义的不变体理论的中心任务，亦是其最终目标。

克龙高兹（М.А. Кронгауз）提出了建立另一种构词语义结构的构想：把语义的不变体概念转变成语义网络或语义体系概念。他对这一概念的理论依据作了描述和论证，并试图用最简单的形式展示前缀的各种附加意义之间的联系。他认为，尽管前缀的所有附加意义彼此之间都有联系，但这种联系不一定必须通过不变体意义，呈辐射状联系，而很可能表现为连环式联系[①]。显然，找出语义的局部联系比找出总体的、全面的联系要简单得多，也现实得多。然而，在实际研究中，不同的研究者对语义网络的理解也各有不同。这主要与两个基本概念有关：前缀的类典型意义（прототипическое значение）和前缀语义网络系统的多层级性（многоуровневость системы）。

所谓类典型意义，或者称作前缀的主要意义，通常是指前缀的最具体的空间意义。采用不同的方法，可以从这一类典型意义中得到前缀的其他意义。把类典型意义的思想引入前缀语义网络，便可显现出这类语义网络的特点：区分出一个意义作为类典型意义，而且，所有其他意义与其之间的关系都具有指向性。与不变体概念相比，这种语义网络的观点虽然较为宽泛和温和，但仍然具有较强的假设性。事实上，并不是在所有的前缀中都能

① Кронгауз М. А. Приставки и глаголы: грамматика сочетаемости. // *Семиотика и информатика*. М.，Языки русской культуры，1995，вып. 34，сс. 32-58.

很容易地区分出类典型意义，例如，在前缀 по-，у- 的意义中就很难区分出类典型意义，而前缀 с- 则具有至少两个类典型意义。

解决这些问题的途径之一，是建立前缀语义描写的多层级模式。这种模式应能体现出带前缀动词意义分析和综合的复杂性，以及其各种意义之间的相互作用和关系。采用多层级模式，可以沿两个方向对语义进行描述：从深层向表层，或从表层向深层，从而避免了上述网络的指向性和假设性等不足。鉴于语言材料的庞杂及语义的多样化，对语义网络的研究还没有达到应有的深度，对网络的整个机制——从抽象到具体或反之——还没有做出一个系统性的完整描述。尽管有许多问题尚需进一步探讨和研究，但前缀意义的多层次语义网络概念的提出，毕竟是向问题的解决前进了一大步，对前缀动词的词汇语义群的研究具有重要意义。

在研究词汇类别的典型意义时已经发现，在动词类别中，除了典型的过程意义外，还有表示物体空间状态的一组词。按照语义特征可以把这组词划分成三个小组：

（1）表示物体在空间的状态特征的四个动词：стоять，сидеть，лежать，висеть；

（2）表示主体空间的状态改变的四对动词：стать–становиться，сесть–садиться，лечь–ложиться，виснуть–повиснуть；

（3）表示使客体在空间的状态改变的四对动词：ставить–поставить，сажать–посадить，класть–положить，вешать–повесить.

每一组动词的派生能力、构词类型、构词关系以及派生词与基础词在语义和结构上的联系均对动词构词行为产生不同的作用和影响。用语义场理论对这些词汇进行语义成分划分后，得以证实这些动词可以构成一个独立的子系统。在这一系统中，“空间存在"（或广义讲，"空间状态"）语义特征与"改变状态"、"使役状态"以及"独立存在"等语义特征之间不仅仅在词汇方面，而且在结构—构词方面都存在着一定的相互关系。这种研究方法一方面促进了词汇语义群及语义场理论在构词学领域的应用，大大拓宽了构词学研究的视野：不仅研究派生词汇在形式结构上与基础词的联系，而且研究它们之间在语义上的联系和相互作用，研究基础词和派生词在语义场中的地位和作用；另一方面，从构词学的角度，揭示出词汇意义在语义组、语义群以及语义场中相互联系的内部根源和机制。

六、动词前缀构词语义的研究方法

传统的前缀描写方法是以统计相互毫无关系的意义及形式来表现前缀语义，而在传统的词典学概念中，这些相互毫无关系的前缀被看作同音异义现象。[①] 然而，语言学家的直觉，甚至是母语者的语言直觉告诉我们：前缀是一个统一的词义聚合体。只有找出前缀不同意义之间的联系，才能使这些意义在统一的符号特征下联合起来。

在现代俄语动词前缀构词学的语义研究中，相对于意义作用的四种类型，前缀语义研究可以划分出四个层次：

（1）在一个前缀的范围内的研究；

（2）在整个前缀构词学的范围内的研究；

（3）对前缀与动词基本语义相互作用的研究；

（4）对前缀与更宽泛的语境语义相互作用的研究。

前两种类型属于聚合关系的相互作用，后两种类型是组合关

① Исаченко А.В. *Грамматический строй русского языка в сопоставлении с словацким*. Т.2. Морфология. Братислава，Изд. Словацкой Академии наук，1960.

系的相互作用。

在聚合关系的研究和描写中，重要的是实现对前缀语义关系的全面而完整的描写。因为，哪怕是只为一个前缀建立一套完整的相互有联系的语义网络，也是对每一个假设的最切实可行的检验。这种完整的语义网络应包括：单个的具体意义，语义转变（从一个意义向另一个意义转变的规则），词汇意义在话语中的实现规则（根据动词词干和上下文语境的语义 - 语用类型进行排列），以及更高层次的意义（局部的不变体意义和总的不变体意义）。然后建立适用于全部 19 个前缀的这种整体性语义网络。只有在这样描写的基础上才有可能建立前缀构词学的内部分类，及其元语言描写的标准化。

对前缀语义关系中的组合关系目前研究得比较少。然而，前缀与动词词干语义的相互作用正日益成为研究人员关注的中心。许多学者在研究中都指出了研究组合关系的必需性和可能性。克龙高兹于 1993 年提出了一种假设：前缀与动词可搭配性在语义上是可证明的。他认为，具体前缀的选择以及带前缀动词意义的组合是由动词词干语义决定的，更准确地讲，取决于动词词干中是否存在某种语义成分。① 这一假设提供了两个方向的研究：

第一，描述动词与前缀搭配的规律及“计算”出相应的带前缀动词的意义的规则。在这种情况下，才可以探讨建立语义语法的问题；

第二个方向与之相反：从语义上来解释相应的语言现象，即语言中存在某些具有某些特定意义的带前缀动词这一现象。既然从一开始就认为，动词与前缀的搭配性是可以从语义上证明的，那么，这种可搭配性就可以而且应该成为无前缀动词语义

① Кронгауз М. А. Семантика русского глагола и его словообразовательные возможности. // *Russian Liguistics*. № 17，1993，cc. 19-27.

分析时的重要语言区别特征，进而，可以根据其前缀的相关概念来确定无前缀动词的意义。

［原载《俄语语言文学研究》集刊第一辑（语言学卷），2002年6月，有改动］

注：本文2002年6月首次发表于黑龙江大学主办的《俄语语言文学研究》集刊第一辑。此后不久，网络上便多次出现该篇文章，且不具名或署他人姓名，涉嫌侵权。对此，作为原作者，本人保留维护作品版权和追究法律责任的权利。

俄语动词语义交叉现象浅析

“体系”这一概念是从20世纪初随着结构主义的诞生才开始进入语言科学的。许多语言学家都曾发现，语言中的所有部分彼此之间都非常紧密地联系在一起，构成了一个不可分割的整体。词汇学在20世纪的重大研究成果之一就是确认了词汇的体系性。研究表明，词汇所具有的以聚合关系分类的潜力和其相互作用的特殊方式，构成了词汇体系最重要的特点。随着对词汇体系性研究的不断深入，对词汇语义场和词汇语义群的划分亦不断细化。词汇语义群之间的交叉性使词汇的语义分类与纯语法分类，如词类（часть речи）、词的次分类（разряд）等明显地区别开来。

语法分类是按照严格的、准确的界限建立的，只有在极个别的情况下才有逾越界限的过渡现象。然而，对词汇语义体系来讲，无论是大的语义场，还是小的语义群、子语义群之间都没有清晰的边界线，它们都不是相互绝对独立而存在的。正如卡拉乌洛夫（Ю.Н. Караулов）指出的那样，孤立而封闭的词汇语义群这一概念完全是人为确定的。这样的语义群实际上是不存在的，就像不存在孤立的词一样①。库兹涅佐娃（Э.В. Кузнецова）也曾指出，“词汇系统不简单是一个个单词组成的总和，而是由数量不同、特征不同的各种词汇类别相互联系、相互交叉构成的一

① Караулов Ю. Н. *Частотный словарь семантических множителей русского языка*. М., Наука, 1980.

个完整的体系。正是由于词汇的数量大，各种类别词汇交叉的层面多，才造成了对词汇体系性理解和认同上的困难”[①]。词汇语义群并不是某一词汇单位唯一准确的划分类别，它是词与词之间相互叠加、相互渗透、相互交叉的联合体。

在俄语词汇学研究中，语义交叉现象或称作语义中间现象（промежудочное явление）是词汇语义的重要特性之一。[②]交叉现象作为语法中的一个范畴已得到较为深入的研究。在词汇学方面，特别是在词汇语义研究中，虽然在材料的实际分析中会常常涉及这一范畴，并作为中间过渡层进行分类，但词汇语义交叉现象的成因及规律，存在形式和特点，以及对词义变化和句法规则的影响等，还有待于全面的研究和阐述。

动词语义的交叉性问题一直是词汇语义学研究关注的焦点之一。库兹涅佐娃早在 1978 年就曾注意到这一问题[③]，在后来的研究中也多次提及和讨论动词语义的交叉问题。近年来，随着对动词语义群研究的不断深入和其内部的语义场结构理论的提出，动词语义的交叉现象越来越引起学者们的重视。这里所指的交叉不仅仅限于语义群之间的联系和交叉，而且包括词汇语义结构中各个语义变项之间的联系和交叉。

在词汇语义研究的范围内，在对动词进行分类或描写时，常常会碰到这样一些情况，即某些动词有时可以同时划入不同的语义群。许多学者都认为，出现这类情况的原因有两个：一是由动词本身特殊的词汇语义特性决定的，二是由动词转义语义的特性

① Кузнецова Э. В. *Лексикология русского языка*. М.，Высшая школа，1989，с. 5.

② Васильев В. П. Промежудочные явления в лексико-семантической системе языка. // *Лексика и фразеология говоров территорий позднего заселения*. Кемерово，Изд. Кемеровского гос. ун-та. 1985，сс. 58-72.

③ Кузнецова Э.В. О пересекающемся характере лексико-семантических групп . // *Семантика и структура предложения*. Уфа. Башкирский университет，1978，сс. 7-13.

和机理所决定的。本文试图以 верн-，ворот-/врат- 为词根的旋转运动动词的语义变化为依据，对第一种情况，即对动词本身语义特性决定的交叉现象进行分析和研究，探讨语义交叉现象的形成和存在的特点。

词汇语义的交叉现象是语义过渡状态中的一种变体。这一概念可以包括能代表语言单位所具有的语义特征的实际因素。对这一特性可以从不同的角度加以理解：一方面，如果把重点放在语义特征的分散性上，则可以把交叉现象理解为一种混合现象；另一方面，如果把重点放在决定该语言单位特点的语义特征量化的基础上，则可以将其看成一种复杂的双重现象。在词汇学范畴内，交叉现象涵盖同义词、反义词、多义词及词义变体等。该现象在语义学中的进一步研究则要求在聚合、组合和联想派生关系的结构基础上区分词和词义，并在此基础上对基本语义单位——可考证的最小语义单位进行研究，以研究词汇语义的交叉性特点。根据俄语动词本身词汇语义混合交叉现象的特点，可以区分出产生语义交叉的以下两种类型。

一、由动词特殊词汇语义特性决定的交叉

在俄语动词中，有一些词表示的不是一个单一的行为或动作，而是表示由两个以上的动作构成的复杂行为。在这种情况下，能表示复杂行为的动词在于它具有一种特殊的复杂性语义，即语义中含有两个范畴语义，表示两种不同类型的行为，在语言的实际使用中，这两种行为常常相互伴随。例如，以 верн- 为词根的 вернуть/-ся/，以 ворот-/врат- 为词根的 ворочать/-ся/，воротить/-ся/，возвращать-/ся/，возвратить/-ся/ 等词为例，从词源学的角度看，这些词同出一族，其语义中都保

留有"旋转"的语义。但是，从现代俄语的词汇意义上看，特别是从功能语义的角度来分析，这些词的词义中具有更为宽泛更为复杂的语义。根据这些语义特征，它们似乎可以划入不同的语义群或语义组。例如，伊布拉吉莫娃（В.Л. Ибрагимова）在对运动动词进行的研究和分类中[①]，把这类动词划入了"行进-位移性运动"，并认为，这些词除具有基本语义"位移性运动"外，其语义中还含有对基本语义的补充，即辅助语义特征。例如，вернуться，возвращаться，воротить 表示的是一种由起始点直至返回到起始点的行进运动：

Они гневаются，что вы с ответом не ворочаетесь.（Тургенев）

而 повернуть，поворачивать，завернуть，свернуть 等则表示中途改变运动方向的行进运动。在这种情况下，这些词既可以表示朝着某一方向的行进运动，也可以表示向后作行进运动：

Не добежал Семен до будки，повернул назад.（Гаршин）

所以，不能只根据其中某一个语义特征将其划入行进运动动词语义群，或划入旋转运动动词语义群。正如分析所示，在 вернуть/-ся/ 等这些动词的语义中，或并列存在着行进运动和旋转运动的语义特征，或并存着行进性旋转运动和非行进性旋转运动的语义特征。我们把第一种情况称作能兼容行进和旋转运动语义特征的动词，把第二种情况称作能兼容行进性旋转和非行进性旋转运动语义特征的动词。

1. 兼容行进和旋转运动语义特征的动词

具有这种语义特征的动词有 вернуть/-ся/，возвращать/-ся/，

① Ибрагимова В.Л. *Семантика русского глагола*. Уфа. Башкирский университет, 1988.

воротить/-ся/，возвратить/-ся/，ворочать/-ся/，等。这些动词表示行进运动和旋转运动互相组合的一种复杂运动，在时间关系上表现为依次递进的连续关系。试比较：

вернуться，сделав поворот，пойти（прийти）назад.

“行进运动 + 转弯 + 向后行进运动至起始点”

повернуться，сделав поворот，пойти（прийти）в другую сторону.

“行进运动 + 转弯 + 向某一方向行进运动”

这些动词语义中存在着“运动方向”和“旋转方式”等区别语义特征，表示一个完整周次的封闭运动：向某一方向的行进运动 + 一次性非圆周形旋转（转弯）+ 向后作行进运动，直至回到起始点，或行进至某一目的点。

Вера Николаевна вернулась домой поздно вечером и была рада，что не застала дома ни мужа，ни брата.（Купр: *Гранатовый браслет*）

Я ушел и вплодь до вечера не возвращался домой.（М. Горький: *В людях*）

А Наташка где? Самолет-то московский давно пришел. Я видел，физкультурники с аэропорта ворочались с музыкой.（Коссиль: *Ход бел. Королевы*）

Отдав еще и еше разные приказания，он /граф/ вышел было отдохнуть к графинюшке，но вспомнил еше нужное，вернулся сам，вернул повара и эконома и опять стал приказывать.（Л.Толстой: *Война и мир*）

Вронский воротил камердинера и велел принести депешу.（Л.Толстой: *Анна Каренина*）

为了强调“回到起始点”这一语义特征，该组动词常与副词

“назад，обратно”连用：

/Алпаев/ не мог подойти к террасе，потому что не было ни одной дорожки，мало того，он попал в лабиринт，и пришлось даже вернуться назад.（Пришв: *Каш. цепь*）

Лариса доходит до конца аллеи и поворачивает обратно.（Панова: *Времена года*）

通过上述例句可以看出，在表示这一复杂运动形式时，其语义中的“旋转”语义特征几乎不复存在，而只保留了旋转运动的某些区别特征：从起始点出发，又回到起始点（这是旋转运动的一个典型语义特征），从而象征性地表示一个完整循环（一来一回），即一个周次的运动。

2. 兼容行进性旋转运动和非行进性旋转运动语义特征的动词

在对旋转运动动词进行研究时发现，根据“运动方式”这一语义特征可将旋转运动动词分为两大类：行进性旋转运动和非行进性旋转运动。一般情况下，旋转运动动词表示非行进性旋转。但有些动词在其语义中兼容这两种旋转形式的语义特征，在某些特定的语境下表示一种复杂运动——滚动。这种运动形式的特点在于，旋转物体一方面完成围绕自身轴心进行的旋转运动（即自转），另一方面，在自转的同时旋转物体表面与其他硬表面接触，形成做功运动，即完成行进运动；与此同时，相对于道路而言，车轮在旋转时做了空间的移动，是行进性运动。也就是说，车轮在旋转时既做了非行进性旋转运动，同时又作了行进性旋转运动。

该组动词的语义在时间上没有依次递进的联合关系，而是语义的互相叠加，表示同时的动作。表示这种复杂运动的动词不多，其用法及语境也有较大的局限性。常用的动词有：вертеть/-ся/，кружить/-ся/ 以及在这个意义上的同义词 кататься 及其带前缀的派生词。

И бежит, бежит лошадка вдоль Ольховой просеки. Даль кружит. И для порядка кружатся колесики.（Недогонов: *Флаг над сельсоветом*）

Мы действительно добрались до выселков, хотя правое переднее колесо едва держалось и необыкновенно странно вертелось.（Тургенев: *Касьян с Крас. Мечи*）

Несколько уже пожилых немцев играли в кегли, со стуком катились деревянные шары.（Тургенев: *Ася*）

在本研究中，进入旋转运动动词语义群的不仅是那些把“旋转”作为主要语义特征的动词，而且也包括那些把“旋转”作为次要的辅助性区别语义特征的动词。在后一种情况下，这些词的语义变化和重新组合并不改变动词基本的范畴语义特征，即这些词的基本语义和辅助语义都没有超出运动动词语义场的范围。所以，这类词仍然被划入运动动词的范畴。但是在运动动词这一大语义场范围内，这些动词应该划入哪个语义群或语义组，词汇学和语义学研究的学者们的观点却不尽相同。

二、由动词前缀化构成的语义交叉

前缀是一种语义复杂的多义性构词单位。动词前缀化是俄语动词派生系统中能量很大、功能很强的一种派生手段。前缀的这种词汇潜能使得它们可以传递各种各样的语义，并能保证词缀变化中的语义含量。前缀的意义中有构成语义聚合体的共性成分。不同的前缀具有不同的语义结构，因而，它们对与其组合后所构成的带前缀动词的意义变化的影响也不同。

俄语前缀各种形态的结构语义变体，是由前缀的具体空间意义加上动词的概念意义构成的特殊“产品”。前缀的形态结构语义变体和动词的词汇语义变体是前缀化动词构词的物质基础。这些语义成分相互作用的结果，在构词系统的框架内形成各种不同类型的语义交叉。在这种情况下，前缀的意义就成了某一类型派生动词所特有的构词意义的形成基础，譬如，前缀化了的旋转运动动词获得了前缀的空间意义和方向意义，使动词的语义范围拓宽，表示某种更为复杂的运动或行为。

1. 非完整性周次的开放式运动

这是另一个复杂的运动形式：向某一方向的行进性运动 + 一次性非圆周性旋转（转弯）+ 向另一个方向作行进运动，不返回起始点。

（1）有生命物体所进行的改变方向的运动

Мы свернули на едва заметную лесную дорогу.（Пауст: *Далекие годы*）

（2）非生命物体的改变方向的运动

在这种情况下，动词常与表示交通工具的名词搭配，以一种拟人化的手法表示交通工具进行的独立运动。例如：

Автомабиль выворачивал на Невский.（Е. Добровол: *Имя завода*）

По улице проехала телега парой и заворотила на двор.（С.Аксаков: *Семейная хроника*）

Машина двинулась в направлении на Пневку，но за полкилометра поворотила на просселок.（Леон: *Русский лес*）

Эй Петрушка，дергай левой… ворочай налево лощадь-то.

（Григор: *Переселенцы*）

2. 以“旋转”为行为方式的动作或行为

需要指出的是，在上述用法中，当动词 вернуть/-ся/，воротить/-ся/ 与前缀构成新词及其派生词时，由于凸显了前缀的空间意义，因而强化了基干动词语义中的“行进运动”的意义，弱化了“旋转”这一语义特征。但是，当这些词具有表示某种动作（非运动）的意义时，“行进运动”这一语义特征发生弱化，而“旋转”这一语义又重新得以显现，并作为该新词的基本语义的辅助语义特征（行为的方式方法、原因等）被保留和体现出来，与前缀的语义一起构成新的复杂的行为或动作意义。试比较：

вывернуть—крутя，вынуть；

привернуть—крутя，прикрепить；

在这些词汇的语义中，语义特征“旋转”成了语义“取出、拿出”的辅助性行为特征，回答“行为方式”как 的问题，构成了“旋转着取出”（拧下）或“旋转着固定上”（拧上）这样复杂行为的完整动词语义。例如：

Завернулась лампа.（СУ.т. I，стр.897）

Отвернул кран Павка—вода не шла.（Н.Остров: *Как закалялась сталь*）

Ручка входной двери повернулась，и в кабинет вошли сразу，плечо о плечо двое молодцов.（А.Н.Толст: *Восемнадцатый год*）

可以看出，在这些用法中，词义中前缀语义和词根的语义相对比较独立，彼此之间的结合也相对松散。研究中发现，这类动词的典型特点是在其语义中存在着两个或几个基本语义特征。这些基本语义特征的组合和相互叠加构成逻辑上互相关联、时间关系上同时或互相依次连贯的复杂语义，表示几个相关的行为、现象和动作的综合。正是由于这类动词具有比较复杂和独特的语义特征，因此，无论把这一类动词划入运动动词类，还是划入其他行为动词类，应该说都具有其一定的理论依据。譬如，瓦西里耶夫（Л.М. Васильев）在《语言学理论问题》一书中将这类动词分别划入不同的类别中，如，вывернуть, привернуть, завернуться 等划入了运动动词中的行进性运动语义群中①。对此，库兹涅佐娃（Э.В. Кузнецова）曾指出，在动词的语义分类中，我们常常会碰到这样的情况：一些动词可以划入不同的语义群，而且都具有足够的根据。这可能是由以下两个因素决定的：（1）动词基本词义的语义特点；（2）动词中基本词义相差甚远的派生词义的特殊性②。因此，可以根据不同的语义特征将同一个词划入不同的语义组，而这些词本身便成了连接不同语义组的中间环节。

通过对俄语运动动词中兼容两种以上运动形式的动词语义组的分析，可以从几个方面来认识俄语动词语义的交叉现象：

（1）当动词的语义中含有两个以上的基本语义特征时，这些语义特征或按时间依次关系组合，或相互叠加在一起，构成表示某种复杂行为或运动的完整词义。例如，“行进运动 + 转弯 + 行进运动”——“回来（去）”。

（2）在这种复杂的词义中，语义间的关系比较紧密，即几个语义互相支撑，构成表示某种复杂行为的完整词义。去掉其中任何一个基本语义，都无法表达这类复杂行为或动作。在这种情况下，无法区分这些基本语义特征的主次关系。例如，在 вернуться 这个词的语义中很难区别“сделать поворот”和“пойти

① Васильев Л.М. *Теоретические проблемы лингвистики*. Уфа, Башкирский университет, 1994.

② Кузнецова Э.В. *Лексикология русского языка*. 1989, сс. 82-83.

назад”这两个语义哪个为主，哪个为辅，因为缺少其中任何一个，得到的词义都无法表示“回来（去）”这样一种复杂的运动形式。

（3）在这种复杂的词义中，有些语义特征实际上并不显现在该词的词义中，而是潜在地包含在语义深层，作为某种认知语境的背景固定在该词的隐性内容之中，形成潜在（或隐性）的前置语境。因此，当我们使用含有复杂语义的词汇时，并不去分析该词的语义特征，划分语义成分，而是用该词具有的完整词义去表达某种复杂的行为和运动。

（4）从语义场划分和动词语义群分类的角度看，由于其语义的复杂性，这类动词无法完整地进入某一动词语义群，而只能依据不同的语义特征，分别进入不同的语义群，并在各语义群的边缘区形成相互交叉的中间过渡区域。这些中间过渡区域将不同的语义群连接起来，从而构成了语义场的开放性体系。

动词语义交叉的理论是现代语义学研究的一个重大成就，这一理论的提出对语义学研究有以下几点贡献：

（1）从宏观和微观上阐述了词汇内部的语义场结构，使我们对语义场的核心层、紧密层、边缘层和外围的结构有了更直观的理解；

（2）揭示了动词语义变化的动态走势：从直义向明喻和隐喻的转变，从内向外、从核心向边缘的运动；

（3）证实了词汇体系是一个不断变化、不断发展而又相互交叉、相互作用的开放性系统。

（原载《俄语语言文学研究》集刊第二辑（语言学卷），2004年）

语言整合性描写原则之意义的句法制约性

莫斯科语义学派代表人物阿普列相指出："莫斯科语义学派，或称作莫斯科语言整合性描写和体系性词典学研究语义学派"。"在莫斯科语义学派所有的理论研究和词典学研究中，有两个主要的原则：整合性语言学描写原则和构拟世界语言图景的宗旨。第一个原则反映的是应该怎样组织语言学描写的概念；第二个——怎样组织语言本身的概念。"[①]由此可以看出语言整合性描写在莫斯科语义学派的语言学研究和描写中所占的重要地位。这一理论原则的提出是以阿普列相为代表的语义学流派理论的一个升华和飞跃，不仅对语义学研究和词典学研究是一个重大推进，而且对整个语言学研究都有不可估量的方法论价值。

一、语言的整合性描写原则

语言的整合性描写原则是莫斯科语义学派的主要研究宗旨和方向之一，旨在从过去对语言的解释性研究转向描写性研究，通过对深层语义的研究，揭示语言的本质。整合性研究是对一个词位进行全纬度语义分析，除了主要语义成分外，还包括特殊的语义特征、伴随意义、语用信息、词典学语义、句法制约规则等。

语言的整合性描写原则的实质在于：词典是语言理论的全面

① 阿普列相：《莫斯科语义学派》，杜桂枝译，《中国俄语教学》2006年第2期。

描写中不可分割的一部分，与语法同等重要；形式词典和形式语法作为语言的统一理论的一部分，在分配语言信息、记录语言形式，以及语法规则与词典学材料相互作用等关系上，彼此应该协调一致；对语法和词典信息协调一致的要求，就是要求对所有有意义的语言单位以及其语法和结构特征等因素，都应用相同的方法进行词典学注释，对一种语言的所有信息单位（词汇单位、词法单位、句法单位、构词单位）的意义都可以，也应该用同一种语义元语言来描写。

语言整合性描写原则的实施是通过比较，特别是对注释的比较，展示出词典中不同词位之间的所有语义联系，描述在篇章中各词位彼此之间以及与其他语言单位之间语义作用的规则。这一原则要求每一种语言的语法和词典相配合描写（本文语境中的语法应宽泛地理解，即一种语言的所有规则的总和，包括语言的语义规则）。确切地来讲，整合性原则应该满足以下两个方面的诉求：

（1）在描写某一词位时，词典学家应该利用全部规则，并给该词位注明规则中提到的所有性能，在很多情况下，还要求在词典的释文中包含有关这些规则的信息；

（2）同样，语法学家在描述语言的某种规则时，应该利用该词的所有词位，如果这些词位的行为的相应形式没有直接记述在它们的词典释文中，应考量从属于该词的所有词位；在很多情况下，还要求将具体词位的信息直接添加到语法规则中。

在承认整合性原则的所有合理性的情况下，莫斯科语义学派第一个意识到了它的必须性。在半个多世纪的发展中，语言整合性描写原则贯穿莫斯科语义学派形式和意义层面理论研究和描写的各个方面，该学派提出了一系列方法论原则和语言描写准则，其中非常著名的“透过句法研究语义”“意义的结构制约性”“意义的句法制约性”等理论原则，是语言整合性描写原则在理论上的重大突破和发展，为语法学和词典学研究，为计算机语言学和机器翻译等应用语言学科的发展提供了理论和实践的依据。

在实际语言描写中实现这一原则是一项十分复杂的任务。譬如，在否定句中，俄语中的许多不及物动词、某些及物动词的被动结构和某些短尾形容词的主语可以用名词一格形式，也可以用二格形式：

Мороз не чувствовался. 和 Мороза не чувствовалось.

Звуки не слышны. 和 Звуков не слышно.

在这种情况下，选择一格还是二格在语义上是不同的，这种不同有理据可鉴：在其他条件都相同的情况下，一格强调的是，谈话中所讲的现象是存在的：

Звуки не слышны.（声音本身是存在的，只是出于某种原因没有被感受到），

而二格则允许现象根本就不存在。

另外，一格还常常带入确定的具体对象：Звук дождя в вагоне не слышен.

而二格常常带入不确定的对象：Не слышно ни звука.

根据这一语法规则，可以将全部动词词位划分成三大类：

A）在否定语境下允许将一格换成二格的词位（见上述例子）；

B）在否定语境下要求将一格换成二格的词位，试比较：

У нас не имеется сведений на этот счет. 但不能说 *У нас не имеются сведения на этот счет.

Не остается сомнений. 但不能说 *Не остаются сомнения.

C）在任何情况下都不允许用二格替换一格的词位，试比较：

Весна все никак не начиналась. 但不能说 *Весны все никак не начиналось.

Бой не продолжался. 但不能说 *Боя не продолжалось.

以俄语为母语的人都可以无意识地掌握这一信息，这是他们语言能力的一部分。这意味着，对这一信息进行模式化的俄语语言学描写应该包含这方面的必需内容。但是，对于派生动词而言，即便是科学院的词典和语法也没有给出足以生成具有所需意义且句法正确的结构的相关信息。出现这种情况有以下两个原因：

第一，根据该句法规则划分词汇具有相当的复杂性；

第二，在语言的科学描写中没有语法学和词典学相配合的传统。

显然，在关于否定语境下主语格互换的纯语法规则中，无论是对从属的动词，对可以强化或弱化这一功能的上下文条件，还是对在此时可能发生的语义显现，都无法描写得足够全面。唯一能够提供相对全面信息的地方就是词典。然而，没有一本俄语详解词典收录了这类信息，因此，在这一层面上讲，现有的语法和词典都无法满足整合性语言学描写的原则。

综上所述，不可避免地得出一个结论：整合性原则把对每一个词位的词典学描写变成了独立的科学任务。为了真正认识这种描写的困难程度，需要注意一个事实，这就是在莫斯科语义学派的研究中，试图把整合性原则运用于整个词典的内容上，不是像我们前面举例那样，只用于一个特征，而是用于与规则相关的所有特征。这一原则包含的语言描写层面很宽，涉及的范围很广，需要考量的词汇和语法规则很多，因此产生的后续工作量特别大。本文尝试来论证其中之一，即意义的句法制约性问题。

二、意义的句法制约性

被莫斯科语义学派称作“意义的句法制约性”的概念，是对结构制约性概念的概括和发展。这样的概括可以在两个层面上扩展：第一，比较共性的意义纳入关于词汇意义制约性形式的概念中；第二，被制约的（依赖于实现的句法条件的）不仅仅是单个词汇的意义，而且还有整个词典内部的语义类别。阿普列相从语言学家们熟知的“意义的结构制约性”问题的角度，对所进行的俄语动词语义研究成果做进一步思考的尝试，在研究中对这两个层面都进行了大量的观察、分析和研究，得出了一系列具有普遍性意义的语言学结论。本文只对其中的第一个层面，即多义词内部不同意义的句法制约性作简要阐释和探讨。

词汇意义的结构制约性通常被理解为是被准确界定的、能保证词汇意义得以实现的组合条件，更确切地说，也就是一个词汇的某一义项得以实现的句法结构形式。例如，动词 дрожать 是一个多义词。

表示“不安”的意思时，要求前置词 за + вин.（客体四格）的结构，如：

Мать дрожит за ребенка.

而表示“珍惜”“爱惜”的意思时，则要求前置词 над + тв.（五格）的结构，如：

дрожать над каждой копейкой；

表示“害怕”的意思时，要求前置词 перед + тв.（五格）的结构，如：

дрожать перед самодуром.

这个动词的另外两个意思“颤抖”和“摇摆”的实现没有这样严格的限制。试比较：

颤抖：Пес дрожит на ветру.

Пес дрожит под дождем.

Пес дрожит от холода.

摇摆：Свет дрожит в лампе.

Лунные блики дрожат на воде.

За перегородкой дрожит луч света.

根据这样的事实，这两个意思通常被认定为是自由的，或结构上没有制约的意义。词汇意义的句法制约性概念与结构制约性概念的不同之处在于：

（1）原则上，词汇的每一个意义都可以看作受句法因素制约的。事实确实如此，尽管动词 дрожать 中，“颤抖”的意思可支配的结构大大多于“摇摆”的意思，但这些结构的范围是封闭的。而且，在使用“颤抖”意义时，该动词不能支配 за +вин.（客体四格）的形式。这样一来，词汇的自由意义与受制约意义的对立被消除，其区别仅是受意义制约的程度大小而已。

（2）确切地说，意义的句法制约性形式，不是词的一个意义得以实现的一个结构，而是该意义得以实现的众多结构的总和。

例如，动词 узнавать–узнать. 在该对偶体中，未完成体动词更经常用于常规意义：

Вчера，своротя на проселочную дорогу к Яропольцу，узнаю с удовольствием，что проеду мимо Вульфовых поместий.（А.Пушкин）（历史现在时）

…Мужья всегда последние в городе узнают про жен своих.（А.Пушкин）（不定多次性）许多动词体对偶具有产生心智状态意义的能力，譬如：

понять ≈ “начать понимать”

осознать ≈ “начать осознавать”

признать ≈ “начать признавать”

与这些对偶不同，未完成体 узнавать 不能用于表示相应的心智状态：узнать 不等于“начать узнавать”，而是“начать знать”（大多数体学研究者的直觉，знать 不是 узнать 的体对偶词）。

在 С каждым днем я узнавал все больше（все новые подробности）об этом деле 这个语句中，动词 узнавать 的用法也应该归入到常规用法中。这里指的是过程（心智活动），而不是事件的连续性。

当表示“信息的获得不受主体控制”的情况时，动词 узнавать 一般不具有非常规性意义。因此，узнавать от Y-а 不用于“现实一时间长度”意义[①]。而表示“信息的获得受主体控制”的情况，动词 узнавать 就可以用于“有目的性的活动”的意义，试比较：

Он долго узнавал（=“пытался узнать”），когда придет поезд. 但是，узнавать 在该意义上的使用是很受限制的。不言而喻，这种用法通常不能出现在说明从句的语境中（узнавать, что Р），Он долго узнавал у проводника, что поезд пойдет в два часа 这个语句表现为两个语句：

Он долго узнавал у проводника, когда пойдет поезд.（疑问性）

Он узнал, что поезд пойдет в два часа.（肯定性）

显然，这两个句子的结构语义是有逻辑矛盾的，形式上“交叉错合”造成句子的歧义。动词 узнавать–узнать 语义中的“可控的”和“不可控的”特征，表现在形式上的区别是：在前一种

---

① Апресян Ю.Д. Объект и средства модели поверхностного синтаксиса русского языка. *International Review of Slavic Linguistics*. 1978. Vol 3. с. 137.

情形下使用前置词 у，表示信息的持有者，在后一种情况下使用 от，表示信息的来源[①]。

除此以外，应该指出，узнавать 表示的不是任意一个旨在获得信息的活动，而只表示那些通过打听、询问而获得信息。因此，在谈论有目的地研究物质 X 属性时不能说：

Ученый сейчас узнаёт，каковы свойства вещества X.

类似悖异的句子还有：

В настоящий момент она в экспедиции–узнаёт，существует ли снежный человек.

Не мешай: я узнаю по радию，какая будет погода.

正是在给定的前一种意义上（≈“спросить，справиться，осведомиться”）узнать 可以自然地用在命令式中：

Узнай，когда отходит поезд.

узнавай 形式可以在表示“多次”或者“准许”意义时使用：

Узнавай，где хочешь.

在否定词存在时，也选择这种形式，因为相应的行为是可控的。

类似的对偶体动词还有 обнаружить–обнаруживать 和 открыть–открывать（使用于“心智”意义时）。这些对偶体的未完成体，在语义上与所分析过的 узнать–узнавать 近似，但却不能表示“有目的性的活动”这个意义，其未完成体只能用于常规意义。譬如：

Мы постепенно обнаруживали все новые аспектологические особенности ментальных предикатов.（А.Пушкин）

Гений с одного взгляда открывает истину.（А.Пушкин）

---

① Апресян Ю.Д. Объект и средства модели поверхностного синтаксиса русского языка. Vol 3. cc. 133-156.

在这类语句中，обнаруживали，открывает 形式不是表示过程，而是表示一系列事件。

三、意义句法制约性的辨识判据

能够使一个词的某一意义保持不变的众多结构都具有一个最重要的性能：它们可以由某些句法关系联系在一起，研究这些关系的联系规则是揭示意义的句法制约性形式的关键所在。

（1）兼容性规则

无论一个词可能有多少个意义，在任何一个正确的句子中，每一个词只能体现其中的一个意义。譬如：

Он погрузился в воду и в воспоминания.

在类似的句子中，погрузился 同时体现出一个以上的意义，一般来说，这样的句子不能被认同是正确的。这两个意义之所以有可能作为双关语出现，是因为在严格标准的背景下，双关语被理解为一种语言游戏。正常情况下，在与 погрузиться 搭配时，词形 в воду 和 в воспоминания 相互是不能兼容的。这种不可兼容性就决定了这个词汇各格形式的句法限定性。由此可以得知：

如果，前置词－名词格形式 X 和 Y 在句子 Ax 和 Ay 中分别从属于词汇 C，那么，X 和 Y 的兼容性是判定词汇 C 实现同一个意义的标记，试比较：

Пес дрожит на ветру.

Пес дрожит под дождем.

Пес дрожит от холода.

Пес дрожит на ветру под дождем от холода.

相反，X 和 Y 的非兼容性是判定词汇 C 在句子 Ax 和 Ay 中实现的是不同意义的标记。例如：

Пес дрожит на ветру.

Мать дрожит за ребенка.

Скупец дрожит над каждой копейкой.

Он дрожит перед самодуром.

在这些句子中，动词дрожать都不含有可以兼容的词形成分，试比较不正确的句子：

Мать дрожит за ребенка над каждой копейкой.

Мать дрожит за ребенка и над каждой копейкой.

Мать дрожит от холода за ребенка.

重要的是，在很多情况下，同一个词的不同意义可以构成兼容性结构的不同对偶的组合，甚至是一个组合中的部分结构与另一个组合中的部分结构相融合。譬如，对动词 дрожать 的上述五个意义而言，这一特点是显而易见的。因此，在确定某一动词与多个前置词一名词格形式的兼容性一非兼容性时，研究不仅发现了使该词意义得以保持不变的大量结构，而且得到了用于区别多义词意义的客观有效的方法。

以动词 распускать 为例，解释这一途径的作用原则。在句子 Правительство распускает парламент 中，动词 распускать 表示有意识的、有目的的行为：解散议会是政府的意图，即便是不得已而为之。因此，动词 распускать 在这种情况下很主动地支配具有目的意义的前置词一名词格形式：

Правительство распускает парламент на каникулы или для того，чтобы провести новые выборы.

在句子 Родители распускают ребенка 中，动词 распускать 则表示无意图、无目的的行为：父母对孩子的放任和娇纵通常不是一种有意识的主动行为，因此，在这种情形下，动词 распускать 与表示有目的性的前置词一名词格形式不能搭配。

需要指出，所述情况不会对一般的纯语义分析带来太大困难。事实上，不需要特殊的形式上的思考就已经很清楚，在词组 распускать парламент 和 распускать ребенка 中，动词 распускать 具有不同的意义。知觉上可以发现的差异要以客观事实为依据固然不错，但分析的实验手段的价值不仅取决于这种手段在多大程度上可以证实本来就清晰可见的东西，而且取决于借助于这种手段在多大程度上可以发现非显现的东西。当兼容性—非兼容性原则可以触摸到那些相当细微的，甚至在详解词典中没有指出的那些语义上的差异性和相似性时，这一原则可以看作是区分意义的一个有效的实验手段。

再如，动词 греть，在 греть руки 和 греть кофе 这类词组中，动词的意义在主要的俄语详解词典中都没有区分。然而，名词四格形式在这些词组中是不兼容的（不能说 греть руки и кофе，虽然可以说 греть руки и спину）。一方面，在第二个词组中，名词四格形式可以与表示热源的前置词 на + пр. 形式兼容（греть кофе на костре），而在第一个词组中，名词四格不能与这些形式兼容（不能说 греть руки на костре）。另一方面，使用 греть руки у костра 比 греть кофе у костра 更正常些。这些结构上的差异或多或少直接表现出动词 греть 两个意义之间的语义差异。在第一个词组中，греть 表示"消除寒冷的感觉"，要达到这一点只能是把需要温暖的对象（动物或身体的一部分）放在篝火旁，但绝不能放在篝火上。在第二个词组中，греть 表示"提高客体的温度"。显然，在这种情况下，为了加热的过程更有效，我们可以使被加热物体与热源更接近，甚至放在篝火之上，而不是置于篝火旁。

兼容性原则的有效性不仅表现在借助于这一原则可以确定不明显的语义差别，而且还在于借助这一原则有可能判明非显现的语义相似性。在奥热果夫的俄语词典中，动词 опустить 在词组 опустить ребенка с рук на пол 和 опустить гроб в могилу 中获得不同的意义：在第一个词组中表示"放到更低的状态"；在第二个词组中表示"向下放，使没入，埋进"。但句法分析表明，在第一个词组中，вин，с + род，на+ вин 形式与 в + вин 形式是兼容的（譬如：опустить ребенка с рук на пол в тазик），而在第二个词组中，вин，в + вин 形式与 с + род，на+ вин 形式也是兼容的（譬如：опустить гроб с платформы в могилу на каменную плиту）。不仅如此，类似 опустить ребенка и гроб на пол 这样的句子虽然有些出乎意料，但却是完全正确的。因为在这两种情况下，实现的是动词 опустить 的同一个意义，能够区分 опустить ребенка с рук на пол 和 опустить гроб в могилу 这两个词组的语义差异的只有名词的词形，特别是 на+ вин 和 в + вин 形式。所述分析表明，研究兼容性关系对解析意义的句法制约性问题是至关重要的。

（2）转换性规则

从上文中我们看到，在兼容结构中，构成该结构的（句法上主要的）词汇具有同一个意义。但是，能保持词汇意义不变的结构间句法关系并不仅限于兼容性关系。值得关注的是转换对词汇意义的影响，更宽泛地说，对改造过的整个表述的意义的影响。譬如，词组 вертеть трость 和 вертеть тростью，这一对词组中，虽然第一组元素（词组或句子）与第二组不能兼容，但可以按照严格的转换规则改造成第二个。但是不能轻率地认为，转换可以保证原始表述的意义能够全部保留下来。相反，如果认为任何形式的改变都会有相应的某种语义变化，则是比较理智的。譬如，与句子 Он ложится на диван 相比，句子 Он ложится на диване 显示出一定的强调意义：或者他是躺着（而不是坐着），或者是躺在沙发上（而不是在床上），或者这样做带有一定的目的（如，想在沙发上过夜）。

转换规则有两个重要的形式结构要求：

第一，原始词组和转换词组中词的形位应等同：在句子 Он узнал подробности от друга（他从朋友那儿知道了一些细节）和句子 Он получил приказ от командира（他从指挥员那儿接到了命令）中，друг 和 командир 都可以被看作所描述情景中的主动性元素（朋友自己可以主动告诉他某些情况，指挥员可以直接把命令下达给他）。在这些句子的转换形式 Он узнал подробности у друга 和 Он получил приказ у командира 中，情景中积极的主动性元素转换成了行为主体（他向朋友探询新闻，他去找指挥员讨要命令）。这种变化是由前置词 у 的语义引起的，前置词 у 常常与具有“获取”意义的动词连用，如：арендовать（брать，изымать，отнимать，покупать）что у кого 等。

第二，带有词汇形位的词形之间的句法联系手段应等同。下列句子彼此之间的区别只是逻辑重点不同：

Он закладывает дымоходы кирпичом.—Он закладывает кирпич в дымоходы.

Он заливает бак горючим.—Он заливает горючее в бак.

Он засыпает ясли пшеницей.—Он засыпает пшеницу в ясли.

比较这三对句子的表述程序：“行为者—存放行为—容器—材料→行为者—存放行为—材料—容器”，可以发现这些句子中发生变化的实质所在：两个句子描述的是同一具体情景，当右侧句子中改变最后两个元素的位置时，改变的只是逻辑重点，即对事态的表现形式，而不是事态本身。因此可以认为，进行转换时，句子的语义不变体（句子意义中不变部分）是句子描写的具体情景，而该情景的表现形式（所强调的逻辑重心），则可以随句子的变化形式而变化。

既然转换不会改变句子的情景意义，因此也不会改变进入句子的所有词汇（包括动词）的情景意义，据此，可以得出一个结论：不仅在兼容关系中，而且在转换关系中都可以找到保持动词意义不变的结构。所以，转换原则与兼容原则一样，也可以作为区分多义性动词意义的工具。例如：

Вино возбуждает его.

Микробы возбуждают болезнь.

句子的不同在于它们的被动化方式，试比较：Он возбуждается от вина，但 Болезнь возбуждается микробами. 这种转换上的差别对应的是“使神经处于兴奋状态”（使某人兴奋）和“使生病”（引起疾病）的原因这两个意义上的语义差别。

与兼容性原则的情况相同，当借助于转换性原则可以成功确定非显现的语义差异性和相似性时，转换原则的功效就明显表现出来。譬如，词组 греть руки 和 греть кофе. 如前所述，在第一个词组中动词表示“消除冷的感觉”；而在第二个词组中表示“提高温度”。这种语义差异不仅完全客观地表现在结构的差异上，而且表现在这些句子中动词添加前缀转换的差异上，试比较：

греть（обогревать）руки.

греть（подогревать）кофе.

但不能说 обогревать кофе 和 подогревать руки. 同样的方法可以区分动词 беспокоить 在句子中的意义差别：

Я не решался беспокоить спящего старика.

Болезнь мальчика беспокоила родителей.

在尝试对这些句子进行各种不同的转换时我们发现，在第一种情况下，可以用前缀派生词 побеспокоить 进行转换，这种转换在第二种情况下是不允许的，试比较：

Я не решался побеспокоить спящего старика.

不能说 Болезнь мальчика побеспокоила родителей.

这种形式上的差异是意义“引起不便”（第一种情况）和“使……不安”（第二种情况）之间语义差异的表现。

用动名词和助动词代替动词所进行的纯试验性改造也证实了这种分析的可靠性：

在第一个句子中，动词 беспокоить 可以用词组 причинять беспокойство 替换。在第二个句子中，要用词组 вызывать беспокойство 替换。

总之，使一个动词的意义保持不变的结构，或者存在于兼容关系，或者存在于相互转换的关系中。区分一个多义性动词的意义就是给它建立成对的兼容性或者转换性结构的所有组合。每一种组合都是该意义制约性的句法形式。

四、意义的句法制约性概念对外语教学的裨益

任何理论只有运用于实践才能显现出其正确性和功能性。可以肯定，意义的句法制约性概念对语言学习和语言教学实践是十分有益的。若能够将意义的句法制约性在相关领域里所取得的研究结果实际运用于外语教学，可以极大地促进学生对词汇意义乃至词汇的支配能力和句法结构的理解和掌握，得到更好的教学效果。

首先，句法制约性这一概念可以将明确的意义用于外语教学中提出的言语范式的概念。言语范式可以理解为是一种固定的句法结构，其各个位置由某些特定的词汇类别的元素来充填。既然结构由某种词汇材料充填影响着结构的句法性能（与其他结构的

兼容能力或转换成其他结构的能力），每一个言语范式都可以通过一定的句法制约形式来评定。根据普遍的共识可以认为，不掌握言语范式，不可能流利地掌握语言，因此，言语范式应该与关于这些范式的句法制约形式的指标一并使用。

其次，运用意义的句法制约性概念，可以对一个多义词的每一个意义都给出明确的标注：在什么样的句法结构中该意义能够实现，它们之间的关系是怎样的。这样的注释可以使学习者能够掌握一个多义词的全貌，包括词汇意义、配价能力、支配模式以及实现某一意义的句法环境和制约因素，从而，真正保证正确理解和使用词汇。

最后，有助于辨析和区分同义词和近义词。不同词汇的相近意义会具有同一种句法制约形式，对这样的意义可以借助于兼容规则和转换规则加以区分，并应该给出相同的句法标注，这样的标注就可以作为它们在语义上相近的形式标记，便于在学习和使用中掌握。

（原载《中国俄语教学》2010 年第 4 期，有改动）

认知维度

认知语义学理论探析

——Lakoff，Langacker 和 Jackendoff 认知语义观辨析

众所周知，生成主义语言学在其理论发展的早期阶段，秉承了传统的结构主义语言学思想，特别是描写主义语言学的思想，对语言的语义层面并没有给予重视，甚至把语义看作符号的逻辑。在随后的研究中，生成主义语言学虽然对语义问题也时有关注，但始终没有摆脱“句法中心论”的理论羁绊。当时占主导地位的生成主义语言学理论忽视和轻视语义研究的倾向曾引起了许多学者的质疑和批评，以兰盖克（R. Langacker）为代表的认知流派的最初形成，正是对生成主义语言学理论中语义观的反叛。该流派从形成和发展的早期就旗帜鲜明地提出了自己的研究宗旨和任务：从认知的角度对语言做出全面、系统、一致的解释，同时对曾被忽视的语义学表现出极大的兴趣，希望从符合实际的心理学角度加以研究。本文就美国认知语言学中某些语义学理论，特别是不同理论方向的代表人物，如莱考夫（G. Lakoff）、兰盖克和杰肯道夫（R. Jackendoff）等学者的认知语义学构想的异同做尝试性分析和探讨。

一、莱考夫、兰盖克和杰肯道夫认知语义学理论中的共同点

莱考夫、兰盖克和杰肯道夫都是乔姆斯基最优秀的学生和

同事，他们对传统的“客观语义学”的理论都持拒绝和批判态度，他们反对客观语义学的主要理论概念：（1）意义是在人类以外的世界中独立存在的，（2）意义的集合理论，（3）标识性语义，（4）理论模糊语义或逻辑语义，以及情景语义等。正是这一共同点把这三位语言学家联合在一起，这种共同的立场基于一个共同的前提，就是承认自然语言的意义是“信息的思维代码结构”[①]。他们认为，语义结构存在于人的大脑之中，是概念化结构的一种形式。符号/词不可能总是不考虑人的因素而完全符合世界存在的概念。恰恰相反，词可以表示某些范畴，而这些范畴的存在，实质上是依赖于语言使用者本身。这样一来，词的意义与人的概念化思维联系起来了。

莱考夫、兰盖克和杰肯道夫都认为，首先应该这样来理解意义：它不是决定一个句子或其中各项真值性的某些条件因素，而是能够被讲话人转变成话语并能够传递给听话者的因素。用杰肯道夫的话讲：“讲话人传递的信息应该与他对世界结构的构思有关，这种构思是符号与有能力表现其内在联系的手段之间相互作用的结果。”[②]因此，他们确认，语言参照的是我们对世界的概念化，所以关于“所指关系的表征意义”与“诠释世界真实性”之间关系的问题，就显得极其不恰当了。

三位学者一致赞同认知语言学的另一个观点，即认为概念的范畴与传统的理解不同，它不是由许多必需的和足够的条件决定的，它本身具有一定的性能，这些性能使概念与类典型意义十分相近，因而，才使得这一概念得以体现：该概念的例证比其他概念的例证更典型。认知语义学中的类典型概念反映了格式塔心理学的直觉，即感观辨别是来自周围环境的输入，是符号与头脑

① Jackendoff R. *Semantics and Cognition*，Mass: MIT Press，1983，p. 81.
② Jackendoff R. *Semantics and Cognition*，Mass: MIT Press，1983，p. 88.

中已有的现行准则相互作用的结果。

20 世纪 70 年代中期，在认知科学刚刚形成的阶段，数学计算方法确实吸引了许多学者的注意力。与许多学者不同，莱考夫、兰盖克和杰肯道夫都坚持这样的立场：首先，词汇意义不是决定一个句子真值性条件的因素，而是一种可以由讲话人转变成话语并能传递给听众的存在。因此，“计算 + 模式理论的方法并不适用于意义的描述”[①]。

按照三位学者的观点，认知语义学理论研究的是语言的理解和使用。这些问题本身在一定的范围内相互作用：一方面，这些理论应该描绘出在我们的头脑中实际上正在发生什么，也就是说，应该是一个可以从心理学上验证的过程；另一方面，这些理论应该能够解释，用什么方式可以有效地教儿童习得语言，进而教人们如何使用语言。而这些问题在传统的逻辑语义学中并不重要。

二、莱考夫、兰盖克和杰肯道夫关于认知语义学理论的主要分歧

1. 莱考夫的主要认知语义学理论

莱考夫的认知语义学思想源于对生成语义学的不认同。他在 1990 年就曾明确表示，他在认知语言学研究领域有两大基本任务：“第一任务是描述支配人类语言所有方面的总体规则；第二个任务是必须对人类语言的本质做出解释，这样的解释应与其他学科和我们自己对大脑的了解处于同一水平。”[②] 莱考夫的这一

① Lakoff G. *Women*，*Fire and Dangerous things: What Categories reveai about the Mind*. Chicago，The University of Chicago Press，1987，p. 129.

② Lakoff G. The invariance hypothesis: is abstract reason based on image-schemas? // *Cognitive linguistics*. 1990. V. 1，N.1. pp. 39-74.

总体指导思想决定了他在研究中必须考虑诸如心理学、人类学、神经科学等其他学科的经验，在随后的研究中他把注意力集中在下列问题上：

（1）概念化结构问题

既然认知语言学家们把语义结构理解为是概念化结构，那么就有必要首先弄清楚，我们是如何建构概念化结构的。在这一点上，莱考夫赞同并支持约翰逊（M. Johnson）在1987年提出的关于概念化结构是一种意象图式的思想。约翰逊认为，“意象图式是我们的理解过程与我们的运动程序的反复重复的动态样板，为我们的经验提供了连续性结构”[①]。莱考夫发展约翰逊的这一思想，认为概念化结构在某种程度上是由被称作意象图式的结构发展而成的，换句话说，是由一种基础结构发展而成的。这种基础结构则是由于我们与物质世界相互作用而形成的，可以看作关于我们身体的存在和我们生存的这个世界中所有物质事件的信息。根据这一构想，莱考夫提出并研究了一系列与基础结构相关联的意象图式，如“容器意象图式”——区分内部成分与外部成分的一个界限概念。这一概念与我们的亲身感受经验紧密相关。实际上我们的身体本身就是一个容器，重要的是我们必须区分我们的内部世界与我们身外的世界。“部分—整体意象图式”，用它来解释我们的身体本身和许多客观事物之间的关系。“原始点—途经—目的地意象图式”，用它来解释世界上所有运动都必不可少的规则模式。这些图式的使用范围很广：可用于隐喻性描述有目的的工作（其中目的地就是我们的工作要达到的结果），描述改变状态的过程（宏观上可描述一个国家所发生的从农业国向工业国的转变过程，微观上可以描写一个人产生惊恐、后悔等心

---

① Jahnson M. *The Body in the Mind: the Bodily Basis of Meaning*，*Imagination*，*and Reason*. Chicago，The University of Chicago Press，1987，p. 14.

理的过程），甚至可以描述事件的原因（做某件事是出于好奇或是出于仇恨等）。

（2）基准概念（类典型概念）

基准概念源于心理学家罗施（E.Rosch）及其同行们的观察和研究，早在20世纪70年代他们就提出，有这样一种范畴化了的基准。在这一基准上，人类可以最有效地与周围环境相互作用并能高效地处理、储存和传递信息；在这一基准上，某一范畴中的所有成员的整体概貌可以看作相似的；在这一基准上，只有一个唯一的思维形象可以反映出整个范畴的基准概念[①]。例如“狗”“猫”“鸟”这些词的意义就是这个世界上所有这类动物的基准概念。基准概念是可以在人的大脑中勾画出形象图式的概念，这种形象概念既不可能出现在高于基准概念的上一级层面——“动物”这一范畴概念上，也不可能出现在低于基准概念的下一级的具体层面上：在上一层面上范畴的概念具有更抽象的意义，人的头脑中无法勾画出“动物”的具体图像，而在低一级层面上每一个基准范畴概念都可以被具化为某一分类，譬如“狗”这一基准概念中可以具体划分出“牧羊犬”“哈巴狗”等不同类别；“猫”这一基准概念中可以有“波斯猫”和其他的种类；“鸟”这一基准概念中可分出“喜鹊”“黄鹂”“燕子”等类别。莱考夫在此基础上做了进一步的深入研究，他发现基准范畴不仅仅是依据自然界存在的物态连续性的断裂确定的（譬如狗和鸟），它还可以在人类与外部世界相互作用的活动中获得，譬如我们用身体、认知结构和我们的文化基因预设的目标与外部世界的各种现象发生的作用[②]。从交际的角度看，人同样具有能与基准范畴各

① Rosch E. Basic objectsin naturai cagegories. // *Cognitive psychology*，1976，No. 7，pp. 573-605.

② Lakoff G. *Women*，*Fire and Dangerous things: What Categories reveai about the Mind*. Chicago，The University of Chicago Press，1987，p. 134.

成分的运作相类似的心理运动程序。根据认知语言学的原则，表示基准概念的词通常是最短、最便于流传并相对中性的，语言学中通常称作为范畴词汇。这样的词在某些语言的历史上要比其他具体词汇出现得早，儿童在学习语言时最先掌握的词汇正是这部分词汇。

（3）放射状范畴

这是莱考夫语义观的中心概念之一。莱考夫指出，语义范畴的概念不仅适用于不同的词，而且还适用于同一个词的不同意义。同一词条范围内的各个义项之间以一种家族式类同的关系联系在一起，从中可以区分出某种类典型意义。这种系统化的有效方法之一就是建立词汇的放射状范畴结构。在这种结构的建构中起核心作用的是意象图式的转换，即把某些意象图式从一个空间情景投射到另一空间情景中，或从空间情景转换到非空间情景中。罗施指出，"认知范畴通常具有类似家族关系的内部结构，而同一范畴中的某些成员比其他成员更具有类典型意义"①，根据这一观点莱考夫认为，既然语义范畴具有其他认知范畴所具有的那些特性，那么，意象图式和基准概念都具有内部结构。他用"母亲"一词的例证指明了该词的典型理解图式：

——生育模式：能够生产的人；

——遗传模式：能提供遗传物质的女人；

——爱抚模式：爱抚和培育孩子的女人；

——夫妻模式：孩子父亲的妻子

这些模式不是被作为"母亲"这一概念必需的和足够的特征，而是作为决定"母亲"类典型意义的综合条件。那些只体现一个或几个特征，因此代表该范畴中较少的典型成员的情况，应

① Rosch E. Cognitive Representations of Semantic Categories . // *Journal of experimental psychology: General*.1975，p. 198.

考量其有几个特征是相符的，进而决定其与该模式核心概念的关系。这种语义描写方法如今又称作“词汇语义网理论”，依据这一理论观点，一个词汇单位的各个意义以网络的形式相互依存。

（4）概念化隐喻理论

1980年，莱考夫和约翰逊联合出版了《我们赖以生存的隐喻》一书，此后，他把概念化隐喻理论作为一个重要研究课题，并提出了表现概念化隐喻的描写模式“源域——目的域”。根据这一理论，不应简单地把隐喻视作一种语言现象，隐喻是人通过语言对日常概念化思维的一种实现，它表明我们用一个领域的概念去思考另一个领域的问题，用一个范畴的术语去形容和表述另一个范畴的事物的能力。莱考夫明确指出：“事实上，许多抽象结论都是意象图式拓扑结构中特有的空间结构的隐喻性变体。”[①] 因此，从这样的认知语义学观点来看，概念化隐喻是在抽象概念的高度结构化模式中，采用一种理智思维来表征某些抽象的认知过程。这种研究方向的目的之一在于要表明，讲话人是如何用某种适用于该文化的语言通过采用隐喻的手段对不同范畴的事物进行概念化的。概念化隐喻通常以大量的隐喻化表达方式存在于语言中，如英语中最典型概念化隐喻的范例是“爱情是旅途”。研究表明，使用同一语言表达的概念化隐喻在同一文化氛围中常常是相互关联的，并可以相互渗透、相互融合和相互强化，进而形成新的、更为复杂的隐喻表达系统。一方面，命题较具体的隐喻（爱情是旅途，仕途是旅途等）常常可以证实较为抽象的隐喻（长时间的、有目的的活动是旅途）的合理性和真理性。另一方面，命题较具体的隐喻通常隶属较具体的文化，例如在

---

① Lakoff G. and Jahnson M., *Metaphors We live By*. Chicago, The University of Chicago Press, 1980, p. 54.

北美，人们常常把爱情比作棒球比赛——“爱情是棒球比赛”；而抽象的隐喻适用的范围会更宽泛。此外，隐喻的研究具有特殊的语言学意义，譬如，隐喻对多义词和词素的历时语义变化和发展起很重要的作用。他认为，词的各种意义的产生有三种主要机理：意象图式转换、隐喻、转喻。这样一来，概念化隐喻研究就成了语义学研究的一个重要方面。除了用语义学的方法研究语言学中跨学科的交叉联系外，概念化隐喻在研究文学作品中的情态、分析婚姻的文化模式以及隐含在国家政治经济生活中的意识形态问题等方面都起着十分关键的作用。

2. 兰盖克的图式概念

从总体上讲，兰盖克是赞同莱考夫的理论观点的。他在给莱考夫的 *Women, fire, and dangerous things. What categories reveal about the mind* 一书作序时曾写道：“我认为，莱考夫基本是正确的。我对语言和语言学理论的个人观点尽管是独立得出的，但与莱考夫的观点在很多方面都是不谋而合的：我们俩都赞同关于非客观主义语言学的构想，认为它能够反映出我们心智生活中的全部财富，它不愧于认知语言学的称号，这不是根据任何法令，而是由于它是合乎情理的，心理学上是近乎真实的。”①

兰盖克与莱考夫的主要不同之处在于他们关注的焦点不同。兰盖克的关注点主要集中在对语言中表现出的认知过程的研究，探讨这一过程是如何作用于意象图式概念和基准概念的。这一认知过程包括：物像（事件）与背景的互换交替，着眼点的移动，对情景的某些场面的扫描和对某些侧面注意力的集中。尽管兰盖克认为，目前对单个的词汇进行类似的认知语义分析还为时

① Langacker R. *Foundations of Cognitive Grammar. V. I. Theoretical Prerequisites*. Stanford University Press. 1987，p. 384.

尚早，但他仍然坚持在自己的研究中引用例证，以展示他涉及的认知过程具有十分重要的意义。例如，他用英文中的give和receive这对动词为例，通过描述同一事件中两个参与者之间的关系，展现出了这一认知过程。他证明，其中的每一个动词都侧重于这种关系的一个特殊方面，而且每一个动词都肩负着对交换活动加以限制的重任，负责指明不同的参与者是主语（主体）或补语（客体）。

由此可以看出，兰盖克的研究兴趣主要在于整合认知语义学思想和语法理论，他提出了认知语法理论。譬如上述的概念化隐喻方面的研究，也是对认知语法理论的补充，但有着不同的侧重点，关注的是问题的另外一些方面。在两卷本著作《认知语言学机理》（1987；1991）中，兰盖克明确地阐述了自己的观点。他认为，语法的本质是象征性和形象化，因此，他把不同于生成语法句法树形图的图示作为表现语法关系的启发式手段。在近期的一些研究中，兰盖克仍在继续用认知语法的理论原则来解决句法领域的一系列传统问题，譬如被动结构问题和生格的转换。在所有情况下，在讲述语法现象时，他感兴趣的不是转换生成的迁移或深层结构的树枝状派生，而是强调句子述谓核心配项的语义。

在认知语法中，将生物学作为描写语言过程中隐喻的原始域，比形式逻辑学或数学更合适。在这种情况下，语言的语法不应看作生成语法，而应看作保障讲话人符号资源储备的语法，借助于这样的储备，讲话人可以根据自己的总体范畴化能力来做出决定，组织语言表述和评价表述内容。例如，认知语义学的一个重要问题是，我们如何根据范畴相似度来决定范畴的成员（物质、行为、性能）。尽管在意识和潜意识中确定范畴的相似度是人脑很容易胜任的熟练技巧，但这不是可以按照数学模式创造的。而神经网络计算机模式却指出了以认知为基础的计算机语言学的发展前途。

3. 杰肯道夫的概念化语义学

与兰盖克和莱考夫不同，杰肯道夫的认知语义学思想来源于句法与语义关系的著名假设。正如他在自己的《语义结构》（1990）一书中总结的那样，他的概念化语义学理论的早期准则，是与以生成句法和词法为理据的那些原则并行的。因此，他始终站在乔姆斯基句法理论的立场上，坚持次范畴和命题作用的规则。他在这本书中写道："我的研究方案的一个重要前提就是，它必须在所有方面都能与生成主义语言学的世界观相容。"[①] 他认为，概念化结构原型构成大量的、通用的本体范畴，而在本体范畴和句法范畴之间存在有对应关系，因而产生了"概念化结构句法"。也许，正是由于他对生成主义语言学的承诺，他没能把握住把语言作为认知能力这样更大更广的现象，降低了认知功能的上述地位。可以这样形象地来形容他的立场：他的一只脚踏在用认知观点研究语义的立场上，而他的另一只脚仍滞留在生成句法的传统理论中。

杰肯道夫的认知语义学观认为，语言表达的意义应包含在范畴化结构基准上的内部概念中。虽然杰肯道夫拒绝"范畴化结构仅仅是由某些必需的和足够的条件所决定的"这样的观点，但他并没有把注意力集中在关于范畴具有放射状结构的设想上。他按照自己独特的观点去研究这一问题。他认为，有一类条件能够决定范畴的划分，其中之一就是等级递进式条件。这种条件可以用来解释颜色的名称，例如，所有的颜色都是以基本色调来区分并称名的，某一种颜色中的其他色调成分的比例按其逐渐偏离基

① Jackendoff R. *Semantic Structures*. Mass: MIT Press，1990，p. 8.

本色调的程度来判定。另一种条件是典型性条件。这种条件是指明某一范畴中成员的典型特征。譬如，狗的典型特征之一是四条腿，尽管三条腿的狗也同样是狗，但三条腿不是狗的典型特征。杰肯道夫强调指出，任何一个范畴都是由上述这些条件在优选规则中的特定组合决定的。在这一系统中，只有当这些条件相互支持时，对同一个范畴中各成员的判定才是最准确的，这样我们就得到了该范畴的典型样本。杰肯道夫把这些优选规则看作词的意义的次结构系统。

与其他认知语言学者的观点不同，杰肯道夫更倾向于用词典学的观点去研究词汇意义。按照他的观点，词汇应隶属于具有严格界限的句法范畴。此外，杰肯道夫赞同“语言首先是一个计算系统，是一种计算性思维能力”的观点。他所从事的最著名的研究是语言的认识能力与人的其他认知功能的关系，譬如，与视力以及我们对音乐的理解能力等的关系。

杰肯道夫关于命题关系的设想是他与其他两位认知语言学家的另一个本质性区别。杰肯道夫与兰盖克和莱考夫在早期都承认这样一个重要观点：同一语言结构可以表示不同的语义场（时间、空间、被动、原因等）。但兰盖克和莱考夫认为，空间关系语义场是最原始的、最基本的，所有其他语义场都是在此基础上通过隐喻转义的手段形成的。杰肯道夫则用专门的抽象的结构术语来解释：“如果空间语义场具有第一性的特征，那是因为这一语义场主要受非语言思维的支撑。”[①] 这一观点与约翰逊关于意象图式的论点是相矛盾的。按照约翰逊的理论，意象图式（容器、部分—整体、出发点—途径—目的地）是由人的思维直接充填的，因为这些图式是以我们的亲身经验为基础的。虽然杰肯道夫也研究各个语义场之间的关系，但他的注意力仍然

① Jackendoff R. *Semantics and Cognition* . Mass: MIT Press，1983，p. 33.

放在解释句法形式结构中各个直接成分的语义结构和概念化结构上。

三、结语

在分析研究上述三位语言学家认知语义理论上的共同点和差异时，似乎可以捕捉到学术活动的地域特点对学者们的认知语义观所产生的影响。杰肯道夫执教于布兰戴斯大学，与生成主义语言学的大本营麻省理工学院相毗邻，在他的认知语义学研究中，较多地保留着生成主义语言学理论的痕迹，他试图与生成主义语言学相配合发展或试图使其更加完善。莱考夫和兰盖克则分别任教于位于美国西海岸的伯克利和圣地亚哥的加利福尼亚大学，在反叛形式主义和生成模式的道路上，他们似乎走得更远些。他们与杰肯道夫之间在认知语义观上的异同多少可以代表被称作当前美国语言学的两极——东部和西部的主要差别。无论如何，起源于美国的认知语言学的思想，特别是认知语义学思想早已被各国的语言学界所接受、使用和发展。[①] 这些认知语义观符合并代表着当前语言学研究的主体潮流和发展方向。[②]

（原载《中国俄语教学》2014 年第 2 期）

① 赵爱国：《20世纪俄罗斯语言学方法的嬗变和范式的转进》，《中国俄语教学》2012 年第 3 期。

② 杜桂枝：《当代俄语学研究的主要特点及趋势》，《中国俄语教学》2013 年第 3 期。

认知语言学中的若干相关概念

一、语言与认知

从20世纪60年代开始，认知科学的主要课题是对思维过程的研究，其中不仅研究指导人的行为的思维过程，而且研究与人的思维有关的知识的理解问题。哈曼（G. Harman）认为，认知科学既包括对认识的研究，也包括对语言的研究①。事实上，语言与认识有着密不可分的关系：

（1）语言是认知和思维的载体。语言是一种符号体系，是一种社会现象，是一种信息载体，是人们认识世界的思维工具和表达思想、交流情感的交际工具。语言既能体现认识过程，又能影响认识过程：它决定着或在很大程度上影响着人们对外部世界的认识及思维方式。各种民族语言对世界的概念化会因语言的不同而产生差异，但人类的思维和心智活动并不会因语言的不同而发生本质上的变化。因为语言是人类进行思维和表达思维过程及结果的主要手段，所以研究语言就成了研究认识的一种直接途径。

（2）语言是认知过程的产物和结果。不管认知过程的产物到底指的是什么——是思想，是知识结构，还是知识的表达，但归根结底，只有语言才能把思维活动客观地表现出来，说出该活动

① Harman G. Cognitive science ? // *The making of cognitive Science: Essays in honour of George Miller* // Ed. by W. Hirst. Cambridge（Mass）. 1988.

的结果，并可以用书面形式将其保留下来。语言材料是人脑最明显、最自然地进入认知过程和认知机制的保障。语言材料的产生，本身就可以看成是某种认识过程的结果，是与人的思维和认识活动相关的某些机制的行为。用现代的观点来看，如果承认思维是物质世界和精神世界在人头脑中的表现的一种过程，则应该承认，在这些表现中既存在有形象的或其他的图像形式的想象，也存在有语言和语言形式的想象，而我们在言语活动中观察到的语言表现行为的具体化就成了理解一系列认知过程的关键。

（3）语言的内部规则和机制本身是一种思维状态。自然语言的意义是一种语义符号化的信息结构。与传统的具体化语义的观念不同，语义在这里理解为概念化结构，或是概念化结构的一种形式。概念化结构是由称作形象图式的一种思维发展而来的。概念化结构的建立就是人脑对世界的认识的积累。按照乔姆斯基的观点，语言应被作为自己的结构实体——内部语言来研究，也就是说，作为语言的内部知识系统：语言范围、语言能力、语言习惯等来研究。他认为，“知道了语言，标志着已经处于一定的思维状态”[①]，等于掌握了一定的思维机制。这种机制是由语言的内部规则和原则体系组成的，这些规则和原则转换生成具有特定语义内涵的语音符号表现形式——句子。不同的句子相对应于不同类型的思维过程和体现形式。

二、认知分析与认知语义分析

用语言描写世界图景的过程是人的知识系统中某一分支的改

① Chomsky N. *Language and problems of knowledge. The Managua Lectures*. N.Y., 1988，pp. 132-165.

造和构建过程，这一过程与认知机制相关联。因此，似乎可以说西方的理论认知语言学派和广义上的莫斯科语义学派（包括逻辑分析方法和其他语义分析方法）是从不同的侧面完成着同一个任务，似乎这样依靠对语言的相同理解就可以把两种方法有机地联合在一起了，其实不然。严格地说，源于西方的认知分析方法和俄罗斯语义学派的语义分析方法在研究对象和研究分析方法上有很大的区别。

认知分析的方法从一诞生起就声称，在认知的框架范围内进行的所有的纯语言学研究都是第二位的，与此同步进行的还有心理学、神经中枢心理学和神经语言学、视觉心理学、记忆、对音乐的感悟及其他认知领域与语言的相互作用的研究。所有这些研究具有一个共同的目的：描写人的各种认知能力，包括语言能力。因此，为了构建持母语者的语言概念，认知语言学可以采取各种各样的方法，包括对讲话人的统计调查。对这些过程的分析通常称作认知分析。在目前的认知语言学研究中，特别是西方的认知语言学研究中，这是众所周知且得到广泛采用的方法（但不是公认的唯一方法）。譬如，在美国，杰肯道夫（R. Jackendoff）从认知的角度对语言的空间的表现方式进行了许多研究，但他并不声称自己是采用认知分析的方法，尽管他的观点和理论常常被认知学派的研究所引用。在俄国的语言学研究中，认知分析这一术语只是近几年才得到广泛使用。首先是库勃里亚科娃（E.C. Кубрякова）在她的研究中采用了这一方法。

而对语言学分析来讲，语义分析的基础是纯语言行为，即语言单位的所指关系及其可搭配性。用更严格的术语表述，这样的过程应称之为语义分析或概念化分析，分析的结果就称作语义描写。事实上，俄罗斯语言学界早于西方确立了描写世界朴素图景的构成的任务，并在随后的研究中取得了很大的成就。这种描写方法是莫斯科语义学派所从事的一项最权威性的研究，在最新出版的《最新俄语同义词释义词典》中，以及在以阿鲁玖诺娃（Н.Д. Арутюнова）为代表的语言逻辑分析学派所采用的概念化分析法中都得到了充分的体现。

认知语义学研究的重点是揭示人们的认知活动与语言深层语义的关系，进而探究在人脑的整个思维过程和语言表达中，语义与认知是在哪个环节上发生联系的；这种不可分割的联系体现在语言的哪些层面上。因此，相对于一般概念上的语义学来说，认知语义学又可以称作深层语义学，它更具体地研究语言单位的语义中所蕴含的（或表现出来的）认知经验，认知过程等等。美国语言学家杰肯道夫认为，客观现实通过人脑的认知机制的投影规则投射在自然语言的词汇语义中。[1] 人在理解话语时所使用的认知机制与理解其他感受（视觉感受、对音乐的理解）时使用的机制是一样的。如果说存在语言的或某些其他的普遍规则的话，那么这些规则首先应该是语义规则。这样一来，在语言学内部，认知的方法论自然而然地要依靠语义学的主导地位，因为语义决定了词位、词类、词汇搭配、结构以及句子的行为。所以，无论是总体的语义研究还是局部的具体语义分析，最终都是要解释语言单位的行为。简言之，认知语义分析是认知科学中的认知分析方法与语言学中的语义分析方法在语义研究层面上的对接，其目的试图回答迄今为止仍悬而未决的问题：语言单位中这样或那样的意义从何而来？它们是怎样产生的？这种语义上的解释要求必须以“人的普遍通用的机制”为基础。正是在这种情势下，在现代语义学研究中日渐形成了人文中心论的趋势。

① Jackendoff R. “Conceptuai semantics and cognitive linguistics” // *Cognitive Linguistics* 1996，7.1，pp. 93-129.

三、客观世界与世界的语言图景

维特根斯坦（L. Wittgenstein）曾对世界和物质做了一系列的解释和定义，概括为：（1）“世界就是正在发生的一切”，“世界是事件（факт）的总和”并“可以划分成无数个事件”；（2）世界并不是事件的无序的堆砌，“世界是逻辑空间中的事件”。世界是事件有机组合的结果，而事件本身是各种事物的有序结构。事件——是事物的一种存在状态，而事物状态是各种物体之间的联系[①]。

图景同样也是一个事件。事实上，形象和图景作为世界的一个部分不可能不是事件，但它是一种特别的事件。它必须与它所表现的东西，也就是另外的事件有共同点，一个事件要称为图景也必须与形象有某些共同点，用维特根斯坦的话说，这是“形象化的形式”。形象化的形式是指图景的各种要素处于构成图像化事件的物体所处的相互关系中。

洪堡特（В. Фон Гумбольдт）曾设想，在我们周围“存在三个世界：现实世界、概念世界和词语世界”[②]。这三个世界处在一种辩证的运动之中，很难说它们之中哪一个是第一性的，是从现实世界到词语世界，还是从词语世界到现实世界。

语言的一个主要功能就是再现现实世界的图景，当人们遇到这种图景时能够理解它并能把它说出来，这就叫作把世界图景言语化，准确地说，是把概念化了的世界言语化，这个过程得出的结果就是用语言表现的世界图景。世界语言图景是上述三个世界的有机结合，并具有以下特征：

---

① Wittgenstein L. *Philosophical investigation*. New York: Macmillan，1953.

② Гумбольдт В. фон *О различии строения человеческих языков и его влиянии на духовное развитие человечества*/ Пер. С нем. // Гумбольдт В. фон. Избр. труды по языкознанию. М.，1984，сс. 34-298.

（1）语言作为一个多面体，它表现出来的世界图景是多种多样的：世界的信息图景、世界的概念图景、世界的联想图景等。各种图景反映的世界层面不同，人们的认知过程也不同。例如，当一个生活在北方且从未见过荔枝的人听说“荔枝”一词时，他无法确切知道这个词的所指是什么；当一个小孩还没有判断是非好坏的能力时，我们对他说“好”，他不能理解这个词所含的概念是什么；同样，当我们对某一个句子不理解时，是对它的各个组成部分所代表的物体之间的关系不理解，也就是说，是对事物的态势，即句子折射出的现实情景的不理解。

（2）既然形象化图式是指图景的各种要素处于构成图式化事件的物体所处的相互关系中，那么语言图景中各要素之间的搭配性，在语义上应该是有理据可证的。如果搭配性在语义上是有理据可证的，那么它就是语言语义描写时最佳的语言学途径和有效的手段，正如维尔比茨卡（A. Wierzbicka）所述，“是这种描写方法的正确性的证据和证明”[①]。例如，在表示“通过某一空间”这一概念意义时，汉语中可以使用“穿过”一词，它的语义比较宽泛，搭配也较灵活，既可以说“穿过街道”，也可以说“穿过隧道”。但在俄语中相应词汇的语义比较具体，所指关系相对精确，搭配也有一定的限制，譬如：

可以说 пройти через улицу，

但不能说 пройти сквозь улицу；

可以说 пройти сквозь тоннель，

但不能说 пройти через тоннель.

这表明，在俄语中，这些词表示的物体的所指关系和参变量中某些要素有相互排斥的特性，也就是说，从语言的表层上看，

---

① Wierzbicka Anna *Lexicography and conceptual analysis*. Ann Arbjr，Mich.: Karoma. 1985，pp. 14-19.

它们之间仅仅是词汇的不相容、不搭配，实质上是词汇对应的客观现实的概念不相容。进而证明词汇的搭配性不是独立存在的，它是以内容特性为依据的，即在语义上是有理据可证的。

（3）语言图景不是现实世界的复制，而是这一现实世界的反映。因此，这种反映会发生某种程度的"歪曲"（不相符）。这是因为在反映的过程中物体的某些性能特征显得不那么重要，甚至发生遗失，而另一些显得十分突出。值得注意的是，无论是世界的语言图景还是视觉图景，在反映客观现实的时候可能发生的"歪曲"都是缘于同一个规则，即某些特征对人而言更具重要性。例如，汽车司机在开车时，他周围空间中的物体（树木、房屋等）都在做相对于汽车的"运动"，而司机对此却"视而不见"，他只是注视着红绿灯、车道、转向标志等标记，因为此时只有这些对他才是重要的。同样，从语言图景的角度来看，当我们说到"花瓶"时，我们脑海中出现的是该词概念意义中构成类典型意义的那些特征，至于花瓶的形状、尺寸及花色品种等内容，都会隐现在凸显出的类典型意义的背景下。突出重要性是世界语言图景的一大特征，这一特征在句子的语义结构中表现得更为明显。

四、类典型意义

类典型论是罗施（E. Rosch）在 1977 年提出的一个心理学理论构想。它的实质是：语义范畴概念具有"家族式类同"关系。在这种关系中，有一种原型的概念意义，或持母语者所理解的原型意义，在认知语言学中称作类典型意义。[①] 例如，在

① Rosch E. Human categorization // Warren（ed），*Studies in cross-cultural psychology*. N.Y.: Academic press，1977，vol.1，pp. 1-49.

说到“鸟”时，持不同语言的人会有不同的联想反应：中国人首先想到的可能会是燕子、喜鹊；美国人首先想到的可能会是麻雀，而不会是驼鸟。这种典型意义是这一类家族式类同关系的核心。人在理解任何一个语义范畴概念时，都可以根据这种家族式类同关系做出判定，或把它作为中心的典型意义，或看作边缘意义[①]。类典型意义只包括最典型的和使用频率最高的意义。

在语言学研究中，类典型理论起初只是用于词汇（主要是名词）的语言学分类研究。还曾做过尝试，试图通过统计测算出，在语言中究竟有多少类典型意义，即通过大量的实验调查来确定，持母语者的认识中对类似“水果”“餐具”“病痛”“家具”等的类典型概念是什么样的。但这是一项相当复杂和困难的工作。首先，在不同的语言中对类典型的概念不同，譬如，以英语为母语的人可能认为典型的水果是橙子，而以俄语为母语的人可能认为是苹果。其次，很难弄清，他们这样认为的根据是什么。

随着认知语言学研究的深入，类典型意义的构想也得到了完善和发展，并广泛用于认知语义的研究。学者们通过实验要寻找的不再是“水果”“动物”“飞禽”之类的类型，而是找出它们的本质性代表特征，即名词的类典型特性。正是从这一点出发，类典型意义的研究获得了语义学研究的地位。从语义学理论来讲，类典型意义是代表语义特征的集合，或者是语义元语言中的文本。在这两种情况下，语义概念的各个部分具有同等功效：语言单位解释中包括的所有语义信息具有相同的重要性。而由罗施提出的类典型意义是一种对语言概念范畴的直觉概念，它第一次把语义分量不同的特征和特性联合在一起。

---

① Mervis C.，Rosch E. Categorization of natural objects // *Annuai Review of Psychology*. 1981，32，pp. 89-115.

认知方法论认为，语言的范围内存在一个统一的认知空间，在这个认知空间中作用着共有的机制和原则，其中一个重要的原则是，在整个认知系统中有一个类典型机制。类典型机制可以进行意义的类型性构建——意义模式，又叫作类典型模式。这种模式具有更大的灵活性和尽量小的严格性，也就是说，这是按另一种方式对语言进行的更模糊的注释。从某种意义上讲，这种模式更优秀，因为它能更真实地反映出，事实上人是怎样运用词义的：不考虑诸多的单个的特征，而是根据类比的方法勾画出概念形象。

采用语言类典型意义的构想首先标志着，无论是在语义描写中，还是在语言学术语化过程中，原则上避免了严格的定义。譬如，对语言学中的一些最基本的概念："词""词素""词根""语法意义"等都无法做出准确的定义。它们和自然语言的概念一样，没有明确的界限。透过类典型意义的多棱镜，世界的语言图景已不再像现实主义画家笔下的轮廓分明的物体造型，它更像印象派画家的绘画：物体的模糊不清的形象逐渐地显现出来。

采用类典型意义的方法来反映外部世界，能进一步揭示出语言的本质：任何语言形象任何时候都不会与现实中的具体物体相对应。外部世界的现实会投影到自然语言的语义中，但由此得到的语言图景却不能等同于现实世界。因为语言图景反映出的只是持母语者关于某个物体应该是什么样的一些典型概念，譬如，鸟的典型概念是会飞、红色的典型概念是像火一样等。在人的这种类比过程中，与这些典型概念意义相近的就是核心物体，与之较远的就是边缘物体。语义学研究中的语义搭配原则和语义划分原则正是根据类典型原则构建的。

五、理想化的认知模式

莱考夫在研究类典型意义的过程中提出了一种设想：范畴是通过认知结构形成的，这样的范畴叫作理想化的认知模式。理想化的认知模式是语言范畴化基础中的一种特殊的认知本质。莱考夫认为，可以划分四种理想化的认知模式：（1）命题模式，它决定了范畴要素的特点、性能及其相互关系；（2）形象图模式，它反映了形成范畴等级的主要形象概念；（3）隐喻模式，它可以通过与具体的、通过经验性研究可以得到的其他领域事物进行类比和等同，以表示某些抽象的领域；（4）转喻模式，它与上述三种认知模式共同起作用，确保一个成分的特性转换到另外一个成分中[①]。

莱考夫的这一构想也曾受到许多语言学家的批评，主要是因为构想的局部问题缺乏细致的处理。但无论如何，有关语言范畴化的认知基础的思想被广泛承认，认为是行之有效和前景广阔的认知模式。从莱考夫的这一理论可以得出，作为语言范畴化基础的认知模式是客观存在，并可以通过语言学分析揭示出来的。语言范畴的认知模式化取决于进入该范畴的语言单位，即语言系统中哪个层级的单位。不同的认知模式是不同语言范畴的基础。形成语言范畴的主要认知模式是概念化图式——主要（基本）概念的固定配置，隐喻模式作为组成部分也可以进入概念化图式。

六、认知的形象化图式

形象化图式，或称作概念化图式，是人们心理上的一种概念

① Lakoff G. *Women*，*Fire and Dangerous things: What Categories Reveal about the Mind*. Chicago，The University of Chicago Press，1987，p. 416.

化的图景，例如，关于容器、道路、阻力、过程、相似、开始与终结、整体与部分、中心与边缘等。按照约翰逊（M. Johnson）的定义，它是“我们理解过程和心理运动程序中不断重复的动态性样板，这种样板确保了我们的经验的连续性和结构性”①。

根据意义的实验研究证实，所有的基础概念结构都是以自身的经验为依据的。因此，每一个形象化图式都可以从三个方面来描写：亲身经验、结构成分和基本逻辑。亲身经验指的是形象化图式在自然界、人的机体和社会历史中的实证依据；结构成分指的是图式中最普通最典型的组成部分；基本逻辑指的是构成形象化图式并使其区别于其他形象化图式的主要机制。

R. 戴维（R. Dewell）曾试图只用形象化图式转换的方法来研究 over 一词的意义②。A. 克瑞特泽（A. Kreitzer）在此基础上发展了形象化图式的理论，他根据复杂程度将其分为三种类型：结构成分图、关系图和整合图。结构成分图是最简单的一种；关系图反映两个或两个以上的要素的关系（譬如在空间图中的轨迹与坐标）；把两个或两个以上的形象化图式组合在一起，彼此叠加，叫作整合图③。

七、概念、概念化与范畴化

概念是以知识和信息总和的形式存在于人的心智中，这些知识和信息包括在现实世界的具体环境中的各种情态、感受、联想等真实的或可能的事态。把概念理解为一种心智构成，不仅可以

---

① Johnson M. *The Body in the Mind: The Bodily Basis of Meaning*, *Imagination*, *and Reason*. Chicago, 1987.

② Dewell R. B. *Over* again: Image-schema Transformation in Semantic Analysis // *Cognitive Linguistics*. V. 5/4 1994, pp. 351-380.

③ Kreitzer A. Multiple Levels of Schematization: A Study in the Conceptualization of Space // *Cognitive Linguistics*. V. 8/4 1997, pp. 291-325.

改造概念系统的持有者（人）的心智活动的现状，即他的世界概念图景、他的心理世界，而且可以塑造他的民族文化形象。在认知语言学理论中，概念是人大脑中的最小思维单位，是关于外部世界的知识在头脑中的存放形式，是认知过程的运作载体。

系统性是概念的一个重要特性：控制和指挥我们思维的概念并不是智慧的简单产物，而是一个复杂的系统。这一系统在日常现实的决策中起着核心作用，它可以指挥部署我们通过类比做出各种不同的思维活动。所以说，概念在认知理论中占有中心地位，并有别于形式语义和逻辑语义。很清楚，认知语义学的思想体系与人的视觉概念和形象化概念紧密联系在一起，也就是说，概念和认知理论中的其他构件一样，通常是勾画出来的，与此同时，它还可以解释视觉感观与语言理解，接近认知的深层根源：人的各种认知系统其实是相互联系的，譬如，我们亲眼看到的东西更容易引起思考，思考后的结果才可能说出来。词汇是以概念的形式存在于人的头脑中的，概念表现为词汇语义结构中积存的各种义素，反映了现实世界某一物体或现象的大量特性。

但是，概念化系统并不等同于我们的普通的认识。我们在从事日常琐事的同时，总会自主或不自主地按照一定的程式去思考或行动。可这种程式是什么，我们并不清楚。要理解这一点的一个途径就是观察语言的使用特点。既然我们在思维和行动过程中使用的概念系统是交际的基础，语言就成了弄清楚“这一系统是什么”的所有信息源泉。在语言的解释系统中，词语意义体系对应于持母语者对世界概念化的结果，这一概念化系统的积累便形成了这个民族的共性的普遍性知识。表现在语言中就是词汇语义中包含所有意义信息，因此，概念化的材料就是自然语言。

概念的另一个重要特性是它的非独立性，也就是一个概念与另外一些概念的关联性。任何一个概念都是处在某个范畴中，而范畴构成了一种结构，这种结构类似于菲尔默（ch.Fillmore）提出的“图式”概念。在人的认知过程中，范畴构成一种语义背景，在这样的背景下，凸显出概念。语言使用的认知理论正是依靠概念化模式、概念化特征、概念化系统和概念化范围，这证明语言范畴化现象的所有界面。

为了认识世界并在这个世界从事活动，我们必须对我们所遇到的事物和生活情景用思维的方式进行范畴化。范畴化是人脑中认知机制的一部分，是知识分类储存的方法，即把一部分特性凸显出来，把另一部分减弱，而把第三部分隐藏起来的，在此基础上把不同事物和经验视为同一的自然方法。有些范畴是从我们亲身的经验中直接产生出来的，有些是从人们相互关系的本质中产生出来的，有些是从自然环境和社会环境中产生出来的。从语言的认知功能范式的角度来看，世界的语言范畴化反映一个动态过程，这个过程就是在语言思维活动中把思维对象与某种概念范畴和某些语言符号对应起来。范畴化过程一方面与人的认知心理过程和机制相关，另一方面要揭示概念化结构反映的普遍性问题和认知分类与切分的总体原则，是综合相互关联的各个方面的整合行动。因此在认知语义的研究中，语言范畴化是一个十分重要的课题。

八、框架、场景与画面

框架、场景与画面（фрейм，сценарий и скрипт）是表示人脑中认知结构的重要概念。在认知理论中，框架指的是人脑中被范畴化的认识和知识结构，它们以立体和多维的形式存在于人的认知结构中。每一个框架中都有许多概念系统，它们是对某一类事件的抽象称名，被称作场景；人对客观世界的认识就是以这种抽象称名的方式，即画面的形式储存在认知框架中。画面是构成场景的连续的情景场面。形象地说，可以把框架比作一场戏剧，场景就是该剧中各幕的名称，画面则是每一幕中连续出现的场景。

框架的概念最早是明斯基（М. Минский）提出并用于解决人工智能领域的问题，即建立能在相对不太长的记忆段中保持大量信息的这样一种智能系统。按照明斯基的理解，框架是能代表典型情景的知识结构，是某些行为和概念的典型结构，这种结构包括行为和概念的典型要素，可以同时揭示话语产品意义的理解过程。[①] 菲尔默主张把框架看作动词的格框架——包括在话语实现中的某些论据。在这种具体的语境中，把框架解释为一种认识结构，这种结构反映了人的语言知识，因此，框架是一个语言手段的选择系统：语法规则，词汇单位，语言范畴。出于这样的理解，菲尔默把框架定义为"经验的组织手段和认识的工具"[②]。

从概念化分析的角度来看，框架是词语知识结构的核心。因此，框架可以理解为一种概念结构，这种结构是用来外显地、有时是程序化地体现有关典型化了的情景或物体的典型特性的知识。如果我们把概念看作一个思维单位，是某种知识，那么，框架就是这种知识的组织形式，是这种知识"安身"的结构。通俗地说，框架是在人的认识中储存积累起来的各式各样的经验和知识的类别库。

框架的典型特征是其百科知识性，在它的结构中集存着概念名称所指的各种各样的知识。框架是围绕某些范畴组织起来的一个个结构，这些结构分别含有与某些概念相关联的基本的、典型的、潜在的、可能的信息。哈伊卢林（В.И. Хайруллин）根

① Минский М. *Фреймы для представления знаний*. М.，Энергия，1979，с. 7.

② Филлмор Ч.（Fillmore Ch.）Фреймы и семантика понимания // *Новое в зарубежной лингвистике: когнитивные аспекты языка*. Вып. 23，М.，Прогресс，1988. с. 65.

据信息的结构的不同，提出了两种框架的假设：一种是认知语义框架，主要反映特殊的思维结构；另一种是文化框架，主要在提供有关文化的特别要素时被激活。[①]研究框架理论及其在人的知识结构中的作用，为揭示人类认知活动的机理，特别是对外部世界中的事物和现象进行语言的范畴化和概念化提供了途径。

框架概念的基础是其通用性。这一特点使得框架理论从人工智能领域扩展到语言学、心理学等领域，并用于自然语言的句法和语义研究领域。框架作为一个语言学概念，它具有自己的语言对应，由场景和画面构成。每一个场景都是一种与现实中所要描写的对象对应的信息类型，是由某一实际情景中的不断变化的具体信息充填起来的结点。例如，我们知道，在人的认识－交际活动中，那些特别重要的现实世界的片段都被词汇化了，也就是创造出单词性或成语性的称名。称名单位的词汇意义通过其范畴化的过滤器并根据该单位的预定用途完成一定的句法和话语功能。这种范畴化过滤器就是框架。在语言中，框架是由具有同一本质的一组词来表示的，因为这些词由统一的特殊知识结构和彼此之间相互关联的经验化图式证实、决定并互为结构。任何一个潜在的信息片段都可以用某种形式词语化——语言形式（词汇化的）或文本形式（描写的）。在知识框架中有语言对应的板块，可以得到语言称名，也可以得到文本性描写，而语言上没有对应的板块则只能得到文本性描写。

与框架相关联的是场景和画面。场景是人的认识结构中的不同形式，它们分门别类地储存在人的整个认识和知识构架中，是衔接框架和某一事件的连续性画面的中间结构。如果说我们把框架看作一个静态的知识结构，所有的组成要素都同时分布在其中的话，那么，场景就是一个动态的结构，正如莱考夫指出：“画

① Хайруллин В.И. *Перевод и когнитология*. Уфа，Башкирского гос. у-та，1997，c. 9.

格具有下列结构：开始阶段，连续的行为和结束阶段。”[①]在这个结构中，场景的所有情景要素按照一定的顺序排列着。画面是人从童年起就不断地通过亲身体验和间接感悟获得的，它们以画面的形式，按照一定的规则储存在人脑的记忆中。实验研究表明，在人的头脑中的任何一个场景结构中，都储存着相关的连续情景画面。在人的思维活动中，当输入某一场景的信息时，与其相关联的画面便被自动激活，大脑便对它们进行思维扫描，一个个连续的情景场面在大脑中浮现并快速掠过。

用不同的方法解读同一个框架，会得出不同的场景，情景画面则是这些场景中最典型的，通常也是最常见的一种。在认知语言学中，场景和画面的组成部分用语言调整为线性链条状。

九、词汇的多义性与放射性链状结构

通过建立意义的放射性链状结构来描写词汇的多义性是认知语义研究的一个方法。这一方法最早是勃鲁格曼（C.M. Brugman）用于研究“over”一词的多义性[②]，后来，莱考夫出版了《女人、火和危险的事物》(*Women, fire and dangerous things*) 一书，对放射性链状结构的思想进行了详细的讲解和阐释[③]。

认知语言学研究中的放射性链状结构图与传统的多义词的结构主义描写方法相似。在语言的实际使用中，每一个词汇意义都可能“生出”一个或几个新的意义，但所有意义及其所有用法都不是偶然的、孤立的和随意的，它们在语义上彼此之间相互

① Lakoff G. *Women, Fire and Dangerous things: What Categories Reveal about the Mind.* Chicago，The University of Chicago Press，1987，p. 134.

② Brugman C.M. *The Story of "Over" : Polysemy, Semantics, and the Structure of the Lexicon.* New York: Garland，1988.

③ Lakoff G. *Women, Fire and Dangerous things: What Categories Reveal about the Mind.* Chicago，The University of Chicago Press，1987.

关联，最终形成该语言单位意义的网络和链条。其实，在 19 世纪末的语言学研究中，就有语言学者注意到了多义性的三种类型：放射状、连环状和混合状。放射状是指一个词的所有意义都以同一个意义——核心意义为依据，都与它发生关系；在链状的情况下每一个新意义只与最近的一个意义有相同的成分；混合状是前两种情况的混合。阿普列相在研究多义现象时认为，一个词的几个意义之间的联系是借助于转喻、隐喻和其他语义改造实现的。如果一个词的两个意义之间的区别与另一个词的两个意义之间的区别相同，那么这种多义性就叫作规则性多义[①]。

与结构主义的多义性理论不同，认知语义学中放射性链状结构图力求反映人的头脑中存在的各种意义之间的实际关系。如果说，在结构主义的多义性理论模式中，主要是在一个词的注释意义和附加意义中寻找各种意义共同的具体语义成分，那么认知语义学的重点是在各种意义的关系中找出植根于我们直接感受和直观经验中的抽象图式。

建立这样的放射性链状结构图只是手段，其目的是要探究是否有可能预计到各种意义的独特性，进而描写一个意义向另一个意义转变的类型和方法论。这种放射性链状结构图的更深层的特点是，它可以用于整个语义场，不受一个词位、一个词类甚至一种语言的形式框架的限制。结构主义方法旨在确定和描写规则，认知语义学的方法却具有解释和预言的功力。

十、隐喻

在传统的语言学概念中，隐喻被视作美学想象和修辞手段的

① Апресян Ю.Д. *Лексическая семантика. Синонимические средства языка*. М. 1995, сс. 176-193.

工具，是崇高语体特有的一个特性。因此隐喻常常被看作一种语言特性，是词汇的一种属性，而不是思维和行为。事实上，隐喻在我们的思维和日常生活中无处不在，例如，我们常说，“人生是一场梦”“人生是一场赌博”“时间是一种资源”“时间就是金钱”等，这些都是一种隐喻，是人的思维中的一种类比、借喻。莱考夫指出，“隐喻深入到我们的日常生活，不仅在语言中，而且在思维和行动中。我们是用日常概念化系统的语言来思考和行动的，这种日常概念化系统实质上是隐喻化了的”①。

在人的认知活动中，隐喻是一种普遍存在的心智活动（透过一个领域的多棱镜（观点、情感、理解等）去思考另一个领域的现象）。隐喻是构成新义的一种手段和工具。在科学中常常有这样的情况，隐喻在形成的过程中获得了一种“回溯效力”，因而改变了该科学的整个概念基础。例如，“世界的语言图景”这也是一个隐喻。这个隐喻指出了语言与另一个系统——人的视觉系统的相似性。一个物体的视觉形象是整体性的，并不注重它的某些具体构成参数（形状、尺寸等）。同样，在语言形象中，诸如形状和尺寸这些参数也都融合在一起，形成了一个整体形象，被称为物体的拓扑类型。再如，“语言是一个体系”同样是一个隐喻，它使我们把语言的实质理解为某些独立的部分的十分复杂的相互作用，并构成一个完整的体系。

在认知语言学中，任何一个隐喻都包含有两个部分：一个是源域，即出发点，一个是目的域。源域通常是具体的，凭着人的直观感觉可以理解的，最重要的是通过我们的亲身经验可以感受和体会到的；目的域通常是抽象的，模糊不定的。隐喻的过程就是从源域直接向目的域投射的过程。换句话说，词汇的新义是

---

① Lakoff G. *Metaphors we live by*. Chicago, The University of Chicago press, 1980, Ch. 1, pp. 3-6.

通过整个结构图式从具体向抽象的过渡形成的，在这一过程中结构图式整个或部分地保留下来。需要指出的是，在一个隐喻过程中，源域的选择和向目的域的投射不是随意的，而是以人身的经验为依据的，也就是说在形象图式的隐喻转变时，仍保留着它的基本逻辑。

隐喻作为一种认知模式，它的一个显著特点是，可以使语言单位产生新的意义，首先是成语和词的新意义。单个的隐喻概念可以作为组成部分进入概念化图式，而在概念化图式的基础上形成语言范畴。因此，在认知语义中，隐喻成了描写词汇多义性的工具，而且可以同时从历时和瞬时的角度去描写。

（原载《外语学刊》2003 年第 3 期）

俄语多义词转义过程的认知语义分析

一

在语言中，一个词同时具有多种甚至几十种意义是一种常见现象。正如维诺格拉多夫（В. В. Виноградов）院士指出的那样："一个词可能会有几个独立的意义，以直接反映现实中的不同物体和现象。"[①] 词汇意义的多义性特点，一方面，反映出语言作为一种社会现象对社会发展和需求的适应能力；另一方面，语言作为认知和交际工具，也映照出人类社会认识、解释和描述客观世界的过程。不言而喻，任何一个词在它产生的初期，只是用来指称一个特定的事物或现象，只具有一个意义，即最初始、最基本的称名意义。而多义性的产生是通过对物体的某一特征或性能的联想，将一个物体、特征或过程的称名用于对另一种物体的描写的转化结果。与基本称名意义相比，所有其他意义都属派生意义，即转义。在讲到词汇的联想派生关系时，什梅廖夫（Д.Н. Шмелев）指出："词汇的联想派生关系与理据性概念相关。一个词汇意义可以有双重的理据，即词的形位成分和这个词的其他意义。"[②]

多义词的语义结构可以理解为是该词的各种意义或它的各种

① Виноградов В.В. Основные типы лексических значений слова. *Вопросы языкознания*. 1953，№ 5. сс. 12-15.

② Шмелев Д.Н. *Лексика современного русского языка*. М.，Наука，1968. с. 227.

词汇—语义变体的集合。在这个集合体中，基本意义与各种转义的联系、它们的转化过程，以及联想派生关系可以直接生动形象地折射出人类社会由感知到认识客观事物的曲折过程。本文以俄语动词“идти”的某些意义及词汇语义搭配为材料，对该动词隐喻转义关系中的联想认知过程和机理进行分析，力求揭示该词多义结构关系中认知语义的形成特点与典型的词汇搭配特点。

идти是俄语中最基本也是最活跃的运动动词之一。其直接意义表示有生命的物体（人或动物）不借助于交通工具（用腿或爪子）在空间作独立的、具体的、可以看到的移动。该词的基本语义是“运动”，最主要的区别语义特征是“行进的”“独立的”“借助于脚”“不使用交通工具”“在硬质表面上”等。同时，идти表示的运动通常是有一定方向的直线运动。所有这些语义特征构成了该动词的基本意义，无论是直义、转义，还是其派生词的许多意义，都与该基本意义的上述语义特征相关。

идти是一个典型的多义词，在奥热果夫（С.И. Ожегов）与什维多娃（Н.Ю. Шведова）合编的《俄语详解词典》[①]中列出了26个词义，而在库兹涅佐夫（С.А. Кузнецов）主编的《俄语详解大词典》[②]中其词义多达30个，而且还不包括那些成语型常用语意义。此外，идти还是一个转义型能产动词，由它派生出来的众多的派生词形成了一个语义宽泛、结构复杂的语义场。

与转喻转义相比较，隐喻转义是更深层的语义变化，其转化和形成的认知过程和机理也更复杂。按照目前最流行的观点，“隐喻是对‘普通’称名进行形象生动的二次认识”[③]。最先发生

---

① Ожегов С.И., Шведова Н.Ю. *Толковый словарь русского языка*. М. *АЗЪ*, 1998, сс. 231-232.

② Кузнецов С.А. *Большой толковый словарь русского языка*. СП, *НОРИНТ*, 1998, с. 375.

③ Телия В.Н. Вторичная номинация и ее виды. *Языковая номинация*. М., Наука, 1977, с. 199.

隐喻转义的，是表示人们所处环境中众所周知的概念和物体的那些词。某一个物体或概念的某一特征或性能被用于另一个物体或概念的依据是，在它们之间产生类似或者相像的联想。因此可以说，隐喻的基础是具体化了的认知联想关系，这种关系表现在词汇的伴随语义特征中。伴随语义特征所承载的，或者是有关使用该语言的群体的生活实践经验的信息，或者是有关该群体的文化历史知识的信息。这种联想特征潜在地伴随着词汇的基本意义，一旦在特定的语境中得到“形象化”的隐喻使用，便会发生独特的“固化”，并逐渐在该社会群体中“普及”开来，这样的使用就变成了相对固定的用法，即特殊的转义用法。

隐喻的这些特性使得隐喻化转义具有极强的表现力。此时，除了称名功能之外，隐喻转义还担负一个重要的辅助功能——描述某种并非一个事物特有的，而是借助于类似或相像而附加给它的特征。因此，隐喻意义无论是称名派生意义，还是间接称名意义，都能起到表现事物某种特征的功能。

隐喻意义是由对词汇的语义特征的再认识而产生的，这些语义特征可以来自该词的直义，也可以来自它的转义，因此，它们通常是非规律性的，而且距离词汇的语义核心较远。在研究隐喻意义的语义结构时，茹拉夫列夫（А.Ф. Журавлев）指出：“隐喻是在保留区别语义特征的条件下发生的基本语义的一种更换，或把伴随语义转变成区别语义。”[①] 伽克（В.Г. Гак）指出：“在隐喻转义中，一个基本语义被另一个所取代，而两种意义的共同点仅仅依靠区别语义甚至是潜在语义来决定。”[②]

---

① Журавлев А.Ф. Технические возможности русского языка в области предметной номинации. *Способы номинации в современном русском языке*. М.，Наука，1982，с. 60.

② Гак В.Г. *Сопоставительная лексикология*. М.，изд. Международные отношения，1977，с. 112.

在 идти 的隐喻转义中常有这样的现象，在与动词构成搭配关系的名词中，充当行为主体的许多名词与“运动”并无任何语义联系，它们或者表示纯静态的物体，或者表示抽象的概念。从物体表征关系的角度来看，这种搭配关系是不可能的，因为在充当形式主语和形式谓语的词汇中，不存在能相互支撑和确保这些词汇同义、语义重复等共同的语义特征。其结果在主语和谓语之间发生语义特征相互矛盾的碰撞，或者称作语义失调。这种语义失调的后果是：或者破坏搭配，或者改变动词的语义成分结构。对于后一种情况，其动词语义变化的过程是：需要对语义进行再认识并使基本语义概括化，再通过联想机制使伴随语义特征变成区别语义特征甚至基本语义。正是在这样的条件下，相互矛盾的语义特征在某些语言内部规则的作用下发生整合，出现了隐喻转义。此时，动词所表示的是在讲话时看不到的抽象行为，它的词义特征通常由抽象行为主体的特点所决定。

二

动词 идти 词义发生隐喻转义的情形可以涉及自然界和人类社会的诸多方面，以下是几种较为常见、最为典型的转义现象：

1. 与名词 дорога，улица，поле，гора，лес，холма，гряда，степь，пустыня，гоби 等搭配，表示“伸延”“伸展”“延绵”；“通过”“穿过”等意义。很显然，这些词表示的是自然环境中的静态物状，它们是不可能发生空间上的移动行为的。产生语义联想的基础是动词 идти 的区别性语义特征“运动的方向性”，进而引申到“向前”“向远方”，而动词其他的区别性语义特征“用脚”“在陆地上”则消失，另外又获得了新的语义特征“观察者的眼睛”“运动着的人的视野范围”。动词表示的已不再是可见的、具体的物体运动，而是人（观察者）的心智中形成的一种形象的视觉概念。在人的意象和眼睛中，这些静物获得了生命，仿佛道路在“走”，田野在“动”，等等。如：

Перед ним одна идет дорога в горы ущельем тесным и глухим.（Пушкин）

Нескончаемо долго шли французские поля，вкусная，яркая зелень，расчерченная грифельной сеткой дорог.（М.Кольцов）

在这种转义过程中，当 идти 与 дверь，окно，коридор... 搭配时，在“方向”这一语义特征上发生再次转义，表示这些物体的“朝向”“面向”“通向”等。如：

Окна идут в сад.

Коридор идет в прихожую.

2. 与 время，год，месяц，день，час，минута，секунда... 等搭配，表示“某种自然的过程、进程”，“持续、运行”，“时分、时光的消失、流逝”。此时，动词表示的不是具体可视的“运动”行为，但在语义中保留着相关行为的动态意象。形象联想以转喻转义为基础：钟表机械的运行带动表的指针走动（Часы идут точно），而钟表又是计量时间的仪器，因此，由指针的具体运动引申联想到抽象的时间意义，从而表示时间周而复始、悄然流逝的永恒运动的特征。例如：

Время идет быстро. Все меняется.

За днями идут дни，идет за годом год.（Огар）

在时间可以“走”“流失”“消失”这一转义的基础上，动词 идти 在与不同的名词搭配时，意义再次引申，出现了更深层的隐喻转义。如：

（1）与 весна，лето，осень，зима，Новый год，праздник，годовщина 等名词连用时，喻指“某一时节、时令；某一特殊时刻、时日的到来，临近”。如：

Весна идет，Весна идет!（Тютчев）

Вот север，тучи нагоняя，

Дохнул，завыл–и вот сама

Идет волшебница—Зима.（Пушкин）

（2）表示“某人年龄满……岁”。如：

从“时间的流失”“某一时刻的到来”这些意义的进一步转义，动词 идти 可以表示“某人年龄满……岁”的意义：

Ребенку идет пятый год.

3. 某些抽象名词在语义上暗含着“时间”“过程”的语义成分，因此在与动词 идти 搭配时，与相关语义特征构成联想，喻指一种抽象的、泛指意义上的运动，表示“正在进行、进展；举行、举办”。在这种情况下，动词 идти 所获得的具体转义常取决于与其搭配的名词。

（1）与 речь，переговоры，консультация，разговор，презентация，митинг，собрание 等搭配，表示“某种话语或言论行为，某种活动正在进行、持续”。如：

Пока ели，шел общий разговор.（А. Чехов）

Переговоры идут к концу.

Речь идет о новой книге.

（2）与 версия，слухи，молва 等名词搭配，喻指“传播”“流传”等。如：

Об этом событии идут разные версии.

По городу идет молва，идут разговоры.

Слух идет!—торжественно сообщила Марья.（М.Горький）

另外，在转义“传播”、“流传”的基础上，经过再次联想，产生了“流行”、“扩散”等隐喻意义。如：

Идет новая беда—эпидемия.

（3）与 работа，дело，соревнование，строительство，урок，занятие，экзамен，бой 等语义中含有行为的“过程”和“时间”意义成分的名词连用，表示“……正在进行、正在走向完成或完结的过程中”。如：

Дело идет к развязке.

Идут наступательные бои.

Все идет к лучшему.

在这个转义上，идти 与名词 жизнь 搭配，表示一种更为抽象、更为宽泛意义上的行为过程，譬如，“生命进程”“生活状况”等。如：

Странно，как идет нынче жизнь.

（4）与 наука，техника，химия 等表示科学技术领域的词汇连用时，则表示“发展、进展、进步”等意义。如：

Человечество идет по пути технического прогресса.

Химия，наука，медицина… знают，чем они могут быть，к чему они идут.（В.Одоев）

（5）与 торговля，бизнес，товар，продукция 及许多表示贸易、具体产品名称的名词连用，喻指贸易方面的状况，某种产品的销售、销量、需求等。这个转义是由“运动”的概括意义引申到贸易的开展、发展，商品的流动、流通等。如：

Англичане здесь（на острове Мадера）господа: лучшее вино идет в Англию.（Гончаров）

Товар хорошо идет.

Платья устарелых фасонов идут по сниженным ценам.

（6）与 средство，деньги，проценты 等词搭配，идти 的“运动”意义首先被联想为货币与资金的“流通”“周转”，进而出现“计算”“花费”“耗费”“用去”“把钱用到……”等具体转义。如：

Все у него шло на лотерею，до которой был он страшный охотник.（Гоголь）

Проценты идут со дня внесения вклада.

Все деньги шли на ремонт.

идти 的这种转义还可以与表示时间的名词及某些具体名词搭配，表示“把……用于做……”。如：

Масса времени идет на подготовку к работе.

Тряпье идет на бумагу.

Ягоды идут на варенье.

（7）与 фильм，картина，спектакль，концерт，пъеса 等词汇连用，表示“上映”“上演”“演出”等。如：

Спектакль скоро начался… Пьеса шла очень недурно.

Новая картина идет во всех кинотеатрах города.

Концерт шел с блестящим успехом.

4. 与 ученики，рабочие，инженеры，слесари 等表示职业、行业、工种、社会身份等概念的名词复数形式搭配，表示“参加……工作”“从事……职业”“去当……”等意义。由运动的基本语义“物体在空间的位置移动、变化”引发联想，从而用来表示人们工作岗位的变动、职业的变换等现象。在这种情况下，动词的词义取决于与其搭配的名词的种类。从充当谓语的动词与充当补语的名词构成的的句法题元结构关系来看，题元的语义对动词的转义起着决定性的影响。试比较：

Брат решил идти в ученики столяра.

Она хочет идти учиться на инженера.

5. идти 与动词不定式或前置词 за 连用，表示某些具有明确目的的行为："获得""取得""求得""得到""……做……"。此时，идти 的"运动"意义减弱，而表示"行为方式"的辅助性特征得以突出，而与其搭配的词或词组的意义成为主要意义。如：

идти в магазин за покупками，за книгами；идти в лес за грибами；

идти（к кому）за советом，за помощью；

Спой мне песню，как девица；

За водой по утру шла.（Пушкин）

6. идти 常与否定词连用，表示人的生理和心理及精神状态，暗指"得不到""抓不住""做不到""想不出来……"等意义。如：

Сон не шел. Душа болела и протестовала против чего-то.（Мельш.）

Ни еда，ни питье не идут в горло… Не угощай меня，брат，не томи.（Костыл.）

После обеда спал，потому чтоне шла работа на ум.（Чернышевский）

7. 与某些名词搭配，表示在颜色、尺寸、目的或用途上合适或不合适，喻指"（不）适合做……""与……（不）相称，相符""对……（不）适用"等意义。如：

Костюм ему очень идет.

Эти ягоды в пищу неидут.

Эти разговоры к делу не идут.

在这个意义上，идти 还可以与动词不定式连用。如：

Ей идет смеяться.

Ей не идет кокетничать.

三

从上述分析可以看出，动词 идти 的诸多转义并非产生于同一平面和同一时序：有的直接源于基本语义；有的则是在隐喻转义的基础上出现二次、三次甚至更多次的转义。这些在不同的层面上根据不同的语义特征产生的转义准确地凸显出多义词语义的多层面结构的典型特点，亦进一步证明了什梅廖夫关于“词汇语义关系”的论述，即在词汇语义关系中，除了聚合关系和组合关系外，还存在着联想派生关系[①]。研究表明，联想派生关系是一个词产生多义性的基础。这种派生关系的形式可以是连环的，也可以是放射状的，还可以是混合的。这三种形式的交叉组合构成了多义词词汇语义错综复杂的立体交叉和动态性网络系统。

词汇转义是一种语言认知过程，是人们通过语言符号来完成的语言认识活动的一部分。人们使用语言符号记载自己通过社会实践活动综合出来的客观世界的典型特征，并把人的认识经验和按自己的方式进行思考的结果用语言符号的形式固定、书写出来，使其有可能在社会成员中传播，并可随时随地记载和保存下来。从语言的不同层级所负载的信息量和功能来看，由于语言的社会历史传承性，人类社会的综合性经验更多地在词汇意义中

① Шмелев Д.Н. Проблемы семантического анализа лексики. М.，Наука，1973.

固定下来。因此可以说，人类借助于词汇实现对客观存在的语言表现，完成对客观世界的语言思维。词汇意义决定了语言的中介作用，反映了使用该种语言的人们认识其具体社会和自然界的经验。毫无疑问，辨析和研究不同民族语言中词汇的认知语义及其形成特点，不仅有助于学习和掌握该语言，而且能够帮助人们真实地感受到一个语言群体的民族文化、民族精神、民族心理的发展和变化轨迹，所有这些正日益成为认知语言学研究中不可忽视的重要内容。

注：本文所引例句，凡没有注明出处的，均援引自奥热果夫与什维多娃合编的 *Толковый словарь русского языка*（Москва，1998）和库兹涅佐夫主编的 *Большой толковый словарь русского языка*（СПб，1998）这两本词典。

（原载《解放军外国语学院学报》2002 年第 5 期）

俄语动词转喻转义的认知心理机制

对现实世界的概念化和范畴化是人的认识和思维形成的一个心理动态过程，这一过程在任何一个交际活动中都可以通过语言外显出来，并可以通过对所使用的语言单位的相应理解来完成的。人的概念化基础是一个具有百科知识和语言知识特点的知识体系，如果对这一体系进行一定的抽象图解，所得到的结构就是人的认知框架。认知构架的结构通常是以许多节点以及点与点之间的关系体现出来的。位于表层面上的节点代表的是表明某一特定概念所必需的那些要素，位于表层面下的节点代表的是该概念可能的潜在的要素。在人的这一知识结构中，有一个区域被概念化为“事件”，这一区域的认知构架称作“事件性构架”。所谓事件就是关于外部世界的客观存在、这些客观存在之间的关系及这些关系在某一特定的时空范围内的变化。事实上，在现实中并不存在这样的时间或空间范围。正如克劳夫（W. Croft）指出的那样，“被我们概括为事件的那种东西与客观世界中的物体不同，它并没有明显的准确的界线”[①]。事件的概念正是在对这种现象的观察中形成的，在语言的层面上这种现象主要用动词表达。卡茨涅利松（С.Д. Кацнельсон）认为，“语言可以解剖整个事件，把它分解成几个部分，直到人为地独立出那些活的不能再分的

① Croft W. *Syntactic Categories and Grammatical Relations. The Cognitive Organization of information*. Chicago -London: The Univ. of Chicago Press，1991，p. 159.

成分"[1]。对事件的理解可以用语言单位表征为行为、过程、状态或关系等，并可以用动词的相应语法范畴意义表达出来。

动词转喻转义是现代语言中词汇转义特别常用的方法之一。认知心理学把转喻作为对外部世界的理解和用语言表达这种理解的一种特定的方法。莱考夫把转喻确定为是一种认知模式，是一种概念化结构，这一结构的各个成分之间存在一种代换关系。这种模式折射出概念空间的某一个片段，传递给它自己的结构化程序，从而确定这一片段的概念化和范畴化的信息。[2]在话语活动过程中，事件的概念化和范畴化是在现有的概念化系统的基础上实现的。因此，把转喻认知模式用作事件的理解工具表明，它能折射人的某种认知构架，并能最终改造这种构架。这种模式的具体化要求，在使用动词表达意义时其系统性范畴意义也进行相应的改造，所以转喻模式最终成为动词功能范畴化的认识工具。因此，动词功能范畴化的转喻方法在某种程度上表现为动词固有的范畴意义的变化。这种变化可以具有：

（1）变形的特点，即系统性意义通过范畴化意义的不完全组合来实现；

（2）再范畴化的特点，即体现某个动词尚未固化的范畴意义；

（3）多范畴化特点，即同时体现几个范畴的意义。在这一变化过程的背后起作用的是某些特定的语言或认知心理机制。

动词的转义使得动词词义更加复杂，亦更加丰富，而发生转义的情况又是多种多样，除隐喻转义外，动词的转喻转义也是动词语义变化的一种主要形式。转喻转义是根据事物的相近特征，

---

① Кацнельсон С.Д. О грамматической семантике // *Всесоюзная научная конференция по теоретическим вопросам языкознания : Тез. Докл. и сообщений пленарных заседаний*. М., ИЯ АН СССР, 1974, с. 69.

② Lakoff G. *Women, Fire and Dangerous Things: What Categories Reveal about the Mind. Chicago*, The University of Chicago Press, 1987, pp. 3-10, 288.

用一种物体或现象对另一种物体或现象进行转换称名，或在对事件的描述中用概念相关或相近的物体或现象相互替代。转喻转义具有一定的规则和常规性模式，依照这些规则和模式，词汇意义发生语义变化。对于多义词的转喻转义的这一特点，阿普列相曾有过这样的论述：“有规律性是转喻转义的区别性特征。没有规律的多义性是典型的隐喻转义。从另一方面讲，直接（近义）转义的多义性具有规律性，而间接（远义）转义常常是非规律性的。”①

动词词义转义时发生的转喻型转义现象是词汇语义内部动态变化的结果。这种现象的语义转换机理是，在发生了转义的词汇语义中同时存在两个抽象语义特征：原始语义特征和转义后出现的新的语义特征。新的抽象语义特征表示转义语义的主要行为，原始语义中的抽象语义特征仍保留在词的转义语义中，但退居到第二位，表示与主要行为相关的伴随关系，如行为的方式方法、原因、结果、时间，包括行为时间的同时性、时间上的先后依次关系等。这种抽象的事件性认知构架决定了话语表达的结构，而词汇和语法意义的具体化，以及词汇和语法的各种不同类型的组合，最终为各种各样的事件提供所有的习惯性语言表达方式。心理语言学研究表明，当在单个的认知构架的基础上对某一事件进行转喻阐释时，在该构架中凸显出来的只是那些必需成分，由于其最大限度地突出特征，这些成分要素在人的意识中占据了该事件的整个组织结构。与此相对应，在语言层面上表征出来的也只是认知构架中的这一部分必需成分。因此，按照“局部—整体”这一转喻模式，转义性称名的概念化是在事件的语言描写过程中进行的。认知构架所具有的凸

① Апресян Ю.Д. *Лексическая семантика*. М., Школа *Языки русской культуры*, 1974, с. 190.

显出不同参与者的能力决定了这一模式有多种不同的变体。用兰盖克的术语解释，认知构架的这种凸显能力表现为背景和前景物像的关系。[①] 概念化结构改变的过程本身就是以前景化或边缘化的认知过程作为自己的基础。以俄语动词 идти 词义的转喻转义特点为例，该词的基本词义：人（或动物）在不借助交通工具或其他辅助性工具的情况下，沿着硬质表面进行的独立、积极的运动。借助于语义成分分析的方法可以区分出下列语义特征：

基本语义特征："移动"（依据这一特征，идти 进入运动动词语义场）；

区别语义特征："运动介质"——沿硬质表面；

"运动方式"——用脚或爪子进行的；

"运动方向"——向前的单向运动；

"速度"——适当的行走速度等。

这些区别语义特征把 идти 与其他运动动词区分开来。在明喻转义过程中，动词的意义中某些语义特征被凸现出来，而某些语义特征变成了辅助性的区别语义特征，譬如：

（1）在表示火车、轮船、摩托车、电车、汽车等的行进运动时，动词的基本语义"移动""行进"仍保留并凸显出来，而"有生命的物体"和"用脚进行的"等区别语义特征消失了，动词获得"开""行驶""开过来""开走"等意义。

（2）在表示自然界的某些现象，如天体、云彩、风、雨、雪、冰、霜，以及光、气、声等所发生的自然运动时，在基本语义"移动"仍保留的前提下，"生命的物体"和"用脚进行的"等区别特征都消失了，而区别特征"运动介质"发生了变异，运动的空间不是"在硬质表面上"，而是在空中、空气中，亦即"无介

① Langacker R. W. *Concept*, *Image*, *and Symbol: The Cognitive Basis of Grammar*. Berlin: Mouton de Gruyter, 1991, p. 315.

质”，此时 идти 获得了新义：“移动”“飘动”“飘下”“飘散”“扩散”“吹”“漏”“流”等。

需要注意的是，无论是凸显哪一个语义特征，动词词义的转喻转义并不是动词本身独立完成的，而是借助于与其搭配的、充当不同句子成分的词汇来实现的。什梅廖夫（Д.Н. Шмелев）在研究动词意义中的转喻关系的特点时曾强调指出：“语言中的转喻转义原则影响相关词汇的句法关系，因此影响到相关词的搭配。”[①]研究发现，在转喻转义过程中，述谓动词的语义不仅要求与其相关的各参项的语义相互搭配，而且各参项的语义会反过来影响和作用于述谓动词的行为。心理语言学家认为，事件的主体和客体的对立关系恰好展示了对事件内在联系的这种解释：既然关于事件的概念在人的意识中是作为一个独立的本质出现的，那么可以说，对事件的概念化是以命题的形式——结构语义图式来实现的，在这种结构语义图式中，可以划分出述体及与其相关的各种变项。最常见的这些变项的对立关系就是主体与客体之间的关系。按照克劳夫的理解，世界就像一个十分复杂的因果关系网，人的意识只是从中取出的一些环节。而主体和客体在一个命题中所占的位置决定了因果关系的顺序：主体应先于客体。这样一来，命题的结构语义图式中的成分也可以作为“事件性构架”的必需成分：主体——述体——客体。之所以把主体和客体划作抽象事件性构架的必需成分，是基于对这一概念的抽象理解，包括对它们可能的语言学解释。关于认知构架的必需成分表现为命题结构形式的准确性和正确性得到了许多学者的确认。譬如潘克拉兹（Ю.Г. Панкрац）把认知构架解释为“命题的连续组合”[②]；而卡拉乌洛夫（Ю.Н. Караулов）则认为，“任何抽象层面的认知

① Шмелев Д.Н. *Проблема семантического анализа лексики*. М., Наука, 1973, с. 226.

② Панкрац Ю.Г. *Пропозициональные структуры и их роль в формировании языковых единиц разных уровней*. Дис. ... докт. филол. наук, М., 1992, с. 55.

构架都可以完全地准确无误地转换成命题结构，也就是说可以用命题来表达，而认知构架网络可以用命题系统来表达”[①]。除了充当通用的典型事件模式外，这种抽象的事件性认知构架还可以作为事件模式各种可能的改造和改变的出发点。凭着感觉经验形成的上述命题图式是最基础的图式，在它的基础上可以按照转喻的一定规则改变模式中的主体、客体或其他成分，构建非典型的事件结构。这种改造构成了对事件进行转喻性概念化的实质，并且是动词的转喻化使用的基础。从语言学的层面来讲，动词的转喻转义通常经由以下途径实现。

一、主体的替换

事件的主体是指那些能作为事件的发源地或非消极特征的来源成分，充当事件主体成分的可以是行为的发出者，可以是特征、过程的来源，也可以是状态的承载者或者是构成某种关系的要素。从典型化情景概念中提出的“主体＋述体”这一部分可以表征全部情景。以运动动词 идти 为例，依据转喻的相关性原则，做“移动”运动的行为主体不再是人或其他动物，而是任何可以发生移动的物体：

（1）发生“移动”的物体不是人，而是人操控的运输工具，这种物体本身具有某种动力，如：火车、轮船、摩托车、电车、汽车等，替代人的行进运动：

Баржа идет по реке.（驳船正顺河行驶）

Корабль идет под парусом（парусами）.（大船正扬帆航行）

Воинский поезд идет быстро и стоит на станциях сравнительно недолго.（Чехов）

① Караулов Ю.Н. *Русский язык и языковая личность*. М.，Наука，1987，с. 194.

（军用列车开得很快，在各站的停车时间很短）

（2）发生“移动”的物体本身不具有某种动力，如某些自然现象；同时，由于发生运动的主体均是客观上不可数的自然现象，多数情况下，都带有“大量的”“连续不断的”等潜在语义，因此，表示行为主体的名词常用复数形式，如 облака（大片的云）、дожди（连绵的雨）、волны（翻涌的浪）等等：

С гор всегда дул ветер, и волна шла к деревне.（Мам. Сиб.Говорок）

（风经常从山上吹来，浪涛也朝着村庄的方向涌动）

В тумане пустынном клубится река, ленивой грядою идут облака.（Пушкин）

（荒原上，有一条河在弥漫的沙雾中翻滚奔流，大片大片的云彩一排排地慢慢飘过）

该组例句具有一个共同的特点，主体不具有行走或移动的能力，或不具有从事某种活动的能力，然而，在转喻转义过程中，通过拟人、关联和相近的替换，使不能搭配的主体与述体搭配在一起，达到了形象生动的语言效果。

二、客体的替换

客体可以理解为事件的消极参与者，即他可以是事件的针对者，或者是以某种方式被吸引到事件中的参与者。不言而喻，在语言注释这一层面上，可以支配客体的动词是及物动词。在转喻转义使用时，动词可以改变其行为特点，也就是说，由于搭配的客体的语义不同，动词的行为特点发生变化，它的直接补语可以作为行为的直接客体，可以是间接客体，也可以是行为的结果。试比较：

варить картофель—варить суп.

煮土豆——煮汤

рыть землю—рыть яму

（挖土——挖坑）

在这一组例证中，картофель 和 землю 是行为直接作用的客体，而 суп 和 яму 则是行为的直接结果。因此，“行为客体”－“行为结果”的对应关系构成了动词的转喻转义使用。

动词的行为可以作用于客体的局部，也可以作用于客体的整体，试比较：

брить бороду—брить клиента（刮胡子——刮［顾客的］胡子）

подвернуть фитиль—подвернуть лампу（捻一下灯芯——捻一捻灯）

крутить ручку—крутить кино（转动手柄——放映电影）

上述例证中，前一组的客体是行为的直接对象，同时是后一组的客体的一个组成部分，从而构成了整体与局部的对比关系，整体作为行为的客体是由局部客体引申而来，构成了动词明喻转义用法。研究表明，能够表达按照“局部—整体”模式对事件进行转喻概念化的述体，可以以不完全的形式或非典型结构形式表征其内在固有的事件意义，即以不同的形式进行再认识：把行为动词用作过程性动词；把事件看作不可控制和无意识的行为。

三、其他成分的替换

如果说命题图式表征的是事件的主要直接参与者，则认知构架中的任意成分是用来表达关于该构架可能的外部特征。通常，这样的成分既可以在世界本体论的基础上来判定，也可以根据进行概念化的主体因素确定。区分这些任意成分的依据为我们提供了现代哲学已确认的关于外部世界构造的解释，根据这一解释，世界是由彼此相互依赖、互为条件的现象或事件构成的。人的活动是有目的地改变或改造客观世界，因此，由人的活动造成的事件之间的联系就可能带有有意识的因果关系的特点。所以，目的、原因、结果、方法等都可以作为任意成分进入某一事件的概念化模式。在人的交际模式中，这些任意成分包括所有类型的句子成分，完成各种不同的语义功能，换句话说，完成所有与述体相关的功能，以确保述体在语义上的完整，避免发生歧义。例如，动词 идти 发生转喻化转义时，有一种变化机制较为复杂：一方面，运动的主体发生替换；另一方面，由于动词基本语义“移动”的隐退，与其搭配的其他间接成分［客体—运动目的地、间接客体（行为的接受者）、工具、方位、行为方式等］也随之发生变化，结果使词汇获得许多新的意义。原来的基本语义“移动”失去了自己的主要地位，随之转变成区别语义特征，在词义中充当次要的、辅助的、潜在的角色，而在它的位置上产生新的基本语义。试比较：

Груз идет морем.（货物走海运——用船运输）

Товары идут хорошо.（货走得很好——销售得好）

Свекла идет хорошо.（甜菜长势很好——生长得好）

Гвоздь не идет в стену.（钉子不往墙里走——钉不进去）

Шкаф застрелял в дверях и дальше не шел.（柜子卡在门口怎么也不走了——进不去）

在这一组例句中，句子的语义核心并不在动词的原始基本语义，而在于与句子的次要成分搭配构成的新的语义。没有这些成分，句子语义无法自足，因为这些句子的主体本身并不具备移动的能力。只有与必要的次要成分搭配，动词才完成了转喻转义的使用功能，获得了新的意义。

近年来的研究表明，动词转喻转义是可以进入语义群的语义场结构的，它是该动词意义中的边缘语义，位于语义场的边缘地带。与此同时，这种转义语义又以基本语义的形式进入到其他语义群中，有时可能会成为该语义群的核心语义。在有些情况下，一个动词中可能会有若干个抽象转义语义特征，这些转义语义特征会使动词同时进入不同的语义群。由于转义抽象语义的功能和作用的不同，因此它们在各个语义群中的位置也各不相同。这样就使语义群与语义群之间形成叠加和交叉，使一个个单独的语义群和一个个独立的语义场相互联结在一起。[①] 认知心理学研究表明，动词转喻转义在词汇语义层面的交叉实质上是由人的概念化结构构架本身所特有的某些性能决定的：

（1）人脑中的认知构架不是孤立存在的，恰恰相反，它们相互联系，相互交叉渗透，这种相互关系通过共同的终端表现出来；而相互交叉和渗透则表现为这样的情况：一个构架可能作为次构架去充当其他构架的某一个点或面的位置。因此，这些构架就可以联合成更复杂的结构，更全面、更多层次地去表现外部世界中的现象。

（2）人的认知构架并不是任何时候都需要或都能够得到完全的表征。当某一信息输入人脑时，人的意识有能力自动把注意力集中在构架的某一层面，就好像思维的光束只照亮了构架中与此情景的理解相关的那些部分。这种对某一情景中的最重要层面的选择实质上是必需的和不由自主的，因为心理学家认为，人的理解过程本身就内在固有一种区分前景物像和背景的能力，前景物像——最突出的部分，背景——所有其余的被理解场[②]。人脑中的

---

① Ду гуйчжи *Лексико-семантическая группа глаголов вращательного движения в современном русском языке*. М.，*Русский язык. Курсы*，1996，cc. 147-149.

② *Краткий словарь когнитивных терминов*（КСКТ）под ред. Е.С.Кубряковой и др. М.，Изд-во МГУ，1996. cc. 185-186.

认知构架的这一性能与人的认识的解释性特点紧密相关。对于观察到的同一情景，不同的人会选出不同的侧面作为着重点。

认知构架的特性为在概念化层面的转喻化行为提供了先决条件，同时也决定了动词词汇语义转换时形成的词汇语义交叉和语义场的交叉。如上所述，人脑中存在有不同复杂程度的概念化结构：从一个个单个的构架到以某一共同的概念为基础联合起来的复杂构架。由于作为转喻转义的基础的结构不同，因此，重新构建的转喻过程既可以在一个构架内部发生，也可以在由构架和次构架组成的相互关联的构架体系中发生。这样一来，语言中的转喻转义，特别是动词的转喻转义现象就变得多种多样，纷繁复杂。各种不同类型的转喻转义模式，选择事件的某一部分，或事件的某一特征，赋予它某些独特的概念化特性，从而形成了不同的事件意义，并用动词的非典型意义表达出来。因此，根据转喻转义的认知模式对事件性构架进行的再构建，就成了动词功能范畴化的认知机理之一。

（原载《中国俄语教学》2003 年第 3 期）

心理维度

心理学与语言学渊源

一、心理语言学产生的历史背景与理论基础

现代心理语言学所进行的一系列研究的理论基础可以追溯到19世纪。在这一时期语言学家的论著中可以看到有关这方面研究的萌芽和雏形。这些语言学家有：洪堡特（W. Humboldt）、施莱赫尔（A. Schlecher）、保罗（H. Paul）、波捷布尼亚（Д.А. Потебня）、博杜恩·德·库尔特内（Бодуэн де Куртенэ）等。他们的理论研究奠定了从心理学的角度解释人类语言和言语活动的基础。

1. 语言学中的心理研究

众所周知，在19世纪的语言学研究中，有一种关于语言的生物学构想，这种构想后来发展成为“语言是一种体能机制”的概念。正是基于对语言的这种认识，这一时期的语言学家们开始从人的生理和心理角度对语言进行研究，并对语言进行了如下界定：

（1）语言是人的内心活动。施莱赫尔认为，语言是由声音构成的自然机制，而且是这种机制的最高形式——它的特性不仅表现在它可以划分出种、类、亚类等不同级别，而且还表现在这种机制的法则是遵循一定规律的。德国著名的哲学家和语言学家洪堡特则直接指出：“语言是一种把声音变成思想表达的不间断的

内心活动。”[①]

（2）语言是思维的条件。语言是思维的条件和保障，语言通过自己支配的准确的和不断变化的声音，可以像照相一样准确地反映出人的思维过程中非常细微的差别。施莱赫尔认为，语言是用声音表达的思维。因此，语言的任务就是给认识、概念以及它们之间的关系建造出语音形象，语言就是在声音中体现出思维过程。语言是用耳朵接收的人脑和语言器官（包括它的神经、骨骼和肌肉在内）的一整套物质关系活动的外在表现。[②]

（3）语言是认识世界的保障。洪堡特是第一个引用语言意识概念的学者，他认为，语言是一个中间世界，这个中间世界位于人与人周围的客观世界之间。按照他的观点，语言既是符号，也是外部世界在意识中的反映，因此，人对世界的认识完全依赖于语言。洪堡特认为，语言决定了人对客观现实的态度，同时语言又把外部世界变成个人拥有的内心世界。他的这一思想奠定了被称作新洪学派的语言哲学观的基础，该流派的主要代表人物有：维特根斯坦（L. Wittgenstein）、魏斯格贝尔（L. Weisgerber）、特雷尔（J. Trier）、哈特曼（P. Hartmann）、卡西勒（E. Cassirer）等。新洪学派认为，概念并不是客观现实的反映，而是象征性认识的产物，也就是由语言符号决定的认识产物。语言决定思维，语言把外部世界变成思想，并用词语表达出来。因此，他们强调，语言限制着人的认识能力，正如维特根斯坦所述：“我的意识的边界是由我的语言划定的。”[③]

（4）语言是交际的条件。波兰裔俄罗斯语言学家博杜恩·

① Гумбольдт В. фон. *Избранные труды по языкознанию*. М.，Академия наук，1984，с. 46.

② Schlecher A. 见 Звегинцев В.А. *История языкознания XIX-XX веков в очерках и извлечениях*. М.，Просвещение，Ч.1，сс. 107-122.

③ Витгенштейн Людвиг *Логико-философский трактат*. 1922，Перевод на русский язык，М.，Академия наук，1958，с. 67.

德·库尔特内是这样描述话语的：它基于人的交际特点和人需要把自己的想法表现为本身器官可以感受到的东西，并把它传递给自己的同类，也就是其他人。对此洪堡特有不同的或者说更深刻的理解：一个词中某一个词义的准确性最终只能在某一个人的具体话语中体现出来。交际的特性就在于，讲话人和听话人从不同的侧面去理解同一事物，因此对同一个词都会添加不同的个体化的内容。由此可见，任何人对同一个词的意义的理解，都不可能与其他人的理解完全相同。波捷布尼亚发展了这一思想，认为这种“理解上的差异”不仅仅是源自讲话人对意义上的必然偏差，而且还由于听话人有“自己的理解”，也就是听话人创造性地夹杂进去的新的意义。而保罗则认为，认识的内容是不能够传递的，至于一个人能够知道另一个人认识的内容，那只是他根据自己的认识，对语言所作的推论而已。

（5）语言是民族文化的反映。按照洪堡特的观点，语言不仅是一个人心灵的主要活动，而且是一个民族心灵的主要活动。一个民族的心灵包括：民族的心理素养、民族的思维形象、哲学、科学、文学和艺术等。民族精神与语言之间的关系是如此紧密，只要存在其中一个，就可以从中推导出另一个。

纵观 19 世纪语言学者对语言的界定，不难看出，在研究语言本身的同时，学者们已经开始从生物学的角度关注人与语言的关系，在研究这些关系的过程中，他们几乎不约而同地注意到了语言中的一个重要因素——人的心理因素。

博杜恩·德·库尔特内认为，人类语言的实质无一例外都是心理上的。语言的存在与发展是由纯粹的心理规律决定的。在人类语言和言语中没有也不可能有与心理无关的任何现象。因此，语言作为一种心理现象只能存在于人的心里。按照他的理解，只有个体语言才是现实存在，而一个民族、一个部落的共同语言是一种虚构，是一种假设可以同等作用于每一个单独的语言思维的科学抽象。

对于心理语言学的形成来说，德国语言学家斯坦达尔（H. Steinthal）关于物体和语言思维的思想具有十分重要的意义。他在语言学理论中引入了“理学主体”“理学述体”等这样一些概念。根据他的理论，物像思维指的是关于客观世界的物体和现象的认识，认识的内容不是物体本身的物质形式，而是这些物体认识特征的思维总和。至于语言思维，斯坦达尔认为，语言思维是指从物像思维中分离出来的概念认识，这种认识具有双重的主观性。因此，就像关于思维和意志的学说属于心理学一样，斯坦达尔把语言学也划归到心理科学的范围，因为话语是心理活动。他把语言定义为“通过器官发声表达出来的有意识的、内在的、心理上和心灵上的运动、状态和关系”[①]。斯坦达尔把注意力集中在个体的话语行为上，他一再强调，我们应该明确地区分讲话时的三个组成部分：器官技巧、心理技巧和应当表现出来的概念化的或世界观的内容。话语的目的就是借助于心理和器官上的技巧提供和选择内容。

德国语言学家保罗是个人心理主义语言学派的代表人物，他反对斯坦达尔关于民族心理的说法，认为所有的心理作用都是在个体的神经系统中完成的，因此应该承认，事实上存在的只是个人心理学，不可能有与之相对应的民族心理学。根据保罗和其他新语法学家的理论，在现实中，在当前的某一时刻，在某一语言群体中，有多少个个体，就有多少种“方言”，而且，每一种方言都有其自己的历史性发展并不断变化。个体化语言只能按其表现，也就是按其话语活动的一个个行为来研究，因为在一个人的心里形成的心理过程不可能成为在另一个人的心里出现这一心

① Белянин В.П. *Введение в психолигвистику*. М.，Черо，2001，с. 18.

理过程的基础，每一个心理过程都应该是从头开始。[①]

2. 心理学中的语言研究

在语言学家发现并关注语言中的心理学因素的同时，心理学家们也开始把语言作为心理学研究的对象和课题。因为两个学科的专家们都注意到，语言与人的心理活动、与思维、与对世界的认识和理解等都有密不可分的联系。

19 世纪末 20 世纪初最有影响的心理学派是德国的格式塔心理学和美国的行为主义心理学。尽管这两大流派在其研究中都不同程度地注意到了语言的问题，但他们均没有把语言作为心理学研究的主要任务和课题。需要提及的是，在格式塔心理学派的发展中，除了著名的心理学家，如科夫卡（K. Koffka）、科勒尔（B. Kohler）、韦特海默（M. Wertheimer）等，还有一些被称作心理学第二梯队的心理学家，如 尼迈耶（O. Niemeyer）、迪特里奇（O. Dittrich）、凯恩茨（F. Kainz）、布勒（K. Buhler）等，恰恰是他们在心理学研究中对语言学问题给予了更大的关注。尼迈耶通过实验表明，在理解一个句子时，它的语法结构从一开始就是以类似格式塔完整的整体形式再现出来的。迪特里奇甚至早在 1913 年就提出有必要建立一个既不同于心理学，也不同于语言学的特殊学科。他明确指出："不只是语言，而且每一个单独的话语行为和话语理解都是十分复杂的系列化生理功能，因此需要区分的不仅是作为整体的语言，而首要的是区分在各个层面上的话语行为，而在每一个所研究的具体情况下每一个话语行为都是一个相对完整的整体。"[②] 他的这些思想在凯恩茨的《论语言

① Пауль Г. *Принципы истории языка*. М.，Изд-во иностранной литературы，1960，cc. 236-240.

② Dittrich O. *Die Sprache als psychophysilogische Funktion*. Leipzig-Wien. 1925，pp. 25-26.

结构》中得到了具体的体现和发展。

在众多的心理学家中，奥地利心理学家布勒对语言学研究的贡献应给予充分的评价，特别是在认知心理学和心理语言学蓬勃发展的今天，他的跨学科的综合和整合研究方法更显出重要意义。布勒的心理学研究始于1903—1904年间的博士论文研究。1906年他进入维尔茨堡心理学研究所任助教，开始了与被称作维尔茨堡心理学创始人和带头人的屈尔佩（O. Kulpe）的合作。第一次世界大战期间，布勒作为战地外科军医参加了西线的战役。治疗士兵脑伤的经验为他提供了观察失语症的第一手材料。战后，他的主要研究兴趣转向遗传心理学，并出版了两本专著:《儿童的心灵发展》(1918),《儿童的心灵发展简述》(1919)。维果茨基（Л. Выготский）于1924年和1930年先后将这两本被称作心理学经典的论著译成俄文并撰写了前言。

语言学理论是布勒所有的科学研究的核心。他的专著《语言理论》得到许多著名的权威人士，如雅科布松（R. Jakobson）、莫里斯（Ch. Morris）、谢比沃克（Th. A. Sebeok）、朴柏（K. Popper）等人很高的评价，被认为是20世纪内有关语言学的最重要的著作。到了1970年，雅科布松仍然认为，《语言理论》是心理学对语言学最宝贵的贡献。《语言理论》1982年被译成西班牙文，1990年被译成英文，1993年译成俄文，由俄罗斯语言学家布雷金娜（Т.В. Булыгина）和心理学家列昂季耶夫（А.А. Леонтьев）联合作序出版，2000年再版。

在有关语言学的研究中，布勒提出了语言学的四大公理、四大原则；语言的三种功能、三种理解等。他是最早认识到音位学不仅对语言学而且对语义学都具有十分重要意义的学者之一。他指出了在人的认识中存在近景物像和背景的现象。他最早提出了‘场’的概念，认为场的概念是现代心理学必不可少的组成部分，并把这一概念引荐给语言学家。他在 1936 年就指出："我相信，在将来"场"的概念对语言学家和对心理学家一样是必不可少的。"[①] 他认为句子中不仅有"说"的内容，而且还有讲话人和听话人的因素，他们在话语情景中占有自己特殊的地位。他还区分了言语活动和语言产物、言语行为和语言结构在人的心理和大脑中的对应关系等。他的观点和构想同时既是语言学的、心理学的，也是符号学的，因此对每一个学科来说都显得十分宝贵。

布勒最主要的功绩是他试图把各种不同类型的科学事实和科学方法综合或整合成统一的所有科学共有的科学范式。他一直尝试着把语言学和心理学综合成一个统一的科学，这种科学在 20 年后被冠以"心理语言学"称名。今天，当整个语言科学转向对语言的话语研究，并出现跨学科性和聚合化倾向时，在话语行为研究中人的因素日益得到重视的情势下，布勒的语言学思想和科学方法愈来愈显示出其超前性和预见性，理所当然地引起相关学者们对他的科学遗产的极大兴趣。

俄罗斯心理学家维果茨基是 20 世纪世界著名的心理学家之一，是莫斯科心理学派的创始人。他的科学思想及其领导的心理学派对俄罗斯，乃至世界的心理学和教育科学都产生了巨大影响。

维果茨基对话语进行了大量的研究，他把话语生成过程的内在心理组织结构看作人脑中各个相互作用的活动阶段的完整连续体现。他指出："中心思想可以这样来表达：思维与词的关系不是一种事物，而是一种过程，是由思维向词汇的运动或反向的运动——从词汇到思维…… 思维的这种流动的完成是一系列层面的一种内部运动……因此，当把思维与词汇的关系作为从思维向

① Buhler K.Структурная модель языка. 1936，// Звегинцев В.А. *История языкознания XIX и XX вв. в очерках и извлечениях*. М.，Академия наук，1965，сс. 35-37.

词汇的运动来分析研究时，其首要任务是研究形成这种运动的那些阶段，区分词汇体现出的思维所经过的那些层面……。”[①] 按照他的观点，话语的生成可分为五个阶段：第一阶段是动机；第二阶段是思维（相当于现代语言学术语“话语意向”）；第三阶段——在内心词汇里间接表现出来的思维（相当于现代心理语言学中的话语表达的内部程序）；第四阶段——外部词汇意义中间接表达出来的意义，或者说是内部程序的实现；第五阶段——意义在词汇中的间接表达，或者说是话语的声学和发音实现。这是维果茨基对心理学的最大贡献之一，他对话语研究的心理学观点不仅是这一方向研究成果独特的总结和综合，而且是试图建立某种完整的心理语言学理论的第一个尝试。实质上，他首先提出了篇章心理语言学问题，是发展了语法述谓性和实际（心理）述谓性理论的第一批学者之一。他还提出了意义是心理学范畴的概念，关于物体意义的概念，关于话语生成过程的启发性，以及普通心理学、分析心理学和社会心理学因素在这一过程中的决定性作用的思想。因此，从追根溯源的角度来看，维果茨基理应被视作现代心理语言学的创始人之一。

二、心理语言学的诞生及发展

1946 年，一位名叫普龙科（N. Pronko）的学者在美国发表了标题为《语言与心理语言学》的长篇文章，这是“心理语言学”这一术语的第一次使用。1953 年，在美国印第安州的布卢明顿市，由著名心理学家卡罗尔（J. Carroll）和奥斯古德（C. E. Osgood）与语言学家、民志学家西贝奥克（T.A. Sebeok）共同组织召开

---

① Выготский Л.С. *Мышление и речь. Собрание сочинений*. Т.2，М.，Педагогика，1982，с. 305.

了国际研讨会，会上正式使用了这一术语。一年以后，奥斯古德和西贝奥克将讨论会的文件和报告汇编成书，在美国出版了名为《心理语言学：理论和研究问题评述》的集体专著，标志着这一术语获得了具体的内容和形式，开始表示一个正在形成的新的科学理论。此书的出版也就标志着一门新的学科——心理语言学的正式诞生。

1. 以美国为核心的西方心理语言学

心理语言学在美国的出现与其说是一个理论学科，不如说是以事件为宗旨的一种构想。这主要是由某些社会政治因素及经济环境所决定的。

首先，二战结束以后，由于战争造成的伤残和战后心理疾病患者的增多，神经医学和心理学面临着亟待解决的问题：（1）由于脑外伤造成的语言功能障碍和失语症；（2）由于心理障碍造成的自闭症和语言功能障碍。学者们一致认为，必须加强有关如何恢复人脑正常功能和恢复语言能力，以及心理因素对语言能力的影响等方面的研究。面对这些十分复杂的问题，需要多个学科，譬如神经医学、心理学、语言学、其他认知科学等学科的协同研究。要解决这些问题首先必须研究人是如何掌握知识的，人是如何学习并掌握语言的。这样的现实任务把心理学和语言学联合到了一起。

其次，二战后，特别是40年代末至50年代，在美国出现了一次大的移民潮，随着大量的来自不同国家的移民的出现，语言的学习问题被提到各个学校的议事日程上。在教授不同人群学习英语的过程中遇到了一系列问题：（1）在教授外语过程中如何根据学生的年龄和学习阶段最好地组织语言材料；（2）儿童在哪个年龄段学习外语最合适，如何使学生在最短的时限内掌握双语；（3）如何了解并掌握另一个民族的文化，譬如语言知识与现实的对应关系，掌握本民族文化和掌握异民族文化的机制有何不同；（4）在学习一门新的语言时，语言思维是从母语翻译过来的，还是形成了新的思维结构。很显然，要圆满回答和解决这些问题，仅靠语言学理论和知识已经无能为力，这里需要足够的心理学理论知识和实验。

最后，残疾儿童的治疗和康复，特别是智力不健全的儿童、聋哑儿童的治疗和康复教学都需要有经验的心理学专家和语言学专家的协助。

顺应解决上述社会问题的现实需求，心理语言学应运而生，并在随后的实践中得到了快速发展。

许多学者认为，美国心理语言学的发展经历了四个阶段：（1）形成阶段：这一时期的心理语言学主要依赖于心理学中的行为主义理论和语言学中的结构主义；（2）语言学阶段：这一时期的心理语言学主要与乔姆斯基（N. Chomsky）的转换生成语法理论的产生及迅速发展紧密相关；（3）认知阶段：这一阶段的标志是，试图确定语言在其他基础认知过程中的地位，因为语法理论中表现出来的语言的认知特性逐渐偏离了传统的语言学理论，且在心理语言学研究中也不再占据中心地位；（4）跨学科阶段：这一阶段与认知科学的全面发展相吻合，认知科学试图解决有关知识的特点、思维概念的结构，以及知识在诸如逻辑思维和做出决定这些基本的思维过程中是如何使用的等问题，而心理语言学就成了认知科学的一个组成部分[①]。

著名俄罗斯心理学家列昂季耶夫把西方心理语言学，主要是美国心理语言学的发展划分为三代[②]：第一代心理语言学的代表人

---

① Белянин В.П. *Введение в психолигвистику*. сс. 23-24.
② Леонтьев А.А. *Основы психолингвистики*. М.，Мысль，1997. сс. 26-52.

物是奥斯古德，其主要特点是：（1）反应特点；（2）原子论；（3）个人主义行为。这一时期的许多心理语言学家都不甚赞同奥斯古德的观点，其中许多学者，甚至包括他的一些志同道合者，在坚持心理语言学理论是一个统一的理论学科的同时，都转向去探索新的必择其一的理论研究方法。第二代的代表人物是语言学家乔姆斯基和心理学家米勒（G. Miller），如果说奥斯古德的心理语言学思想是以心理学为出发点，在把行为理论具体化为话语材料的生成和理解的基础上，利用新行为主义理论术语建立起来的，那么，第二代心理语言学家采用了完全不同的途径——以语言学为出发点，或者说以乔姆斯基提出的转换模式为出发点。与奥斯古德相比，第二代心理语言学的最大差别就在于克服了原子论，原来的单方面的心理学宗旨被单方面的语言学理论所取代，乔姆斯基—米勒心理语言学模式的统一就是语言模式的统一。第二代代表人物对心理语言学的定位仍然有明显的偏颇，特别是他们的“唯语言化”观点引起了世界其他心理语言学家的批评。第三代心理语言学，或称作“新心理语言学”，形成于20世纪70年代中期。这一时期的主要代表人物是著名的美国心理学家和心理语言学家韦因莱希（J. Weinreich），法国心理语言学家梅勒（J. Mehler）、诺伊泽特（G. Noizet）和荷兰心理语言学家梅特维特（R. Metweit）。他们的主要观点是必须建立一种独立的心理语言学，即独立于语言学模式的心理语言学。这种独立的心理语言学同时具有认知特征和交际特征。同时第三代心理语言学克服了乔姆斯基学派的孤立主义，主张把心理语言学过程放在更宽泛的思维、交际和记忆的环境空间中去研究。这样一来，第三代心理语言学不仅摆脱了第一代的原子论，也克服了个人主义行为论。应该说，第三代心理语言学在很大程度上吸收了维果茨基心理学派的思想，因此，有人认为韦因莱希是维果茨基心理学派在西方的专家，是维氏思想的积极宣传和支持者。

2. 俄罗斯心理语言学

在俄罗斯，心理语言学的形成没有确切的标志性时间，学者们对此的说法也不尽相同。一些人认为，俄罗斯的心理语言学的形成时间与西方差不多，大致在20世纪的50年代末、60年代初[①]；另一些学者认为，俄罗斯心理语言学诞生的标志应是1968年苏联科学院语言学研究所心理语言学小组的成立，当时学科小组的带头人是列昂季耶夫，因此有人认为他是苏联心理语言学之父，是他在本国的心理学研究成就的基础上开创了新的研究方向。而列昂季耶夫本人则认为，维果茨基不仅是莫斯科心理学派的创始人，也是俄罗斯心理语言学的奠基人，因为在他的心理学研究中，从心理学的角度大量关注了话语的生成和理解，这恰恰是几十年后心理语言学关注的中心问题之一。对此，列昂季耶夫评价说："1934年去世的维果茨基已经提前几十年预见到了话语心理学和心理语言学的发展。"[②]

按照列昂季耶夫的观点，可以把俄罗斯心理语言学的历史追溯到维果茨基时期，也就是说，俄罗斯心理语言学的形成要早于西方，经历了数代学者的努力，至今已有近一百年的历史。但是，社会及意识形态等方面的原因，直到20世纪60年代维果茨基的心理语言学思想才得到了广泛的认同和研究，从那时起，心理语言学作为一个独立的学科才真正蓬勃发展起来，并形成了莫斯科心理语言学派。

如果把维果茨基视为莫斯科心理语言学派的创始人和第一代代表人物，那么，属于第二代的有列昂季耶夫、鲁里亚（А.Р. Лурия）、

① Горелов И.Н.，Седов К.Ф. *Основы психолингвистики*. М.，Лабиринт，1998. с. 6.
② Леонтьев А.А. *Основы психолингвистики*. 1997，с. 50.

加利别林（П.Я. Гальперин）、埃利科宁（Д.Б. Эльконин）、博若维亚（Л.Н. Божовия）、扎波罗仁（А.В. Запорожен）等人。1934年，维果茨基去世以后，他的学生和同事鲁里亚根据他提出的关于心理功能在大脑皮层分布系统的理论，研究了不同类型的失语症以及失语症的恢复性治疗问题。鲁里亚是第一个把失语性损坏作为语言运作过程的破坏来分析的。在1947出版的《伤残型失语症》一书中，他根据维果茨基关于"言语活动的结构"的观点，建立了失语症的心理语言学构想。他第一个提议在语言学、病理学和神经学的交叉领域使用"神经语言学"这一术语，并于1968年第一次在俄语中使用。在此之后，这一术语得到了快速传播。可以说，鲁里亚对俄罗斯的心理学和心理语言学做出了巨大贡献。维果茨基的另一个学生列昂季耶夫在几个不同的方向上发展了维氏的心理学构想，在20世纪30年代中期提出了话语活动的结构和单位等扩展型理论概念。在列昂季耶夫和鲁里亚于40年代至50年代发表的文献中常常会见到"言语活动"这一术语，研究的课题基本都是言语活动结构的组织。因此，早期的俄罗斯心理语言学模式就称作言语活动理论。言语活动理论构成了"维果茨基心理语言学派"或后来被称作"莫斯科心理语言学派"的理论基础。

到了20世纪60—70年代，这一学派完全确定了该学科的研究范围，并在语言个体的个性心理特点等方面的研究中取得了很大的成就。真正从人的活动的普通心理学角度来细致地分析言语活动，正是从这一时期开始的。1968年，在苏联科学院语言学研究所成立了心理语言学小组，形成了以列昂季耶夫为核心的第三代俄罗斯心理语言学派，即"莫斯科心理语言学派"。属于这一代的还有多维多夫（В.В. Довыдов）、津缅科（В.П. Зинменко）、里亚博娃-阿胡季娜（Т.В. Рябова-Ахутина）、苏普林（А.Е.

Суприн)、戈列洛夫（И.Н. Горелов）、萨哈尔内伊（Л.В. Сахарный）等学者。

第四代的主要代表人物是沙赫纳罗维奇（А.М. Шахнарович），属于这一代的还有卢米扬采娃（И.М. Румянцева）、索罗金（Ю.А. Сорокин）、塔拉索夫（Е.Ф. Тарасов）、弗卢姆金娜（Р.М. Фрумкина）等，他们都是列昂季耶夫的学生。沙赫纳罗维奇不仅是普通语言学专家，而且还是实验语言学和心理语言学专家，尤其对话语的个体发育有独到的研究。他的主要研究方向是：话语活动思维及其规律，个体语言能力的本质，语言形成和发展的基本倾向，学龄儿童话语中直观形象的语义结构，直观概念如何转换成抽象概念以及它们如何在母语的词汇和语法中表达出来，外在行为如何转换成有计划、有意识的话语，即转换成符号行为等。此外，他还从心理语言学的角度深入研究了篇章的语义及语用问题，双语及外语教学问题，以及话语声音的实验研究等问题。他先后共培养了50多个研究生，发表了280篇论著，其中有9部专著。他的论著在美国、日本、意大利、德国、葡萄牙、保加利亚、匈牙利、以色列等国家出版。沙赫纳罗维奇作为鲁里亚和列昂季耶夫最优秀的学生，曾与导师们一道，为俄罗斯心理语言学的建立和发展做出了重要贡献。

需要指出的是，对俄罗斯心理语言学形成和发展产生影响的不仅仅有维果茨基，还有其他许多心理学家和语言学家，譬如卢宾施泰因（С.Л. Рубинштейн）、乌兹纳泽（Д.Н. Узнадзе）、谢尔巴（Л.В. Щерба）、巴赫金（М.М. Бахтин）、仁金（Н.И. Жинкин）等。除了莫斯科心理语言学派外，还有其他心理学派和其他心理语言学派。

（原载《外语学刊》2004年第6期）

论语言意识

在俄罗斯心理学和语言学的发展进程中，心理语言学源于言语活动理论，主要研究确保话语生成与理解的内部心理过程。从20世纪90年代开始，随着认知科学领域研究的不断深入发展，对话语的生成与理解、语言的个体发育以及话语交际等心理学问题的研究日益广泛深入，俄罗斯心理语言学研究对语言意识的形成和功能给予了极大的关注。“语言意识”一词成了通联心理语言学研究专家的一个热门术语，分析语言意识亦成了近十多年来俄罗斯心理语言学研究的一个重要课题。目前，语言意识这一概念已广泛用于语言学、心理学、文化学、民族学，甚至语言哲学等学科的研究中。

一、语言意识的构成机理

语言意识这一术语是由来自语言学术语“语言”和心理学术语“意识”组合而成的，因此，这一术语涉及关系十分密切的两个不同学科，整合了相互交叉的两个不同领域的概念。正是这一概念把语言学和心理学紧密结合在一起，也正是这些概念的融合构成了现代科学范式发展的进步潮流。之所以称之为进步的潮流，是因为当今心理语言学研究的趋势正朝着一个全新的方向发展：凸显“人文中心论”的语言学本质，不断克服和摆脱心理学与语言学研究相互脱节的倾向，努力加强各学科之间的协同和配合，整合各领域的知识和研究力量，进而更全面更准确地理解和认识自己研究的对象和客体。这一趋势的具体体现就是把语言意识的概念置于心理语言学研究中，以便更方便、更准确地解释心理语言学现象。

语言意识是把两种不同的本质结合在一起：意识，即一种非物质化的特殊的心理现象，这种现象不能按空间特征来测量，没有时间定位，无法用视觉、听觉等器官直接获得；语言，即一种可以发音和书写的物质化现象，是一种构成词语内部语言联系的生理过程：话语可以通过物理仪器记录下来，可以听到发声，可以记录发声肌的肌动图，可以记载词汇间关系的形成和消失。此外，话语还是承载信息的物质过程。这就是说，语言意识是把一个物质现象和一个非物质现象结合在一起表述的概念。

在研究和分析语言意识这一术语概念时，首要问题是要弄清楚，非物质的心理过程是如何转变成为物质化现象的，也就是如何从一种意识状态转变成语言和话语状态的，以及它的反向转化过程：有物质表现的行为过程（有声话语）是如何作用于听者的思维和意识的。这是一个十分复杂的问题，要想回答这一问题，我们需要掌握有关人类种群发育的本质问题的许多知识，譬如，人是如何从动物通过庞大的生物演变过程变成有思维能力、有语言能力的人，以及有关个体发育的许多知识，譬如新生儿如何激活天生的通用语法、接受环境刺激最终达到可以利用语言并借助于词语来表达心理状态，即新生儿是何时形成语言意识自觉的等等。从现有的科学研究的成果和对人类心理发育的认知研究成果出发，对上述问题只能给出一般性解答。目前，一个相当清楚且普遍认同的事实是，在话语的生成和理解的过程中存在着两个方面的因素，因此也可以从这两个方面进行分析研究。一方面，生成语言符号结构（口头和书面的形式）并用这些结构组织出话语表述，以及通过“听”或“看”达到理解；另一方面，以各种不同心理情态的意识形象的形式来操纵和使用知识。在这种情形下，所描述的是两个心理过程：一个是在生成话语时，讲话人要给已形成的，但尚没有词汇包装的，“赤裸”的思想“穿上”语言的外衣；另一个过程是接受方利用自己已有的知识，通过形象构思激活语言意识，理解接受到的话语。在现实生活中，这种语言意识的存在是显而易见的。人的头脑中意识的任何一种状态，无论其完善程度如何，原则上都应该由词语表达出来。无论是我们的日常口语，还是文学家、诗人、艺术家、学者、哲学家的作品，都毫无疑问地证实了这一点。这些以语言为表达方式的专业人员的工作正是用语言表达自己的理解、思想、情感，即全部的意识状态。从另一个角度讲，人的意识又总是不断地、随时随地受到语言的影响。这种影响发生在每一天的日常生活中、在课堂教学和其他方式的教育中、在科学家和政治家们的集会上、在各种政治辩论和各种社会问题的讨论中。

在研究和分析语言意识这一术语时，需要关注的另一个问题是：是否可以认为，意识通过心理和生理的相互作用就可以在语言中得到反映？可以确切地说，关于心理对物质或物质对心理的影响的可能性的问题，科学界仍在继续探究之中。虽然大家都清楚，人的话语活动是一个与一般心灵感应现象完全不同的心理过程，用某种语言进行言语交际的能力可以自然获得或消失，采取正常决策的心理—生理过程可以再现。但到目前为止，语言意识的研究仍在不断深入，因为仅仅认识到语言产品中反映了意识，或意识在语言中得到了体现还是不够的，还需要进行大量研究工作，以进一步探索语言意识概念的深刻内涵。

二、语言意识概念的内涵

研究语言意识概念，不仅为我们扩大了有关语言与言语之间关系的知识，而且扩大了关于心理现象——意识中各种关系的知识。显然，在“意识和语言”这一术语概念的两分法中占主要地位的是意识。1993 年，在俄罗斯出版了有关语言意识的第一本集体专著《语言意识：博弈中的民族性》，在该书的前言中，学术主编开宗明义地写道：“在专著中，语言意识或简单说意识是用来描写同一个现象——人的意识的。”①

意识是心理学研究的一个很久远的对象，从某种意义上说，也是心理学研究的核心对象。早在 19 世纪，心理学领域就提出了许多著名的理论，譬如，统觉理论、意向行为、意识流、反射论等都涉及了人的意识问题。在当时的研究中意识首先被定义为某种内含在主体头脑中的体现性和显现性。20 世纪的心理学研究也对意识做出了不同的解释和定义。许多学者把意识的发展看作地球、动物、人类进化过程中的一个阶段产品，并赋予意识这样一些性质：思维能力、创造能力、进行抽象和概括的能力，特别重要的是实现条件反射的能力。

在俄罗斯的现代心理学研究中，卢宾斯泰因（Л. С. Рубинштейн）和列昂季耶夫（А. Н. Леонтьев）对意识这一论题都有很深入的研究。按照卢宾斯泰因的定义，意识是反射世界和自己本身的一种心理活动。意识行为的单位是主体反映客体的一系列活动，包括两个相互对立的组成部分：知识和关系②。而列昂季耶夫认为：“意识实质上是为主体打开的世界图景，在这一图景中

① *Языковое сознание: парадоксальная национальность*. М.，Барнаул，1993，с. 7.
② Рубинштейн С.Л. *Основы общей психологии*. СПБ，Наука，1998，с. 280.

包含有他自己、他的行为和他的状态。”[1] 在描述意识现象时，列昂季耶夫特别强调意识的系统性和心理学结构，认为这种结构中包括意义、个体的思想和感官组织，而后者为世界认知图景的实现提供了可能性。意识的功能就在于主体可以在得到的主观映象基础上采取行动。

现代认知心理学对意识问题的研究做出了许多新的解释。认知心理学通过表征结构、记忆过程的组织特点、信息的处理和储存等概念使意识这一概念更为丰满。在现代认知心理学的理解中，意识与人的心理功能的最高形式相关联：它包括人的思维能力、理性、创造力、反射能力、认识世界潜在性能的能力、提炼抽象性和概括性概念的能力，以及形成情态概念、对自己的行为负责、利用大量的人力和自然资源实施大规模行动的能力等，特别是人的情感和激情。美国学者安德森（N.H. Anderson）认为，现代认知流派从“引证”转回到“意识”，但要完全准确地描写意识，不仅要考虑那些在有意识层面发生的一切，而且更要关注在无意识层面发生的一切。对意识的研究来说，研究情感和激情的心理过程更重要。[2] 因此，在认知科学关于人的意识的研究中，认知学者们应当关注有意识认知活动与无意识认知活动之间的细微差别，必须专门分析意识中像情感、意向这类成分要素，特别重要的是分析意识与通过概念化掌握的现实世界之间的联系，以及意识与代表意识的理念之间的联系。

至于对语言的定义，从古希腊时期的文化到 20 世纪认知语言学的出现，人们在对世界认识的不断发展中，对语言的认识也在不断发展，而且不同科学，从哲学、逻辑学直到自然科学都对语言有着各自独特的界定和应用。语言学界本身对语言的认识和

---

① Леонтьев А. Н. *Деятельность. Сознание. Личность*. М.，Смысл，1975，c. 167.
② Anderson N.H. *A Functional Theory of Cognition*. Mahwah（New Jersey），1996，p. 17.

界定也持有各种不同观点。随着认知科学的发展，研究人员越来越清楚地认识到，在心理语言学出现之前，也就是把语言现象既作为语言学研究对象，也作为心理学研究对象之前，语言学研究的代价是牺牲其科学的客观性。当时语言和言语现象只是在纯现象学的框架内进行研究，孤立于语言的内涵，孤立于语言的心理学基础。然而，在现实的生活和研究中，我们会常常发现这些现象之间的密切联系。事实上，人们使用语言，即语言的话语体现就是为了表达思想，表现意识状态，体现人的内心世界的心理内涵。无可置疑，这便是语言和言语的本质所在。然而，无论是在语言学研究中，还是在心理学研究中，都没有能够对确保人的话语活动的言语机制——人对自己的语言知识的总和做出准确的术语界定。俄罗斯心理语言学家认为，这种机制和知识便是人的语言意识。

语言意识这一概念具有很广阔的表征空间，包含了两个主要的形态类型：一个是动态类型——用词语的形式表达意识状态，并通过语言作用于意识；另一个是静态类型——由语言结构关系构成的结构形态，而语言结构则是由主体的心智经验和其意识活动的结构决定的。尽管语言意识这一概念的表征空间很大，但是，它还是有其独特性的。这种独特性就在于它注重的是整体性，更强调人的意识、思想和内心世界与相对于它而言的外部的语言和话语表述之间的紧密结合，恰恰是这一点揭示了语言和话语最主要的本质——表达讲话人的心理状态。语言意识可以理解为意识结构的总和，在这种结构的形成中，人利用了与语言符号联系密切的社会知识。因此，语言意识整合了行为主体在处理由感觉器官获得的感性信息时产生的情态知识和在话语行为过程中形成的纯理性知识。

语言意识这一概念对认识人的语言心理过程中的关系十分

重要。首先，语言意识从根本上将语言学现象和心理学现象联系在一起，即把语言与意识有机地结合在一起。它的重要性在于，这一概念消除了此前在心理过程、语义与人的思想的语言表达手段之间的人为界限，从整体上说是消除了心理学与语言学之间的人为界限，把它们作为认知过程中的一个有机整体来研究。其次，语言意识研究抓住了整个心理语言学的中心环节，找到了这一领域研究的集中点，可以有理据地揭示人的认知过程的现象与本质。此外，语言意识这一概念对进一步认识意识本身的心理学定义具有重要意义，因为它为自己划分出一个具有特殊性的独特领域。譬如，在语言行为和过程中是否存在“有意识”和“无意识”的融合现象的问题：从表面上看，人似乎总是在有意识的状态下才讲话的，也就是说不可能生成无意识的言语，但在研究语言意识的具体实例中发现，问题并非如此简单。可以预期，语言意识的研究将为准确地理解人的心理活动中有“无意识”成分存在的条件提供补充性依据。

综上所述，语言意识这一概念突出了人在使用语言和进行话语活动时的心理功能的最重要的一面，强调了主体的内在心理状况和意识，揭示了进行话语活动的主要组成部分——心理学成分和语言学成分的结合和融合机理。语言意识这一概念抓住了心理语言学最重要的问题，突出强调了语言表现形式与人的意识的紧密结合。

三、语言意识的表现形式及其功能

俄罗斯心理学派认为，语言意识是一种“外显”的思维意识，即由外在的语言手段表现出来的意识。他是“借助于语言单位（词、词组、句子和篇章）表述和表现出来的意识的各种映象之总和”[1]。语言意识是伴随整个人生的一种生理—心理功能，其核心问题是实现对“人的存在”的语言反射。语言意识决定一个人在现实环境中的定位，并构成他关于世界的语言图景基础。在俄罗斯的心理语言学中，语言意识解释为借助于语言手段形成和外显出来的意识图像的综合体。语言手段在这里包括词、松散的和固定的词组、句子、篇章和联想语义场。

毫无疑问，在语言体系各个层级都具有重要意义的前提下，词汇依然是语言中的主要组成部分，也是表达人的意识状态的主要要素，原则上讲，人可以借助于词汇表现出世间存在的一切和我们能够感知的一切。但是，句子的建构才是表现人的思想，即意识的主要形式之一。讲话人要表达自己头脑中意识内容的努力，在很大程度上与构建句子的语法形式和篇章整体结构相关。可见，研究语言意识的重要特性和功能的目的在于揭示，语言意识在生成语法正确、逻辑思维正确的句子时，是在怎样的内部机制基础上实现意识自觉过程的，又是如何实现话语自觉过程的。

把个体的语言意识与集体的语言意识进行比较发现，社会中单个成员与社会整体对世界的意识映象可以构成四种对应关系：（1）在各自的基本评价中的映象相同，这种情况主要指所有人在日常交往中经常碰到的事物：物体、过程、事件、性质等。（2）个体的意识映象要比集体意识映象少得多，这种情况指那些对具体的个人意义不大，而对某些人或对整个文化而言是必须掌握的知识，这包括许多专业术语、某些概念和非常规的意义。譬如，人们只有借助种类特征，也就是要借助于上一级的概念才能确定某些下级概念，如紫露草——植物，欧洲黄盖蝶——

① Тарасов Е.Ф. Актуальные проблемы анализа языкового сознания. // *Языковое сознание и образ мира*. М., Институт языкознания, 2000, с. 26.

动物等。(3)个体的意识映象比集体意识映象要多，这种情况主要是指个体思想的积累，这些积累与个人的经历有关，譬如，有的人对某一领域的活动了解和掌握得很深入、很透彻，如画家、作家的艺术形象，科学家的科学意识形象等。(4)个体的意识映象与集体意识映象对不上，形成错误的概念，譬如，一个人把随意的一个思想通过发音联想的方式用自己都不懂的词表示出来。在这四种模式中，排除第四种错误的模式，第一种类型是常规的模式，第二种构成了类属等级关系模式，第三种类型是思维的一种联想型增长模式。

用语言描写世界图景的过程是人的知识系统中语言意识的构建和改造过程，这一过程与认知机制相关联。人们对世界的概念化和范畴化最终由语言表现出来，任何一种语言的词汇语义都是集中了该民族对世界认识的思维结果的载体。语言个体的语言意识在语言学中就是语言单位的语义，从广义上讲就是交际语义。语言集体的语言意识则被看作一种社会意识的存在形式，是该民族文化的一个组成部分。因此，语言意识的研究主要涉及以下两个方面：(1)对语言系统，即长期使用的联想词语网络交际语义的研究，包括语言的称名与系统关系问题；(2)思维动力学问题、意义与概念的对应关系等问题的研究。在研究认知、心理和语言问题时，无论是西方的理论认知语言学派，还是莫斯科心理语言学派都不约而同地关注着这些问题。

四、语言意识的研究路径

俄罗斯心理语言学家们认为，对语言意识问题的研究目前有两条路径：(1)话语的个体发育；(2)表现词汇间联想关系的心理一生理信息。

话语的个体发育问题主要涉及儿童的语言发育。目前，话语能力的早期发育问题吸引了国内外许多专家的关注。这一研究方向的特点在于，把语言能力的发展和语言意识的发展放在其他功能的运用的同一环境下来研究：声音的表现力、与周围人的交往、运动机能的发展等。这一问题更侧重于儿童语言发育的动态性研究。限于篇幅的原因在这里不对此详细论述。本文着重分析第二种方法，以便使我们更能接近语言和意识的深层本质。

表现词汇间联想关系的心理—生理信息是指这样一种现象，由语言、话语和意识的总的整合行动产生出一种独特的新的组织结构形式，这就是许多学者和研究人员描述过的现象：词语联想网络。在俄罗斯，这一研究课题吸引了各类研究人员：语言学家、心理学家、生物学家等。在众多的语言学和心理语言学研究中，需要特别提及的是由卡拉乌拉夫（Ю.Н. Караулов）、索罗金（Ю.С. Сорокин）、塔拉索夫（Е.ф. Тарасов）、乌菲姆采娃（Н.В. Уфимцева）、切尔卡索娃（Г.А. Черкасова）等学者进行的联想词语网络的大规模的问卷调查研究。在他们的研究中，揭示出了上百万词汇用法的正向和反向联系。所得的数据资料可以作为研究人的语言能力的物质基础，因为这些数据是答卷者一生中形成的词汇间关系的一种反映，这种词汇间关系构成了他们神经系统中所谓的词语网络，因此成为判断语言意识的基础材料。按照这些学者的思路，这些数据和资料是持母语者的语言词汇库，代表着它的语言意识。在每一个个体的语言意识中都可以划分出一个核心。这个语言意识的核心含有有限的几个“语言学处方”，决定着“人的实际存在”在语言学中的投射和反映，这种反映贯穿人的一生，确定他在现实环境中的定位，并构成他关于世界的语言图景的基础。

在上述的周期性研究中，借助各种科学的实验和分析方法，得以近距离地触及心理成分与生理成分相互作用的问题。词语联想实验发现，在心理表现中有生理决定的时间联系，联想实验记录下来的是作为心理生理活动的某些最终结果的复杂系统，但在词语联想网络研究的框架下并未涉及这一系统的形成及其机理。词语联想法的优势在于它可以从整体上描述结构系统，揭示这一系统组织的民族性特色，弄清该语言群体的心智发展历史。这些研究表明，心理经验会引起生理联系系统和词语联想系统结构的改变。研究资料总体上证实了存在有词汇间联想关系这一事实，表明人的生活条件和心理经验对词语联想形成的影响。从而进一步发现，用心理一生理研究词汇间联系的方法去综合在语言学研究中得到的数据，可以更接近语言意识的本质问题。

近年来，心理语言学的研究朝着社会心理学和社会心理语言学的方向发展。20 世纪 90 年代，莫斯科心理语言学派开始关注民族心理语言学的研究，并逐步形成了该研究的方法论基础。他们认为，应把语言与文化看作一种社会意识的存在形式，而社会意识既是自我映象的存在，也是他人映象的存在。在跨文化交际中造成理解差异的主要原因是交际中存在不同的民族意识。既然民族文化被看作历史选择的话语活动方式，则可以断定，所有的文化现象都有一个共同的功能——成为人类活动的手段。这一方向的主要研究对象是持该民族文化者意识中存在的世界映象，这种映象被看作一个民族文化的最基本元素。世界映象是一个民族适应外部世界的通用机制，在这种机制中表现出来的正是该民族的文化。因此，研究语言意识的民族文化特点就成了心理语言学研究的中心课题之一。

（原载《外语学刊》2006 年第 4 期）

后记

首先，感谢北京斯拉夫研究中心，感谢刘文飞教授，组织出版首都师大俄语系博导文库，使我有机会把多年来已发表的一部分拙文整理成册，以文集形式出版面世。

2019 年于我，是个值得记忆的年份。到今年为止，来首都师大任教 20 年整，一直耕耘在俄语语言学领域。整理文集书稿，发现文章竟然涉及语言学的不同维度和多个层面，故此，就将文集名作《俄语语言学多维度研究》，也算是对学术研究的一个归纳总结。

重读旧稿，等于对自身的学术经历作了一次回顾。透过一篇篇文章依稀可见当年理论素养的浅显和学识见地的青涩，同时也可寻学术上不断提高与长进的足迹。在整理文集的过程中还发现，由于出版年代不同，发表文章的杂志不同，文章的体例和格式也不同。因此，在整理后的大多数文章后面都标注“有改动”的字样。

“改”，主要是指，修改了文章中个别的术语和表述，使其与当下的语言学理论语境更相符合；

“动”，主要是指，变动了参考文献的位置，按照文库的统一格式，将原来放在文章尾部的参考文献变更为当页脚注的形式，并按目前的出版要求，添加了缺失的相关信息项。

感谢东方出版社，感谢杨灿女士和葛灿红女士为这套书的编辑和出版付出的辛劳！

杜桂枝

2019年6月20日